你比其他人還重要

It's you

琇龍，布德 —— 著

開流言、傾聽內心，**還不快重新振作？**
幸福之路 dream comes true！

是當垃圾桶聽人抱怨真的很煩！
天加班超時工作真的超累！
出國讀書卻被情緒勒索實在氣氣氣！

還在說一堆如果、可是？
比起其他人，你應該
更在乎你自己！

目錄

目錄

第六章　你的救世主只能是自己

第七章　從容穿梭於理想與現實之間

目錄

第十一章　感恩人生，幸福常伴

目錄

前言

　　一直以來，我們接受著要關愛他人的教育，奉行的是關愛他人的理念，遵守的是關愛他人的規則。但是，我們卻忽略了一點，那就是我們沒有意識到要關愛自己，我們不懂得如何關愛自己，而一個不能關愛自己的人怎麼可能真正做到關愛他人呢？

　　無論身處何時，無論身居何處，我們都難免遇到挫折，面臨不幸。每當此時，不懂得關愛自己的人，就會怨天尤人，自暴自棄，從而一蹶不振，得過且過；而懂得關愛自己的人，就會將遇到的挫折看成獲得成功前的磨練，將面臨的不幸看作得到幸福前的考驗，猶如黎明前的黑暗一樣不可缺少。

　　幸福，是每個人都渴望得到的。然而，並不是每個人都明白幸福的真諦。幸福是一種心情，與我們的貧窮或富有、健康或疾病、年幼或年長沒有必然的關聯。當我們在永無休止地追求物質財富的富足時，幸福可能正逐漸遠離我們而去；當我們在緊張忙碌地為生計奔波時，幸福或許正一步一步向我們走來。其實，幸福就存在於我們的心中。我們不可能從別人的施捨中得到幸福，也不可能從上天的憐憫中乞求幸福。我們幸福與否就在於我們是否用心體會我們的生活，是否用心感悟我們的內心。

　　很多時候，我們之所以感到不幸福，並不是因為我們所處的外界環境多麼地惡劣，而是因為我們的內心境界非常地陰暗。具有相似生活環境的人，有的人生活幸福，而有的人生活就不幸福。這就是由於心境不同而造成的，換句話說，不幸福的人不懂得關愛自己。

　　面對越來越大的社會壓力、越來越多的生活困惑，我們的身心越來越疲憊不堪。如果我們再不懂得關愛自己，我們如何能夠承受生活的重壓，又何時能夠感到自己生活幸福呢？

　　面臨不幸時，給自己一個笑臉，相信一切慢慢會起來，你就是幸福的；春風得意時，給自己一個擁抱，感謝已經擁有的一切，你就是幸福的。

前言

第一章
千萬里，我追尋著「你」

在每個人的一生中，與你自始至終不離不棄終生相伴的人，只能是你自己。你還有什麼理由不善待自己呢？

▍人生就是一個選擇的過程

　　戰國時期，蘇秦師從鬼谷子數年，學有所成後歸來，為出遊列國做準備。由於家中沒有多餘的錢財可以提供，蘇秦就向家人提出變賣一些家產，作為出遊的盤纏。

　　家人聽說後，都極力反對。這個說：「你不想在家種地，就去做點小本生意，也可以賺一些錢貼補家用。可是，你竟然想靠賣弄口舌博取富貴，太不務實了。」那個又說：「你要自己考慮清楚了，放棄穩當的謀生方式，追求那些虛無縹緲的富貴，將來如果混不下去了，不要後悔。」

　　蘇秦沒有被家人說服，堅持自己的選擇，終於以連橫之說聯合六國，身佩六國相印。

　　功成名就，歸家探親之時，蘇秦不無感慨地說：「假如我當初在家經營幾畝薄田，或者做點小本生意，怎麼可能佩帶上六國的相印呢？」

　　毋庸置疑，選擇是最重要的。在人生的所有因素中，儘管有很多因素影響人的一生，但沒有一種因素能像選擇那樣起決定性的作用，也沒有一種因素能像選擇那樣需要我們時常面對和解決。

　　人生就是一個選擇的過程，選擇無處不在，無時不有。如果把人生比喻成一條漫長的道路，這條道路上擁有太多紛繁錯雜的十字路口。每當站在人生的十字路口時，你總要進行選擇，而每次不同的選擇，也注定我們會獲得不同的結果。

　　面對選擇，我們每一步都得小心翼翼。告別高中時代，邁進大學校門，然後步入社會，人生的歷程不斷翻開新的一頁，人生的道路不斷跨進新的階段，但也面臨各種各樣的選擇，各種各樣的挑戰。既然是新的起點，就應該有新的飛躍。我們是選擇虛度光陰，還是好好珍惜，讓自己過得更充實呢？作為一個有理性的人，當然會選擇後者。可是，面對各種各樣的誘惑，誰又能真正做到無悔呢？

　　選擇，需要智慧與成熟。人生的豐富與價值不在結果，而在選擇的過程

中自己做了些什麼。我們不可能同時選擇兩個方向行走，正如魚與熊掌不能兼得一樣。只要自己用心選擇了方向，果斷地走下去，哪怕選擇過後是失敗也問心無愧，至少自己真實地感受過、體驗過。不要緊守著自己的山頭，而要傾聽內心的聲音，義無反顧地朝著選擇的方向走。你會發現，最美的風景正在下一個轉角處等你。

經歷人生路口的每次選擇，經歷人生角色的每次轉換，都能帶給自己豐富的收穫，改變自己的一生，讓自己變得更加有自信。走在人生的十字路口上，遭遇再多痛苦，面臨再多無奈，我們都要以平靜的心去面對。身處人生十字路口，向前是希望，向後是成熟，朝左是夢想，朝右是現實。

人的一生就是一個選擇的過程。這句話道出了人生最樸素、最簡單，也是最重要的哲理。無論是對生活、愛情、友誼，還是對職業、工作、事業，每個人都有著自己的想法。在這個世界上，通向成功的道路何止千萬條，但你要記住：所有的道路，不是別人給的，而是你自己選擇的結果。你有什麼樣的選擇，也就有了什麼樣的人生。

如果不選擇音樂創作，貝多芬也不會為後世留下那麼多不朽的旋律；如果不選擇天文物理，霍金就不會寫出《時間簡史：從大爆炸到黑洞》（*A Brief History of Time: from the Big Bang to Black Holes*）這一偉大著作。

當你做出一個嶄新、認真且不變的選擇時，你的人生就會在那一刻發生改變。一個認真的選擇，可不是隨口說說便算了事。它代表除了這麼做以外不做其他的考慮。當認真地做出選擇後，即便這個選擇經過幾番煎熬，大部分的人都會有如釋重負之感，內心再輕鬆不過了。像這樣的選擇能夠帶給人真正的力量，做出真正想要的結果來。遺憾的是，我們很少有人認真做出這樣的選擇。

你要從每次所做的選擇中汲取經驗。即使短期內未能奏效的選擇也一樣，它們可以提供給你寶貴的教訓，告訴你日後如何做出更好的判斷、做出更佳的選擇。

做選擇就跟運用其他的技能一樣，你越常使用就越順手，越順手就越能

掌握自己的人生。如此，你便勇於向未來挑戰，把它視為將自己推向更高一層樓的大好機會。

人的一生，只有一件事不能選擇，那就是自己的出身。其他一切命運，都是自己選擇的結果。只有選擇，人生才有主題；只有選擇，人生的坎坷才會被踏平；只有選擇，人生才能衝破世俗的藩籬；只有選擇，人生才能演奏出生命的華彩樂章。

在這個既很精彩也很複雜的世界中，無論強者或者弱者，還是成功者或者失敗者，大人物或者小人物，他們之間最重要的區別就是對人生之路的選擇的差別。前者選擇了一條布滿荊棘、充滿風險，但卻能使人生放射華光異彩的道路，而後者則選擇了一條平坦，但平庸的道路。

比爾蓋茲在談到他的成功經驗時說：「如果說我取得成功有什麼祕密的話，那就是兩個字 —— 選擇。」

如果你想不平凡，如果你想在芸芸眾生之中脫穎而出，如果你想實現自己的人生價值和生活夢想，那麼請記住決定你一生的兩個字 —— 選擇。

善待自我箴言

不同的人之所以會有不同的人生，主要取決於自己的選擇。懂得關愛自己的人，往往會根據自己的實際情況和客觀環境，做出最有益於自己的選擇。

▋培育自己的天賦

每個人都有自己的天賦，它一直潛藏在自己的體內。你要學會覺察自己的感覺和體驗，發現自己的某些特質和專長。只有了解自己，你才能很好地規劃自己的人生，才能讓自己的天賦發揮到極致，活出最大的人生價值。

善於發現自己的特長，挖掘自己內在的潛能，不但可以提升自我的生命價值，而且給了自己面對人生所需的熱情和動力，迎來開拓生活新天地的

境界。

大多數人都知道自己的長處所在，但是大多數人又不知道如何利用自己的長處，結果將自己的長處變成短處，吞下自己一手造成的苦果。

一隻年邁的老虎，在多年巡視牧野山村、捕獵鹿群、偷襲家畜之後，產生了「金盆洗手」的想法。於是，老虎打點行囊，悠閒地走進城鎮，來到三隻小豬退休之家。

一隻小豬想要散步去，剛打開大門，看到一隻老虎在那站著，嚇得趕緊回轉身，把門帶上，大聲地嚷嚷道：「你想做什麼？」

「我是來這裡準備退休的，」老虎盡量壓低嗓門，害怕嚇壞了小豬。

「哦，我可不這麼想，」小豬說，「你跟我們不一樣。你有鋒利的牙齒，非常的凶險。我們不能讓你進來。」

老虎失望地離開了，但並沒有放棄老虎來到一個診所，請牙醫將自己該死的牙齒全部拔光。

第二天，老虎又來到了三隻小豬退休之家。

昨天那隻小豬被老虎嚇得不敢出門了。另一隻小豬剛要向外走，迎面撞上了夥伴描述的那隻老虎，就充滿防範之心地問：「你又想做什麼？」

「我已經沒有牙齒了。我想要來這裡退休，」老虎再次懇求說。

「哦，不，不，不。這可不行，」小豬大聲說，「你跟我們不同。你有鋒利的爪子，嚇死我們了。我們不能讓你進來。」

老虎懊惱地離開了，但仍然沒有放進進入小豬退休之家的想法。老虎來修甲師那裡，將自己的爪子全都拔掉。

第三天，三隻小豬退休之家的第三隻小豬出門，也見到了兩位夥伴描述的那隻老虎，就問老虎：「你還想做什麼？」

「我的牙齒和爪子都沒有了。我來這裡想要退休，」老虎信心十足地說。

「哦，讓我想想，」小豬喃喃地說著，消失在老虎視線之中。

過了很久，老虎聽到高大的木門後面傳來一陣低聲的交談和騷動。然

後，一次小豬打開門，對老虎說：「好吧，進來吧。」

老虎剛邁進大門，三隻小豬就突然撲向老虎，把牠痛打在地，綁得結結實實。沒有牙齒和爪子的老虎，任由小豬們宰割。

有些人做事，從一開始就注定了要失敗，不是因為他們能力不夠、機會不多，而是因為他們上錯了船，進錯了門，始終在做著自己並不擅長的工作。

尋找並經營自己的長項，讓它不斷發展壯大，給自己帶來財富和榮耀，是所有成功者共同的優點。

一個電腦軟體公司的經理，因為公司的效益不好就要被解僱了。這時，一位為他工作的電腦程式設計師開發出一款新的軟體系統，投入市場後非常受歡迎，賣得很火。經理保住了自己的職位，為此非常感謝這位電腦程式設計師，並提議將他擢升為部門經理。沒想到這位程式設計師立刻婉拒說：「我天生就是做程式設計的。如果現在你提升我的話，我只會浪費大家的時間而一事無成。我手頭還有一個程式要做，我先走了！」說罷，這位程式設計師匆匆離去，又開始他新的程式設計。

生活中，很少有人能像這個程式設計師那樣堅持站在屬於自己的位置。很多人在流行時尚、熱門話題、搶手職業等社會的喧囂熱鬧中迷失了自己，將本可以在自己擅長的領域做出一番成就的才能埋沒。我們應該意識到自己其實是一種可貴的資源，應該尋找到最適合自己、最能讓自己發揮才能的職位。

歌德（Johann Wolfgang von Goethe）說：「你最適合站在哪裡，你就應該站在哪裡。」同樣，我們做事，應該能做什麼做什麼，而不應該想做什麼做什麼。富蘭克林認為：「即使是寶物，放錯了地方也只能是廢物。」

每個人都有自己的優勢，也都有自己的弱勢。人的精力有限，不可能樣樣都學，樣樣都行。聰明的人總是善於發現自己最擅長的東西，並把它堅持下來，用心培育。也只有在自己最擅長的領域內打拚，你才有可能最終獲得真正的成功。

一位成功學者曾如是說：「判斷一個人是不是成功，最主要是看他是否最大限度地發揮了自己的優勢。透過研究發現，人類有四百多種優勢，這些優勢本身的數量並不重要，最重要的是應該知道自己的優勢是什麼，之後要做的則是將你的生活、工作和事業發展都建立在你的優勢上，這樣你才會成功。」

令人遺憾的是，大多數人對自身才能和優勢的了解並不全面，更不具備根據優勢安排自己生活的能力。我們長期接受的教育是改掉自己的缺點。於是，我們就將自己的精力用於彌補自己的缺點，沒有顧及或無暇顧及自己優點的培育。

一個人如果想面面俱到、樣樣優秀，要耗費的精力實在太多了。但是，一個人如果能集中優勢把一項做精、學專，將成為某一領域的行家高手。

美國某位管理學者提出：「二十一世紀的工作生存法則就是建立個人品牌。」他認為，不只是企業、產品需要建立品牌，個人也需要在職場中建立個人品牌。競爭並不可怕，可怕的是自己並無太多讓人記住的東西。從現在開始，發現自己的優勢，讓它成為你的獨特品牌。

善待自我箴言

找到自己的天賦，培育自己的天賦，你才可能在人生的道路上如魚得水地行走，才可能創造屬於自己的輝煌。

人不可沒有自知之明

有的人總覺得自己比別人聰明，自以為是、自負傲慢、自視清高。要知道「聰明反被聰明誤」，聰明過頭的人就是愚蠢。

聰明的人，常常會讓自己「清空」，因為負重的人是根本跑不快的。你要學會忘記過去已經取得的榮譽，讓自己以新手的姿態出現在各個比賽的舞臺上，讓自己永遠保持謙虛、從容的心態，充滿競爭力。你要立志讓今天的自

己，超越昨天的自己，努力刷新自己過去的記錄。只有這樣，你才真正擁有活力，才會生活得充實而愉快。

一切智慧的開端都始於我們自己明了的無知。無論哪一門學問，不深入門徑，都無法洞察其中的奧祕，也更無從知曉哪些是為我們所不知道的。為了察覺自己的無知，人們必須掌握一定程度的常識。知道哪些大門尚未開啟，我們才會嘗試去開門。

古希臘大哲學家柏拉圖用充滿哲理的話說：「有知識的人用不著去求知，因為他已經是知識淵博的人了；無知的人也不會求知，因為他所關心的只是些生活中的無聊瑣事，像馬廄裡是否多出了鄰居的小馬駒之類的。」

智慧與光明之神在神廟的門檻上用箴言告誡人們：「人人都應有自知之明。」

古人云：「以銅為鏡，可以正衣冠；以史為鏡，可以知興衰；以人為鏡，可以明得失。」常常回憶自己走過的道路，不斷總結經驗和吸取教訓，可以讓自己成熟起來，老練起來，聰明起來，完美起來，從而使自己的目標得以實現。

遠古夏朝的時候，一個背叛的諸侯有扈氏率兵入侵。夏禹派他的兒子伯啟抵抗。結果，伯啟被打敗了。

伯啟的部下很不服氣，要求繼續進攻。但是，伯啟說：「不必了。我的兵比他多，地也比他廣，卻被他打敗了。這一定是我的德行不如他，帶兵方法不如他的緣故。從今天起，我一定要努力改正過來才是。」

從此以後，伯啟每天很早便起床工作，粗茶淡飯，照顧百姓，任用有才能的人，尊敬有品德的人。過了一年，有扈氏知道了，不但不敢再來侵犯，反而自動投降了。

世上萬物，都有自己的長處和短處，然而，能否知道自己的長處和短處，卻不容易。否則，古人就不會有「人貴有自知之明」之說了。

其實，這種自知之明就是能發現自己的卓越與缺陷，認識自我的優勢和劣勢，從而依從自己的條件決定去做什麼，不去做什麼，用理智的方略選擇

目的或理想，成功的機率就高得多了。

當然，有些人是沒有自知之明的，特別是在年輕的時候。還有些人一輩子既不知道自己所短，也不曉得自己所長。這種現象並不奇怪，只要你認真觀察，生活裡比比皆是。

一隻鷹憑著尖利的雙爪和帶勾的嘴，加之凶悍猛烈的衝擊力，向羊俯衝過來。羊在如此強勁的對手之下，只有束手就擒了。

在一旁觀看的烏鴉，既沒有鷹尖利的雙爪，又沒有鷹帶勾的嘴，更沒有鷹凶悍猛烈的衝擊力，也向羊俯衝下來。

當烏鴉撲向羊時，羊沒有驚慌，甚至會嘲笑牠：「你一隻平庸的黑鳥，豈敢在我的頭上動土，真是癩蛤蟆想吃天鵝肉。」結果，烏鴉突襲羊的目的不僅沒有得逞，反而成為牧羊人的獵物。

烏鴉之所以在襲擊羊的行動中失敗，是因為牠沒有自知之明。烏鴉只看到了鷹獵取羊的成功，卻看不到鷹獨有的長處和優勢。當然，牠更發現不了自己的短處和劣勢。烏鴉本來不具備捕獵羊的條件，而又要去做這種力不從心的捕獵，結果只能導致失敗。

生活中，導致失敗的原因，往往是當事者沒有自知之明，既沒有發現客觀世界的奧祕，也沒有發現主觀世界的長短。歸根結柢，還是他們不了解自己，但是他們並不知道這一點。

生物遺傳密碼的千差萬別，成就了每個人的優點特長和缺陷短處；後天教育與環境的差異，造就了每個人不同的志趣、性格和風采，其中既有迷人之處，又有遺憾之處。當這些「自我」能真實地表露出來時，其魅力一定最動人。牽強自己，一味要求自己與令我們羨慕的人看齊，常常會喪失美好的東西，而流於尷尬與痛苦。

孔子問子貢：「你和顏回哪一個強？」子貢答道：「我怎麼敢和顏回相比？他能夠以一知十；我聽到一件事，只能知道兩件事。」

子貢的自知是明智的，子貢的從容更是胸懷博大。他雖不及顏回聞一知十，但卻以其獨特的人格魅力傳之千古。

人們都喜愛聽好話、奉承話。不自知的人聽到好話、奉承話，便會信以為真，飄飄然，覺得自己很偉大。他沒有考慮在這些話的背後，說話人的目的是什麼。《戰國策·齊策》中的鄒忌就很有自知之明，沒有被旁人的吹捧昏頭。他明白：「妻子說我美，是因為偏愛我；妾說我美，是因為害怕我；客人說我美，是因為有求於我。」

古代有一個監察御史，文筆不行卻愛好寫文章。人家奉承他兩句，他就拿出一部分錢財請客。監察御史的夫人勸他說：「你並不擅長文筆，一定是那些人在拿你尋開心。」這位監察御史想想好像是這麼回事，以後就不管別人怎麼說，再也不肯出錢請客了。

可怕的自我陶醉比公開的挑戰更危險。流星一旦在燦爛的星空中炫耀自己的光亮，也就結束了自己的一切。所謂「成就大就居功自傲，名聲高即目中無人」，是一樣的道理。

要真正了解自我，就必須換一個角度看自己。首先，要「察己」。客觀的審視自己，跳出自我，觀照自身。如同照鏡子，不但看正面，也要看反面；不但要看到自身的亮點，更要覺察自身的瑕疵。切忌孤芳自賞、妄自尊大。其次，要不斷完善自我。有則改之，無則加勉。須知，天外有天，人外有人；尺有所短，寸有所長。

只有真正了解自己的長處和短處，避己所短，揚己所長，才能對自己的人生坐標進行準確定位。當你認識到自己的不足之時，也就是進步的開始。

善待自我箴言

有自知之明的人才能看到自己的缺點和不足，才能想到改善自己的缺點和不足，使自己成為更完美的人。

▌相信自己很重要

自信是一種巨大的動力，甚至可以使你去做別人認為不可能成功的事

情。許多成功人士之所以能夠取得那麼大的成就，就是因為他們心中有一種矢志不渝的信念，這種信念使他們能夠堅持到最後的勝利。

一個老闆把全部財產投資在一種小型製造業。由於遭受戰爭影響，他無法獲取工廠所需要的原料，只好宣告破產。金錢的喪失，使他大為沮喪。於是，他拋妻離子，成為一名流浪漢。他對於這些損失無法釋懷，而且越來越難過。最後，他甚至想要跳湖自殺。

一個偶然的機會，他看到了一本名為《自信心》的書。這本書給他帶來了重新生活的勇氣和希望。他決定找到這本書的作者，請作者幫助他再度站起來。

面對作者，他滔滔不絕地傾訴著自己的遭遇。等他停下來時，作者才有空對他說：「我已經以極大的興趣聽完了你的故事。我希望我能對你有所幫助，但事實上，我卻無能為力。」

他的臉立刻變得蒼白，低下頭，喃喃地說道：「這下徹底沒希望了。」

停了幾秒鐘，作者繼續說：「雖然我沒有辦法幫助你，但我可以介紹你去見一個人，他可以幫助你東山再起。」聽了作者這樣說，他立刻跳了起來，抓住作者的手，急切地懇求說：「看在上帝的份上，請帶我去見這個人。」

於是，作者把他帶到一面高大的鏡子面前，用手指著鏡子說：「我介紹的就是這個人。在這世界上，只有這個人能夠使你東山再起。你除非徹底認識這個人，否則你就確實沒救了。因為在你對這個人作充分的認識之前，對於你自己或這個世界來說，你都將是個普通人。」

他朝著鏡子向前走幾步，用手摸摸他長滿鬍鬚的臉孔，對著鏡子裡的人從頭到腳打量了幾分鐘，然後退幾步，低下頭，開始哭泣起來。

半年後，作者在街上碰見了這個人，幾乎認不出來了。他的步伐輕快有力，頭抬得高高的。他從頭到腳打扮一新，看來是很成功的樣子。

他很遠就看到的作者，徑直來到作者面前，對作者說：「那天我離開你的辦公室時還是一個流浪漢。我對著鏡子找到了我的自信。我找到了一份待遇豐厚的工作。現在，我又走上成功之路了。」

　　自信是一個人做事情與活下去的支撐力量。沒有了自信，就等於自己給自己判了死刑。

　　也許，你時常埋怨自己出身寒門；也許，你經常苦惱自己命運多舛。但是，你有沒有相信自己呢？

　　人生不是徘徊，人生不是等待。一味地埋怨和嘆惋，又怎能將人生的金字塔建成？

　　真正的強者，不會把目光集中於出身和命運，因為這些並不是決定一個人成功與否的重要因素。真正的強者，會相信自己的選擇，相信自己付出的努力終會得到回報，相信自己很重要。

　　相信自己，就是要相信你是有價值的。這種價值表現在你能夠為社會、為他人創造價值，而且社會、他人也認同你為他們提供的勞動和服務。只有真正相信自己具有價值，才能充分發揮出自己的價值。如果你認為自己毫無價值，那麼你將真的發揮不出你的才能，自己所應有的巨大的人生價值也將被埋沒。這樣做的結果，等於是為自己的人生設限，你所能達到的成就會永遠超不出你為自己設計的高度了。

　　每當我們說出「我很重要」這句話的時候，頸項後面就掠過一陣顫慄。我們知道這是把自己的額頭裸露在弓箭之下了，心靈極容易被別人的批判刺傷。

　　沒有人敢在光天化日之下表示「自己很重要」，這主要是因為我們從小受到的教育都是認為「我不重要」。

　　我們是由無數星辰、日月、草木、山川的精華匯聚而成的。只要計算一下我們一生吃進去多少穀物，飲下了多少清水，才凝聚成一具美輪美奐的軀體，我們一定會為那數字的龐大而驚訝。平日裡，我們尚要珍惜一粒米、一葉菜，難道可以對億萬粒菽粟、億萬滴甘露滋養出的萬物之靈，掉以絲毫的輕心嗎？

　　當我們在博物館裡看到古代猿人窄小的額和前凸的吻時，我們為人類原始時期的粗糙而黯然。他們精心打製出的石器，用今天的眼光看來不過是極

簡單的玩具。我們的頭顱就是一部歷史，無數祖先進步的痕跡儲存於腦海深處。我們是一件億萬年蒼老樹幹上最新萌發的綠葉，不單屬於自身，更屬於土地。

回溯我們誕生的過程，兩組生命基因的嵌合，更是充滿了人所不能掌握的偶然性。我們每一個個體，都是機遇的產物。我們的生命，端坐於金字塔的頂端。面對大自然的鬼斧神工，我們還有權利和資格說自己不重要嗎？

生而為人，應該有一份自我肯定，我就是我。雖然在廣瀚的宇宙中，我只是渺小的個體，但是，我的存在是唯一的我，以前沒有人和我相同，以後也不會出現另一個我。正如我不能替代他人一樣，也沒有人能替代我。

生命對於我們來說，只有一次。對這只有一次的生命，我們沒有理由不珍重和關愛，更沒有理由輕賤它、忽視它，讓它經受貧窮、苦難、困惑、挫折的折磨和煎熬。如果說我們的祖輩和父輩曾經窮困潦倒過，那不是他們本身的過錯，因為他們生不逢時、懷才不遇，還不能自己掌握自己的命運，自己安排自己的人生。他們把實現他們的理想和人生抱負的宏圖遠志寄託在我們的身上。如果我們還不能讓這一寄託和宏願付諸現實的話，我們還能說自己「生不逢時」，說自己「英雄無用武之地」嗎？不，我們不能這麼說，因為我們所在的時代，正是一個創造進步、文明、成功和財富的時代，正是一個英雄輩出的時代。

任何時候都不要看輕了自己。在關鍵時刻，你敢說「我很重要」嗎？試著說出來，你的人生也許會由此揭開新的一頁。

我很重要。我們終於大聲地對世界這樣宣布。片刻之後，我們聽到山岳和江海傳來回聲。

是的，我很重要。我們每一個人都應該有勇氣這樣說。我們的地位可能很卑微，我們的身分可能很渺小，但這絲毫不意味著我們不重要。

人們常常從成就事業的角度，斷定我們是否重要。但我們要說，只要我們在時刻努力著，為光明在奮鬥著，我們就是無比重要地生活著。

讓我們昂起頭，對著我們這顆美麗的星球上無數的生靈，響亮地宣

布 —— 我很重要。

善待自我箴言

> 生命沒有高低貴賤。一隻蜜蜂和一隻雄鷹相比，雖然微不足道，但牠可以傳
> 播花粉從而使大地生機盎然。相信自己，讓自己成為上帝 —— 無所不能！

清楚自己適合做什麼

　　受到各種條件的限制，在人生有限的時間內，人們往往只能謀求在特定
行業中的成功。在選擇行業的時候，一定要理解特定的行業對自己人生的意
義，自己可能在特定行業中出任的職務以及在行業中是否會有所發展。

　　所有的職業無所謂好壞，關鍵看是否適合自己。選對了生存的方向和途
徑，才能盡早到達理想中的至高境界。在不同的領域，人的價值的實現程度
有一定差別。有時，這種差別是讓人難以想像的。

　　一位禪師為了啟發他的門徒，給他的門徒一塊石頭，叫他去蔬菜市場，
並且試著賣掉它。這塊石頭很大，很好看，但師父說：「不要賣掉它，只是
試著賣掉它。注意觀察，多問一些人，然後只要告訴我在蔬菜市場它能賣多
少錢。」這個門徒去了。

　　在菜市場，許多人看著石頭想：它可以做很好的小擺飾，我們的孩子可
以玩，或者我們可以把它當做稱菜用的秤砣。於是他們出了價，但只不過幾
個小硬幣。門徒回來後說：「它最多只能賣到幾個硬幣。」

　　師父說：「現在你去黃金市場，問問那裡的人，但是不要賣掉它，只問
問價。」從黃金市場回來，這個門徒很高興地說：「這些人太棒了，他們樂意
出到一千元。」

　　師父說：「現在你去珠寶商那裡，但不要賣掉它。」門徒去了珠寶商那
裡。他簡直不敢相信，他們竟然樂意出五萬元。他不願意賣，他們繼續抬高
價格，出到十萬元。但是，這個門徒說：「我不打算賣掉它。」他們說：「我

們出二十萬元、三十萬元，或者你要多少就多少，只要你賣！」這個門徒說：「我不能賣，我只是問問價。」他不能相信：「這些人瘋了！」

門徒回來了，師父拿回石頭說：「我們不打算賣了它。不過，現在你應該明白了，這主要是想培養和鍛鍊你充分認識自我價值的能力和對事物的理解力。如果你是生活在蔬菜市場，那麼你只有那個市場的理解力，你就永遠不會認識更高的價值。」

先了解自己在哪裡能實現最大價值，然後再走進那個領域，去實現這種價值。如果你在並不明白自己價值的基礎上，錯誤地在一個行業做了一輩子，一事無成，豈不可惜？

只有對自我價值做出客觀的評價，根據自己的實際狀況來確定自我意識，才能給自己的人生做最恰當的定位。很多成就顯著的人的成功，首先得益於他們有著正確的自我評價和自我定位。為了達到比較客觀地認識自己的目的，應盡可能地把自我評價與別人對自己的評價相比較，在實際生活中反覆衡量。

芸芸眾生之中，你如何成為與眾不同的一個？企業成功源自一個成功的定位，個人的成功同樣如此，即你在事業這個舞臺上要扮演什麼樣的角色，擁有什麼樣的形象，做出哪些業績。

職業對我們的重要性，可以這樣來形容。當不得不做不稱心、不擅長的工作時，我們就像把一塊方木塞到一個圓孔裡一樣彆扭。在這種情況下，我們有兩種選擇：找到一個方孔，也就是轉換環境，使其適合我們的需要；或者把自己削圓，來適合圓孔。

很多人做出第二種選擇，隨著時間的流逝，在日常的工作中削圓了自己，適應了環境。也許，他們因此能夠勝任工作，但是卻因此與原本屬於自己的成功失之交臂了。

很多人經常會有諸如「我到底適合做什麼？」或者「為什麼我總是不能滿意現在的工作？」之類的問題。

一個工作不久的年輕人，在不到三年的時間裡跳槽十次，卻仍然感到無

所適從。許多人都有相同的疑惑：「為什麼在很多時候，我們為了適應職場所付出的努力反而造成相反的作用？」這些問題歸根結底，都是因為缺少對自己進行正確合理的「定位」。定位的最終目的是要找到一個與自己相匹配的工作。

伽利略原本是學醫的，但是當被迫學習解剖學和生理學的時候，他還藏著歐幾里得幾何學和阿基米德數學，偷偷地研究複雜的數學問題。當從比薩教堂的鐘擺上發現鐘擺原理的時候，他才十八歲。

英國著名將領兼政治家威靈頓（Wellington）小的時候，連他的母親都認為他是遲緩兒。他幾乎是學校裡最差的學生。別人都說他遲鈍、呆笨又懶散，好像他什麼都不行。他沒有什麼特長，而且想都沒想過要入伍參軍。在父母和老師的眼裡，他的刻苦和毅力是唯一可取的優點。但是，他在四十六歲時，打敗了當時世界上最偉大的將軍拿破崙。

在管理界有一句名言：「沒有最好的，只有最切合實際的。」我們選擇職業也是一樣，沒有對與不對，只有適合與不適合。我們每個人的個性、天賦、才能、所處的環境等都是不一樣的，而我們所要做的，不是抱怨自己不如別人的地方，而是要認真分析自己的特點，找出適合自己做的事情。

要徹底分析你自己，要準確評價你自己，對自己的性格、個人能力、專業技能、思維能力等各方面進行全面考慮，清楚自己到底適合什麼樣的職業。為此，有人提出了「三定」原則，可以為你提供一些指引。

1. **定向**：方向定錯了，距離目標會越來越遠，還要重走回頭路，付出較大的代價。在通常情況下，職業方向由本人所學的專業確定。但現實的情況是，很多人畢業後，並不能完全按照自己所學的專業來選擇工作，「學非所用」的情況比比皆是。在這種情況下，就需要認真考慮，選擇適合自己的職業職位。

2. **定點**：所謂定點，就是定職業發展的地點。例如：畢業後，有些人選擇去大城市，有些人選擇到中小城市，有的人則選擇去鄉下。這都無可厚非，但應該綜合多方面因素考慮，不可憑一時衝動。有的人畢業留在大

城市，認為那裡經濟發達，薪資水準較高，但忽略了競爭激烈、心理承受能力，甚至於氣候、水土等因素，結果時間不長又要跳槽。頻繁更換地點，今天在這裡，明天到那裡，對職業生涯弊多利少。

3. **定位**：選擇職業前要對自己的水準、能力、薪資期望、心理承受力等進行全面分析，做出較準確的定位。不可悲觀，把自己定位過低；也不要高估自己，導致期望值過高。不要過度在意公司的名氣、薪資的高低。只要這家公司、這個職位適合自己，是自己所嚮往和追求的，就應該去試一試，爭取被錄用。

善待自我箴言

好高騖遠、自負自大是一種不自量，謹小慎微、自輕自賤是一種不自重。
那麼，如何給自己一個準確的定位呢？首先要對自己有一個清醒的認識，
然後再做出最適合自己的選擇。

張開讓你飛翔的翅膀

在工作生活中，我們時常會遇到許多羈絆和束縛。對於它們，我們往往束手無策。殊不知，囚禁我們的不是別人，而是自己，是我們不健康的心態和偏激的態度害了自己。

心理學家曾經做過下面一個被廣泛流傳的「心理設限」實驗。

把一隻餓了將近一個星期的老鼠放入迷宮，在迷宮的出口處放一塊牠最喜歡吃的餌。受飢餓的驅使，老鼠會循著迷宮的道路找到出口。

當老鼠看到那塊餌時，會迅速向前衝。實驗者在出口處布置了一個電擊區。這隻老鼠向前衝時，受到電擊，痛得大叫，迅速地向後退。可是，因為電是無形的，老鼠看不到任何使牠痛苦的東西，再加上飢餓的驅使，再一次向前衝。老鼠又受到電擊，再次吱吱大叫地向後退。然後，牠開始猶豫，可是飢餓使牠依舊向前衝。

經過這樣數次電擊後，這隻老鼠終於放棄了。牠張著嘴巴，呆呆地望著那塊餌，不敢再往前衝，因為痛苦的感覺已經超過了飢餓的需求。生存的本能，死亡的恐懼，已經迫使牠放棄自己的飢餓。

幾個月後，再一次讓這隻老鼠餓一個星期，然後再讓牠跑同樣的迷宮，在相同的出口處，放著同樣的餌。這隻老鼠受到飢餓的驅使，仍會繼續尋找出路，找到那塊餌。跑在相同的道路上，牠心裡漸漸升起一種熟悉的感覺。當走到出口的地方時，雖然在電擊區裡並沒有通電，也沒有任何障礙，可是，老鼠仍然和上次一樣，止步不前。

一個人在一生中總要遇到各種各樣的遭遇，有的人會因為遭遇而痛不欲生，有的人會因為遭遇而奮發圖強。不同的人面對遭遇的態度不同。有的人能夠經受住壓力和打擊，並在這種挑戰中錘煉自己；有的人則會猶豫和徬徨，並且變得越來越消極。前者最終是成功的人，後者終究是失敗的人。

有許多人就是遭受外界太多的批評、打擊和挫折，奮發向上的熱情、慾望被「自我設限」壓制封殺，沒有得到及時的疏導與激勵，既對人生之路惶恐不安，又對碌碌無為習以為常，喪失了信心和勇氣，逐漸養成了猶疑、狹隘、自卑，不思進取，不敢奮鬥的性格。

一個小女孩因為長得又矮又瘦被老師排除在合唱團外，而且，她永遠穿著一件又灰又舊又不合身的衣服。

小女孩躲在公園裡傷心地流淚。她想：我為什麼不能去唱歌呢？難道我真的唱得很難聽？想著想著，小女孩就低聲地唱了起來，她唱了一首又一首，直到唱累了為止。

「唱得真好！」這時，一個聲音響起來，「謝謝你，小女孩，你讓我度過了一個愉快的下午。」小女孩驚呆了！說話的是個滿頭白髮的老人。他說完後就走了。

小女孩第二天再去時，那老人還坐在原來的位置上，滿臉慈祥地看著她微笑。

於是，小女孩又唱起來。老人聚精會神地聽著，一副陶醉其中的表情。

臨走前，老人仍不忘大聲喝采：「謝謝你，小女孩，你唱得太棒了！」

這樣過去了許多年，小女孩成了大女孩，長得美麗窈窕，成為本城有名的歌手。她忘不了公園靠椅上那位慈祥的老人，就特意回公園找老人，但那裡只有一張小小的孤獨的靠椅。後來，經過多方打聽，她才知道老人早就死了。

「他是個聾子，都聾了二十年了，」一個知情人告訴她。

每一次鼓勵都是給人多創造一次機遇。人需要鼓勵，就如植物需要澆水一樣。離開鼓勵，人就不能進步。

每個人來到這個世界，都是為天才而生，為成功而活。大自然給每個人都賜予了天生的潛能。只是在成長的過程中，由於外部環境的優劣、內在心態的修練和智力訓練的強度等多種因素的影響，我們逐漸喪失了天才潛能。

在競爭異常激烈的現代社會，主動可以占據優勢。事業和人生都不是上天安排的，而是積極主動爭取來的。主動行動，不但鍛鍊了自己，也為競爭積蓄了力量。

一個人的才能和精力都要受時間的制約，一旦錯過了時機，你也就失去了獲得成功的絕佳機會。身處凡事講求高效率的今天，如果你不能在自己的黃金時代抓住機會，大膽主動向別人展示自己的聰明才智，而總是「藏而不露」，就會貽誤時機。在知識更換頻率讓人吃驚的今天，不管你怎樣「學富五車」，也只能在短時間內保持優勢。能不能在這短短的時間內獲得施展的舞臺，將成為決定你成敗的關鍵。

勇於表現自己，是優秀人才不可缺少的一種品德。在這裡，當「謙謙君子」是沒有必要的，因為你就是自己的「伯樂」。

善待自我箴言

身處凡事講求高效率的今天，如果你不能在自己的黃金時代抓住機會，大膽主動向別人展示自己的聰明才智，而總是「藏而不露」，就會貽誤時機。在知識更換頻率讓人吃驚的今天，不管你怎樣「學富五車」，也只能在短時間內保持優勢。能不能在這短短的時間內獲得施展的舞臺，將成為

決定你成敗的關鍵。

▍正視你自身的存在

自我意識是一個人對自己的認識、評價和期望，也就是「我屬於哪種人」的自我觀念。

一般而言，一個人的自我觀念都是根據自己過去的成功或失敗，他人對自己的反應，特別是童年經歷等方面不自覺地形成的。根據這幾個方面，人的心理便形成了「自我意識」。

自我意識是如何影響人的行為的呢？行為心理學家研究證明，當你產生一種信念或心態後，通常會把它付諸行動，行動本身又會加強並助長這種信念。因此，你對於事情持有什麼樣的觀念，就會給你的思想方法和行為舉止塗上什麼樣的顏色。

如果認定了事情在向負面發展，你就有可能在不知不覺中給自己營造出不愉快的心境，因為一旦覺得厄運即將臨頭，你就會舉止失常，而使預感真的應驗；反之，如果你樂觀對待，言談舉止都表現出奮發向上的精神，你自然會產生積極的想法，而且這又促使你的言談和你樂觀的精神合拍共鳴。

如果相信今天會過得很好，而且明天會過得更好，你就會往好的方向去努力。工作中也是這樣，如果你有一個信念，認為自己能夠很好地完成所承擔的工作，就會覺得在工作中很有動力。在落實到行動中，你就會想方設法去做好工作，信心就會更強。反之，如果你看不到希望，總覺得未來沒什麼好期待的，人生就這樣了，就難免陷入頹廢消沉的狀態。

某位著名心理學家曾說，人的潛意識就是一部「服務機器」—— 一個有目標的電腦系統。而人的自我意識，就猶如電腦程式，直接影響這一機制的運動和結果。

如果在自我意識中認為自己是一個失敗的人，你就會不斷地在自己內心的「螢光幕」上看到一個垂頭喪氣、難當大任的自我，接收「我沒出息、沒有

長進」之類負面的資訊。然後，你就會感受到沮喪、自卑、無奈與無能，而你在現實生活中便會注定失敗。

如果自我意識是一個成功人士，你就會不斷地在你內心的「螢光幕」上見到一個躊躇滿志、不斷進取、勇於經受挫折和承受強大壓力的自我，聽到「我做得很好，而我以後還會做得更好」之類的鼓舞資訊，然後感受到喜悅、自尊、快慰與卓越，而你在現實生活中便會注定成功。

自我意識的確立是十分重要的，其正面或負面傾向是你的人生走向成功或失敗的方向盤和指南針。

對於一個有著積極心態的人來說，永遠都不會消極地認為什麼事情是不可能的。首先，你要認為你能，你什麼都能，在這個世界上，對於你來說沒有什麼是不可能的；然後，去嘗試、再嘗試；最後，你就會發現你確實無所不能。

正確地認識自己，就要面對現實的自己，勇敢地接受自己，承認自己，不能因為自己有缺陷與不足而自卑、自輕、自賤。你要放棄對自己的偏見，因為你在生活中是會不斷變化、不斷發展的。

有些人不願意承認自己的不足，沒有勇氣接受自己的缺陷，極力掩飾或者刻意偽裝，這樣就會形成病態人格，無法實現成功的人生。

認識自己，就是要認識自己的長處，同時也要認清自己的不足，接受自己並不完美的現實。從實際出發，從自己現有的條件出發，以此來發展自己，才能實現自己的人生目標。

在這個世界上，最了解自己的人大概只有自己了。認識自己，發揮主動性，走別人沒走過的路。根據自己的特點，運用自己的主見，培養不同於其他人的特殊才能，就一定能成功。

每個人都有巨大的潛能，每個人都有自己獨特的個性和長處，每個人都可以發揮自己的優點，成為一個光彩奪目的人，能夠在自己的人生中展現與眾不同的風采。

善待自我箴言

如果你有一個信念，認為自己能夠很好地完成所承擔的工作，就會覺得在工作中很有動力。在落實到行動中，你就會想方設法去做好工作，信心就會更強。

盡情發揮你的優勢

一個小男孩在一次車禍中不幸地失去了左臂，但是他又很痴迷於柔道。

幾經波折，小男孩拜一位柔道大師為師，開始學習柔道。他學得很認真，也很不錯。可是，練了兩個月，師傅卻只教他一招。對此，小男孩百思不得其解。

後來，小男孩終於忍不住問師傅：「師傅，您看我這一招有幾個月了。我已經將這一招完全掌握了。我是不是應該再學學其他招數？」

師傅慈祥地說：「不錯，你的確只會一招，但你只需要會這一招就夠了。」

小男孩並不是很明白，但他很相信師傅。於是，小男孩就繼續照著練了下去。

半年後，師傅第一次帶小男孩去參加比賽。小男孩自己都沒有想到居然輕輕鬆鬆地贏了前兩輪。第三輪稍稍有點艱難，但對手還是很快就變得有些急躁，連連進攻，小男孩敏捷地施展出自己的那一招，又贏了。就這樣，小男孩不可思議地進入了決賽。

決賽的對手比小男孩高大、強壯許多，也似乎更有經驗。一開始，小男孩顯得有點招抵不上。裁判擔心小男孩會受傷，就叫了暫停，還打算就此終止比賽。然而，師傅不答應，堅持說：「繼續下去！」

比賽重新開始後，對手放鬆了戒備，小男孩立刻使出他的那一招，制服了對手。最終，小男孩贏了比賽，獲得冠軍。

回家的路上，小男孩和師傅一起回顧每場比賽的每一個細節。小男孩道出了心理的疑問：「師傅，我怎麼就憑一招就贏得了冠軍？」

師傅答道：「有兩個原因：第一，你幾乎完全掌握了柔道中最難的一招；第二，就我所知，對付這一招唯一的辦法是對手抓住你的左臂。」

由於柔道大師的指點，小男孩最大的劣勢變成了他最大的優勢。

在人生的競爭中，只要懂得揚長避短，就無劣勢可言。再聰明些的話，還可以把劣勢變成優勢，甚至可以把最弱轉化為最強。

在通常情況下，選擇你所熱愛的職業，會易於你發揮出自己的潛能，會更容易取得成功。換個角度說，選擇你愛好的職業，工作就不會讓你覺得勞累。

在市場競爭激烈的時代，有的人在一開始是無法自由選擇自己所愛的職業的，只能被迫做出一些不符合自己愛好的職業選擇。在確立將來事業的目標時，你不要忘了捫心自問：「這是不是我最熱愛的專業？我是否願意全力投入？」

你應該知道自己擅長什麼，並且清楚你所喜歡做而又做得比別人好的事情。不管你目前擔任什麼樣的角色，知道自己的長處對成功都很重要。你還要明白自己的短處，承認有些事情你的確做不好，或者不願做。如果你討厭數字而喜歡創作，那就不要因為待遇高或順從別人的期望而強迫自己做數字工作。

人生的訣竅就是經營自己的長處，給自己的人生增值。如果一個人位置不當，用他的短處而不是長處來工作的話，他就會在永久的卑微和失意中沉淪。正如富蘭克林所說：「即使是寶貝，放錯了地方也只能是廢物。」

一個人社交能力強，就是不願意讀書。如果讓他去考功名，無異於要他的命，自然會顯得他沒有才華。如果讓他去做一些公關應酬的事情，則會顯得他才盡其用，遊刃有餘。可見，才華是應該分類的。

你的長處在什麼地方，你的短處又在什麼地方，這是一定要弄清楚搞明白的。否則從眾，大家去考功名，你也考功名，那不撞個頭破血流才怪。看

到做生意賺錢，你也要去做生意，那不弄個傾家蕩產才奇怪。

　　清楚地知道自己的才華在哪裡，揚長避短，找對自己的方向，選好自己的目標，然後再努力。這樣，即使你不想做出點成績也是很難的。所謂人盡其才、地盡其利，說的就是這個運用的道理。尺有所短，寸有所長。如果能揚長避短，則處處可見得才華，人人可稱得有才華。

　　一個人不僅要看到自己的長處，看到自己的有利條件，更要學會揚長避短，更要奮起直追。只要你能夠這樣去做，就沒有戰勝不了的困難，就沒有越不過的高山。

　　漫畫家蔡志忠十五歲那年，也就是國中二年級時，就帶著漫畫稿賺來的兩百五十元稿費，到臺北畫漫畫、闖天涯。他很快就面臨學歷的問題。在打算到以製作電視節目著名的光啟社求職時，他看到求才廣告上「大學相關科系畢業」一項條件，立即就傻眼了。不過，他仍舊相信自己的實力，沒有理會這項學歷限制而參加應徵的行列。結果，他擊敗了另外二十九名應徵的大學畢業生，進入了光啟社。

　　以後，蔡志忠在漫畫界的表現如異軍突起，尤其《莊子說》、《老子說》系列更譯成世界各國文字向國外輸出。當年他也一度成為全臺灣納稅額最高的一位作家。

　　對於自己獲得成功的原因，蔡志忠說：「做人最重要的就是要了解自己。有人適合做總統，有人適合做工人。如果適合做工人的人以做總統為人生目標，那只會一生痛苦不堪，受盡挫折。而我，不偏不倚，就是適合做一個漫畫家。我從小就知道自己能畫，所以才十五歲就開始畫，盡早地畫，不停地畫，終於畫出自己的一片天空。」

　　蔡志忠的說法也讓人聯想到巴西的世界球王「黑珍珠」比利（Pele），他曾經說：「我是天生踢球的，就像貝多芬是天生的音樂家一樣。」

　　認識你自己是每個人一生所難以迴避的問題。對自己的認識越是準確，你選擇正確道路的可能性就越大；選擇的道路越是正確，你取得成功的可能性也就越大。

如果烏鴉沒有正確認識自己，一味要練出甜美的歌聲，那麼牠注定會失敗；如果大象沒有正確認識自己，一味要達到猴子一般的靈活，那麼牠注定會失敗；如果一個人不能夠正確認識自我，那麼他也將會失去很多成功的機會。

善待自我箴言

明白自己的才華在哪裡，揚長避短，找對自己的方向，選好自己的目標，然後再努力。這樣，即使你不想做出點成績也是很難的。所謂人盡其才、地盡其利，說的就是這個運用的道理。

你的命運由你來掌控

一位年輕人抓到一隻鳥。他把鳥抓在手中，去山中見一位年老的智者。因為在他住的村莊中，人人都說這位智者非常地聰明，沒有人能問倒這位智者。如果真能問倒這位智者，年輕人會變成全村最聰明的人。

年輕人事先想好，見到智者後，把這隻鳥放在背後，問他：「鳥是活的，還是死的？」如果這位智者說是活的，自己就把鳥活活捏死；如果這位智者說是死的，自己就把這隻鳥放掉。這樣，這位智者永遠是錯誤的。年輕人認為這樣做，他比智者更聰明。

在山上見到了這位年老的智者，年輕人將鳥藏在背後的手掌中，問智者：「您猜一猜我手中的鳥是活的還是死的？」

這位年老的智者看也不看年輕人，就說：「是活是死在你的手上，你不要問我，問你自己，因為那隻鳥的命運是在你的手上。」

這位智者的回答，同時也提醒我們每個人：一個人的發展及未來的命運，不是依託外部環境，靠外力來左右的。期盼貴人相助或借助外力來改變自己的命運，是不切實際的。掌握自己命運的力量是在自己的手上。只有挖掘出自身存在的潛能，才能永保青春活力，成為一個成功者。

　　一個人無論是做人處世，還是想成就一番事業，必須先認知到，成功抑或失敗的關鍵都掌握在自己的手中，尤其與自己的思維方式、行為方式有必然的連繫。

　　命運是各色人等都會常常談到的話題。有的人由於缺乏對命運的了解，往往就對它感覺到神祕和痴迷。儒家曰達觀知命；佛家云萬法皆空；道家說命在我不在天。

　　其實，對一個堅強、向上、無畏、勇敢的人而言，靠天、靠地，都不如靠自己的雙手。靠別人，你也許豐裕富有，但你缺少了人生歷練。只有靠自己，把命運牢牢地掌握在自己的手中，你才活出自己的風格，才是真正的自己。

　　有這樣一個故事，頗能引起人們的深思。

　　三個工人在砌一堵牆。有人過來問：「你們在做什麼？」第一個人沒好氣地說：「沒看見嗎？砌牆！」第二個人抬頭笑了笑，說：「我們在蓋一幢高樓。」第三個人邊做邊哼著歌曲，笑容很燦爛，開心地回覆：「我們正在建設一座新城市。」

　　十年後，第一個人仍然在另一個工地上砌牆；第二個人坐在辦公室中畫設計圖，成為了工程師；第三個人呢，成為了前兩個人的老闆。

　　在命運之初，他們是起點相同的工友。在故事結局，他們的身分就發生了明顯的變化。是造化弄人嗎？是有上蒼相助嗎？顯然不是，那個成功者憑藉的是自己對信念的追求，憑藉的是自己的雙手。在心靈的高起點上，他構造了自己的人生，而且是精彩的人生。

　　類似的事例不勝枚舉，但都啟發你相信自己，相信自己的努力能創造出美好人生。當然，前提是你一定要具備一定的素養，具備細心、勤勞等優良的素養。

　　人的命運不能依賴別人，要靠自己去不斷追求，奮力奮鬥。其實，不斷追求也是一個人具有的美德。你要清楚地知道，在漫長的人生路上，所有的人都能在自己的付出中品嚐到收穫，都能在自己的不斷追求中得到幸福。

享受生活，對於不同的人而言有著不同的理解。懶惰者認為不勞而獲就是享受生活，勤奮的人則認為勤奮工作是享受生活。其實，享受生活是人的一種自由的感受。當一個人擁有最好的感受時，便可稱為享受生活。因此，保持良好的情緒，按照自己的方式工作、學習或休閒，就是最佳的快樂人生，也是許多人夢寐以求的幸福生活。

芷蘭大學畢業後進了一家剛起步不久的展覽公司。在這家公司裡，芷蘭做得很辛苦，經常不計報酬地加班。終於，芷蘭脫穎而出，工作剛剛一年，就榮升為專案主管。

芷蘭遠在日本的男友決定回國發展並且和芷蘭結婚。芷蘭等了五年終於修成正果，眾人都為芷蘭高興：婚姻美滿，事業順利。婚後，芷蘭懷孕了，還是雙胞胎，醫生囑咐她靜養安胎，然而這在工作超繁、壓力超強的展覽公司裡是難以做到的。

芷蘭選擇辭去了工作，獲得了兩個可愛的兒子。後來，芷蘭在一家公司裡做協調員的工作，因為停職兩年，她還要從頭做起。不久，在新的公司裡，她終於以工作業績博得了上司青睞，家庭也依然和睦。

芷蘭是一個有個性、懂得享受生活的人。她有一個平和的心態，她清楚地知道自己想要什麼，不要什麼。她沒有被世俗的觀念以及急功近利的浮躁所俘獲，而是按照自己的方式，堅持自我。她的內心充滿快樂，因為她在按自己的方式享受生活。

生命對每個人而言只有一次，而且人的一生時光短暫，因此，活著的時候就應該活得快樂，有個性，有意義。這樣一來，即便到了晚年，在回首往事的時候，你也能夠自豪地說：「我的使命已經完成，不再有遺憾了。」

善待自我箴言

靠天、靠地，都不如靠自己的雙手。靠別人，你也許豐裕富有，但你缺少了人生歷練。只有靠自己，把命運牢牢地掌握在自己的手中，你才活出自己的風格，才是真正的自己。

▌給自己施展魔力的暗示

「暗示」是一種普遍的心理現象。生活在社會中的每一個人，無論生活環境如何，也不論年齡長幼，或者智商高低，都經常使用暗示，或暗示別人，或接受別人的暗示，或進行自我暗示。

一位心理學家曾經做過一個心理實驗。

心理學家帶了一位學者到課堂上對同學們說：「這位是德國著名的化學家。他正在實驗一種新的化學物質。這種化學物質遇到空氣蒸發之後會讓人頭暈，但是對人體並不會造成副作用。」

接著，這位化學家從袋子裡拿出一瓶液體。打開瓶蓋後，他拿到每位同學的桌前晃了一下，並且用德文和同學們說話。心理學家翻譯說：「覺得頭暈的同學請舉手。」結果，許多學生舉起手來。

實驗結束之後，心理學家對同學們說：「同學們，我們剛才所做的是一項心理實驗，而非化學實驗。這位先生是本校德語教研室的助教，並不是德國著名的化學家。所謂的化學物質只不守是一瓶蒸餾水而已。」

日常生活中，心理暗示往往悄悄地卻又強有力地影響著我們對人的知覺和評價。在心理學中，有一個羅森塔爾（Robert Rosenthal）效應。這個效應是因羅森塔爾博士做的一個著名實驗而得名的。

新學期開始時，羅森塔爾博士讓校長把三位教師叫進辦公室，對他們說：「根據你們過去的教學表現，你們是本校最優秀的老師。因此，我們特意挑選了一百名全校最聰明的學生組成三個班讓他們來教。這些學生的智商比其他孩子都高，希望你們能讓他們取得最好的成績。」

三位老師都高興地表示一定盡力。校長又叮嚀他們，對待這些孩子，要像平常一樣，不要讓孩子或孩子的家長知道他們是被特意挑選出來的，老師們都答應了。

一年之後，這三個班的學生成績果然排在整個學區的前列。這時，校長告訴了老師們真相：這些學生並不是被刻意選出的最優秀的學生，只不過是

隨機抽調的普通的學生。老師們沒想到會是這樣，都認為自己的教學水準確實高。接著，校長又告訴了他們另一個真相，那就是，他們也不是特意挑選出的全校最優秀的教師，也不過是隨機抽調的普通老師罷了。

這個結果正是博士所料到的：這三位教師都認為自己是最優秀的，並且認為學生也都是高智商的，因此對教學工作充滿了信心，工作自然非常賣力，結果教學成果也很有成效。

可見，心理暗示具有神奇的功能，它能激發人們的潛能。也就是說，人的能力是受心理控制的。在受到積極的心理暗示時，人們的意識會產生一種「心理導向效應」，即人們內心會有一種強烈的反應，會做出許多非常的行動，並創造出難以達到的紀錄。

自我暗示的魔力是你無法想像的。在生活中，如下幾種暗示會使你獲益匪淺。

1. **情緒低落時想想浩瀚的宇宙或者廣袤的大海**：在情緒低落的時候，想想無邊無跡的宇宙，自己和宇宙比起來就像流星，一閃即逝，或者想想大海，自己只不過是滄海之一粟。想到這些，你就會覺得人實在太渺小了，自己心裡煩惱的事情就更微不足道了。無論遇到什麼人、什麼事，都會覺得「沒什麼了不起的」，就會自我暗示，完全不必放在心上，不要自尋煩惱。

2. **換個角度看問題**：換個角度去看問題，可以消除心中的不快。例如：不幸得了病，就暗示自己，這點病算什麼，有人得的病比我厲害得多呢，我也藉此機會休息休息，看看書，戶外散心，享受一下。心態平和了，病也好得快了。又如，遺失了什麼東西，就想著舊的不去新的不來，正想要換新呢，因此就不放在心上了。

3. **與人競爭時暗示自己是最棒的**：在比賽或面試的時候，暗示自己是最棒的，最強的，什麼也難不倒自己，給自己樹立自信。

4. **與人交往時暗示自己也有比人強的地方**：在和上流人物或陌生人打交道的時候，眼睛平視對方，暗示自己連聖人都有缺點，他也許有的地方還

不如我，拘束就會一掃而光，從而表現出不凡的氣質。在眾人面前講話緊張的時候，就暗示自己，下面坐著的都是些幼兒園的小朋友，什麼也不懂，你就會表現自如，超常發揮。

善待自我箴言

在實際生活中，適時地使用積極的自我暗示方法，可以使自己產生勇氣、產生自信、產生積極的生活態度，從而獲得意想不到的效果。

第二章
走自己的路，讓別人去說吧

每個人的立場和觀點各不相同。如果我們事事聽從他人的，那麼我們就會一無是處，最終也一事無成。

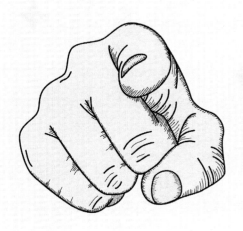

▌把握住出手的時機

有計畫、有主見、有自信心的人，絕不會把自己的計畫與人商議不決，除非遇見的是見識能力高他一籌的人。他常事先會仔細研究，正如前線將領在作戰之前仔細研究地勢、軍機，然後擬定作戰計畫開始進攻。

頭腦清楚、具有判斷力的人，擁有堅強的意志，不會模稜兩可，不會徘徊猶豫、東探西問。只要計畫好了、主意定了，他們一定會立即行動。

小約翰‧皮爾龐特‧摩根（John Pierpont Morgan Jr）出生在美國康乃狄克州一個富人家庭。其祖父和父親都是成功的商人。或許是由於在這種家庭長大，摩根從小就具有經商天賦，富有冒險和投機精神。

剛剛大學畢業的摩根，旅行來到新奧爾良。當他信步走過嘈雜的碼頭時，突然有人從後面拍了拍他的肩，問道：「先生，想買咖啡嗎？」那人自我介紹說他是往來於巴西和美國之間的咖啡貨船船長，受委託從巴西運回了一船咖啡，誰知美國的買主破了產，只好自己推銷。為盡快出手，他願意半價出售。這位船長一直在街上尋找買主，當他看到摩根穿著考究，就想碰碰運氣。

摩根看了貨，又仔細考慮了之後，決定買了咖啡。當他帶著咖啡樣品到新奧爾良與他父親有連繫的客戶那裡推銷時，人們都勸他要謹慎行事。價錢雖然讓人心動，但艙內咖啡是否與樣品一致則很難說。然而摩根覺得，這位船長是個可信的人，他很相信自己的判斷力。於是，他買下了咖啡。當然，付款是請父親幫的忙，而老摩根也毫不猶豫地支持了兒子的行動。

摩根的運氣很好：艙內全是好咖啡，不但如此，就在他買下這批貨不久，巴西咖啡因受寒減產，咖啡價格一下猛漲了兩三倍，摩根大賺了一筆。為此，老摩根對兒子的能力大加讚賞。

這時的摩根年僅二十二歲，他的第一次冒險成功了。此時，老摩根正沉浸在愛妻剛剛去世的悲痛之中。一方面為了安慰兒子，另一方面出於對兒子能力的信任，老摩根為兒子在華爾街開了一間摩根商行。在這裡，摩根開始

了他的商業生涯。

很多人做事，往往需要考慮再三，仔細掂量事情該不該做，種種顧慮讓他們遺失了成功的機遇。成功者做事的風格式絕不畏首畏尾，什麼事都敢做，什麼都能做。快速乾脆的處事風格為他們贏得了成功。

下面的故事充分地展現了項羽遇事果斷的作風。

起義軍將領宋義率領大軍由彭城出發，走到安陽的時候，便號令全軍原地休息，這一住就是一個多月。宋義每天在大帳中飲酒作樂，從不提出兵援趙的事。宋義是一個膽小怕事、自私自利的小人，根本就不想去秦軍拚命。將士們休整了幾個月後，一個個摩拳擦掌，鬥志很旺。

項羽實在忍耐不住，便來見宋義：「救兵如救火，現在趙王危險，我們應該立即率兵渡過黃河，與趙王來個裡應外合，就一定能夠大敗秦軍！」

宋義斜著眼看了項羽一下，慢吞吞地說：「你哪裡懂得兵法的妙用！我們的目標是消滅秦軍。我的主意是先讓秦趙拚個你死我活，我們可以坐收漁翁之利。在戰場上衝鋒打仗，我比不上你，要說出謀劃策，你可就比我差遠了。」

項羽遭到一場諷刺，強壓著火氣沒發作，怒哼哼地走出了軍帳。宋義衝著他的背影冷笑，隨即起草了一道命令，公布於全軍說：「將士們打起仗來應該像虎狼那樣凶猛，若誰要是不服從命令，一概都得砍頭。」這顯然是衝著項羽來的，叫他乖乖地服從命令。

項羽本是個火爆脾氣，怎麼會嚥下這口氣！一天早晨，項羽全副武裝，大步跨進宋義軍帳，再次要求立即出兵救趙。宋義大發脾氣，怒吼道：「我的軍令已下，難道你要以頭試令嗎？」

項羽大吼一聲：「我要借你的人頭發令！」

宋義本是個草包，頓時嚇得軟成一團。項羽一劍斬下了他的腦袋。將士們聽說項羽殺了宋義，都立刻表示願意服從項羽的指揮，並擁立項羽代理上將軍一職。

項羽的果斷讓無數將士詫異，但也讓楚軍在反秦的鬥爭中贏得了制勝的

先機。

項羽擔任了援趙大軍的主帥後，下令士兵每人帶足三天的口糧，然後又下令砸碎全部行軍做飯的鍋。將士們都愣了，項羽說：「沒有鍋，我們可以輕裝前進，立即挽救危在旦夕的趙國！至於吃飯嘛，讓我們到敵軍的營中取鍋做飯吧！」

大軍渡過了漳河，項羽又命令士兵把渡船全部鑿沉，同時燒掉所有的行軍帳篷。將士們一看退路沒了，知道這場仗如果打不贏，就誰也活不成了。

在項羽指揮下，楚軍很快包圍了王離的軍隊，和秦軍展開了數次激烈的戰鬥。經過多次交鋒，楚軍終於以少勝多，大敗秦軍。

項羽的這些舉動在別人眼裡看來恐怕是冒險，但正是這種冒險才使得項羽成了一代英豪。其成功的根源是什麼呢？敢想敢做，而且要抱著一種只許成功、不許失敗的心態去做。

與項羽形成鮮明對比的是，現在很多人，做事縮頭縮尾、猶猶豫豫。而項羽做事則是雷厲風行，說做就做，從不畏首畏尾，用勇氣去譜寫生命的樂章，用雙手去點燃希望的火光。不想丟臉的人，也很少會有露臉的機會！該出手時就出手，這就是許多人的成功之道。

習慣於謙虛、客套，自己能而說不能；而美國人則正好相反，比較喜歡直來直往，能就說能。在競爭激烈的現代社會，每個機會都會有許多人競爭，要想掌握機會，必須學會主動出擊，積極推銷自我。

善待自我箴言

很多人做事，往往需要考慮再三，仔細掂量事情該不該做，種種顧慮讓他們喪失了成功的機遇。成功者做事的風格是絕不畏首畏尾，什麼事都敢做，什麼都能做。快速乾脆的處事風格為他們贏得了成功。

▌永不停息地行動起來

讓我們先來看一個令人啼笑皆非之後又頗能引人深思的笑話。

曾經有一個窮人，十年中不停地祈求上帝幫助他，讓他中一次樂透的大獎。他每天做的祈禱不可謂不虔誠，也不可謂不滿懷希望，然而，十年間他沒有中過一次獎，連最小的獎都沒有中過。

終於，他開始懷疑上帝欺騙了他，浪費了他的感情和精力。在祈禱的時候，這種想法不由自主地流露了出來。

這時，他聽到了一個憤怒而無奈的聲音：「可是，你總得買一張樂透才行啊！」

行動永遠是第一位的。光想、光說，就是不付諸行動的話，你將永遠一事無成。

所有的結果都是由行動造成的，採取什麼樣的行動，將會導致什麼樣的結果。你要想獲取什麼樣的成果，就必須採取什麼樣的行動。

即便你具備了知識、技巧、能力、良好的態度與成功的目標，懂的比任何人都多，但是如果你不行動，那麼你還是不可能成功。因為你缺少行動，而沒有行動是不可能結果的。

人生就是闖關，靠奮鬥才能向前。還記得《西遊記》裡的唐僧師徒一行去西天取經的故事嗎？要想取回真經，就是神仙也必須闖過那九九八十一難。

在任何一個領域裡，不努力去行動的人就不會獲得成功。就連凶猛的老虎要想捕捉一隻弱小的兔子，也必須全力以赴地去行動。不行動，不努力，老虎就捕捉不到兔子。

世界著名的大提琴手帕烏·卡薩爾斯（Pablo Casals）在取得舉止公認的藝術家頭銜之後，依然每天堅持練琴六小時，養成了「行動再行動」的良好習慣。有人問他為什麼成名後還要堅持練琴，他的回答很簡單：「我覺得我仍在進步。」

　　一個成功者想繼續成功就得這麼去做，因為世上的事物沒有絕對的成功，只有不斷的努力，才能有不斷的進步。成功是沒有終點的，就像旅程中的一個個過程，必須一站一站往前走。一旦停在原地，不再去努力，不再全力付諸行動，成功的列車就會把你甩得遠遠的。

　　今日事今日畢，聽起來很熟悉，很老掉牙吧？是啊，這不正是父母、老師和長輩常常教導我們的一句話嗎！其實，生活就是這樣，許多我們聽得很耳煩的話，總是東一句西一句地被灌入耳朵風裡，但是當自己遇上問題的時候，這些話，就顯得特別有理。

　　一位青年畫家把自己的作品拿給大畫家讓·巴蒂斯特·卡米耶·柯羅（Jean Baptiste Camille Corot）觀看，請他指導一二。柯羅細心地指正了一些要他改進的地方。

　　青年畫家感激地說：「謝謝，明天我會把它全部修改過來。」

　　柯羅驚訝地問：「明天？為什麼要等到明天？你想明天才改嗎？要是你今晚就死了呢？」

　　你或許會覺得柯羅太烏鴉嘴了。其實一點也不。人生的許多悔恨都是源自於我們相信自己會擁有許許多多的明天，得過且過地將今天矇混過去。許多人都像這位青年畫家，老是對自己說：「好，從明天開始，我一定要……」

　　為什麼非要等到明天才開始呢？每個人都知道時間珍貴，然而總是不知道珍惜，輕易地讓時間從自己手上溜走。因為我們都習慣拖延，即使是重要的事情也要等著明天才開始做，甚至等著明天之後的明天。在缺乏決心和定力的情況下，我們把時間都浪費掉了。

　　西元前的一個冬天，亞歷山大大帝進兵亞細亞。當他到達亞細亞的弗尼吉亞城時，聽說城裡有個著名的預言：

　　幾百年前，弗尼吉亞的戈耳狄俄斯（Gordia）在其牛車上繫了一個複雜的繩結，並宣告誰能解開它，誰就會成為亞細亞王。自此以後，每年都有很多人來看戈耳狄俄斯打的結子。各國的戰士和王子都來試解這個結，可總是連繩頭都找不到，他們甚至不知從何處著手。

亞歷山大對這個預言非常感興趣，命人帶他去看這個神祕之結。幸好，這個結仍然完好地保存在朱庇特（Jupiter）神廟裡。

亞歷山大仔細觀察著這個結，許久許久，始終連繩頭都找不到。

這時，他突然想道：「為什麼不用自己的行動來打開這個繩結？」

於是，他拔出劍來，一劍把繩結劈成兩半。這個保留了數百載的難解之結，就這樣輕易地被解開了。

亞歷山大立刻行動、一心奔向目標、不墨守成規、按自己的行動規則做事的作風，注定了他必然成為亞細亞王。

別再拿休息是為了走更遠的路當藉口，因為喜歡說這種話的人，通常一休息就忘了要再趕路。如果你是那種告訴自己「今天好好休息，明天再認真出發」的人，那麼，你將不只錯過今天，而且也會錯過明天。你究竟要等多少個明天才肯出發？

有一個辦法可以使你戒掉這個毛病。那就是不斷地命令你自己：「我現在很好，馬上可以動手，再拖下去就完蛋了。我應該把所有的時間和精力用在正事上。」

善待自我箴言

成功是沒有終點的，就像旅程中的一個個過程，必須一站一站往前走。一旦停在原地，不再去努力，不再全力付諸行動，成功的列車就會把你甩得遠遠的。

比別人多努力一點

一對從農村來城裡打工的姐妹，幾經周折才被一家禮品公司應徵為業務員。

她們沒有固定的客戶，也沒有任何關係，每天只能提著沉重的鐘錶、影集、茶杯、檯燈以及各種工藝品的樣品，沿著城市的大街小巷去尋找買主。

五個多月過去了，她們跑斷了腿，磨破了嘴，仍然到處碰壁，連一個鑰匙圈也沒有推銷出去。

無數次的失望磨掉了妹妹最後的耐心。妹妹向姐姐提出兩個人一起辭職，重找出路。姐姐說，萬事事起頭難，再堅持一陣，或許下一次就有收穫了。妹妹不顧姐姐的勸告，毅然告別了那家公司。

第二天，姐妹倆一起出門。妹妹按照應徵廣告的指引到處找工作，姐姐依然提著樣品四處尋找客戶。那天晚上，兩個人回到租屋處時卻是兩種心境：妹妹求職無功而返，姐姐卻拿回來推銷生涯的第一張訂單。一家姐姐四次登門拜訪的公司要召開一個大型會議，向她訂購兩百五十套精美的工藝品作為與會代表的紀念品，總價值二十多萬元。姐姐因此拿到兩萬元的抽成，淘到了打工的第一桶金。從此，姐姐的業績不斷攀升，訂單一個接一個而來。

數年過去了，姐姐不僅擁有了汽車，還擁有住房和自己的禮品公司，而妹妹的工作卻走馬燈似的更換，連穿衣吃飯都要靠姐姐資助。

姐妹倆閒聊時，妹妹向姐姐請教成功真諦。姐姐說：「其實，我成功的全部祕訣就在於我比你多了一次努力。」

只相差一次努力，使原本天賦相當、機遇相同的姐妹倆，自此走上了迥然不同的人生之路。

不只是這位姐姐，不少成就非凡的知名人士，最初的成功也就源於「多了一次努力」。

你跟麥可‧喬丹比賽時，他投球比你準，速度比你快，防守比你好，進攻比你猛。在每一方面，在籃球上所需的成功關鍵，麥可‧喬丹都比別人要好一點，所以他成為了有史以來最偉大的籃球明星。我們所做每件事情要比競爭對手好一些，這樣的話，成功只有選擇我們。

你一定要比你的競爭對手更努力。成功最重要的因素是比別人更努力。努力是成功的捷徑，而且是成功必須付出的代價。「永遠要做得比要求得更好，」這是強者每天必做的事情。

大自然公平地創造了人類，從不對誰歧視。成功是任何肯於努力、肯於

上進的人都應享有的權利。

那些只知抱怨而不努力工作的人，從不懂得珍惜自己的工作機會。他們不懂得，豐厚的物質報酬是建立在認真工作的基礎上的；他們更不懂得，即使薪水微薄，也可以充分利用工作的機會提高自己的技能。他們在日復一日的抱怨中，徒增年紀，而技能沒有絲毫提升。

最可悲的是，抱怨者始終沒有清醒地意識到一個嚴酷的現實：在競爭日趨激烈的今天，工作機會來之不易。不珍惜工作機會，不努力工作而只知抱怨的人，總是排在被解僱者名單的最前面，不管他們的學歷是否很高，他們的能力是否很強。

大多數人總是在遭受「晴天霹靂」之後才會幡然悔悟。比如說，當成績一落千丈的時候，有的人才開始痛下決心好好念書；當入不敷出的時候，有的人才肯去嘗試新觀念、做出新的選擇；當婚姻亮起紅燈的時候，有的人才試著對伴侶表示關心；當失去工作的時候，有的人才懂得付出努力的重要。

人都有好逸惡勞的習性，按部就班的人不會沒事找事，如果不是被環境所迫，多半都只會安於現狀、不求上進。

為什麼一定要等到無路可走的時候，在遭遇到人生的「晴天霹靂」之後，才試著改變自己的心態和做事方式呢？不要在看似平安舒服的日子裡讓光陰一點點溜走，不要在那裡坐等「晴天霹靂」突然將你擊倒。努力的人懂得，要把命運牢牢地掌握在自己手中，不給「晴天霹靂」擊倒自己的機會。

成功者與失敗者之間的差距，並非如大多數人想像的是一道巨大的鴻溝。他們的區別在於一些小小的行動上：每天多花五分鐘閱讀、多打一個電話、多努力一點。這就是說，比別人多努力一點，你就擁有更多的成功機會。

善待自我箴言

不要在看似平安舒服的日子裡讓光陰一點點溜走，不要在那裡坐等「晴天霹靂」突然將你擊倒。努力的人懂得，要把命運牢牢地掌握在自己手中，不給「晴天霹靂」擊倒自己的機會。

▋做別人不敢做的

世界上不存在萬無一失的事。在面臨選擇、面臨機遇、面臨困惑的時候，要做出決斷，就必須要承擔一定的風險。

冒險，幾乎是所有行事果斷的人所熱衷的事。勇於冒險，勇於挑戰極限，才能體驗到生命的壯觀。世界是上帝安排的一個賭場，人間是冒險家的樂園。做出與眾不同的選擇，勇闖禁區，你會有意想不到的收穫。

在一家效益不錯的公司裡，總經理叮囑全體員工：「誰也不要走進公司那個沒掛門牌的房間。」總經理沒解釋為什麼，員工們都牢牢記住了總經理的叮囑。

一個月後，公司又應徵了一批員工，總經理對新員工又照例叮囑了一番。

「為什麼？」有個年輕人小聲嘀咕了一句。

「不為什麼，」總經理滿臉嚴肅地答道。

回到職位上，年輕人還在不解地思考著總經理的叮囑。其他人勸他做好自己的工作，別瞎操心，聽總經理的，沒錯。但是，年輕人卻偏要走進那個房間看看。

年輕人輕輕地敲門，沒有反應，再輕輕一推，虛掩的門開了。只見書桌上放著一個紙牌，上面用紅筆寫著 —— 把紙牌送給總經理。

這時，聞知年輕人闖入那個房間的人開始為他擔憂，勸他趕緊把紙牌放回去，大家會替他保密，但年輕人卻直奔總經理辦公室。

當年輕人將那個紙牌交到總經理手中時，總經理宣布了一項驚人的決定：「從現在起，你被任命為銷售部總監。」

「因為我把這個紙牌拿來了？」年輕人疑惑不解地問。

「不錯，我已經等了快半年了，相信你能勝任這份工作，」總經理充滿自信地說。

後來，年輕人果然把銷售部的業績一再地得到提升。

勇於走進某些禁區，你會採摘到豐碩的果實。打破條條框框勇為天下先的精神，正是開拓者的風貌。

富有挑戰個性的人，在工作上必會有所表現、有所突破，無論在哪個部門都是別人急於網羅的對象。如果你總是待在同一個地方，容易守舊，喪失創造力。

具有果斷精神的人，遇事總喜歡自己動手，自己思考，能夠標新立異，對傳統的習慣、陳腐的觀念勇於採取懷疑和批判的態度。有一位科學家曾說：「在科學上要有所成就，就絕不能總跟在別人後面，而要處處爭取領先。」

如果長時間生活在被人照顧、受人支配的環境中，慢慢就會形成依附或安於依附的心理。這種依賴感一旦形成會逐漸地扼殺一個人的聰明才智，使之變成一個毫無主見的庸人。古往今來，大凡取得突出成就的偉人，都得益於他們所擁有的果敢性格與心態。

如果你只想過平凡的生活，你可以維持現狀。但是，如果你想過非凡的生活，就要勇於挑戰極限，勇於冒險，爭取每個改變命運的機會。

每個人都有財富的夢想，但不是每個人都會變成富人。在我們身邊，許多成功的富人，並不一定是比你「會做」，更重要的是他比你「敢做」。在很多情況下，強者之所以成為強者，就是因為他們勇於「火中取栗」，敢為別人所不敢為。

富人越來越富，窮人越來越窮，原因之一是創富的觀念和能力有高下之分。當明白之所以貧窮的原因後，你就可以採取行動改變自己的人生。改變貧窮，必須從更新觀念開始。勇於樹立致富的進取心，培養致富慾望，並為之不懈奮鬥。這樣，你就一定能夠成功。

在加州海岸的一個城市中，所有適合建築的土地都已被開發了出來。在城市的一邊是一些陡峭的小山，另外一邊地勢太低，每天被倒流的海水淹沒一次。顯然，兩邊都不適合蓋房子。

一位具有野心的商人來到了這座城市。憑藉敏銳的觀察力，他立刻想出了這些土地的賺錢計畫。

商人以很低的價格預購了那些山勢太陡的山坡地和時常被海水淹沒的低窪地，因為所有人都認為這些地沒有什麼太大的價值。接著，他用了幾噸炸藥，把那些陡峭的小山炸成鬆土。然後，他僱用幾架推土機把泥土推平，就這樣原來的山坡地變成了建築用地。最後，他找來一些車子，把多餘的泥土運在那些低地上，直到其超過水平面，這樣又變成了一塊建築用地。

可想而知，商人後來賺了不少錢。這錢是怎麼賺來的呢？很簡單，只不過是把泥土從不需要的地方運到需要的地方而已。任何人只要具有像他這樣一顆敢想敢做的進取心，黃土都可以變成金。

善待自我箴言

在我們身邊，許多成功的富人，並不一定是比你「會做」，更重要的是他比你「敢做」。在很多情況下，強者之所以成為強者，就是因為他們勇於「火中取栗」，敢為別人所不敢為。

成就輝煌的進取心

我們先來看一下關於一位擁有進取心的採石大王的故事。

一位採石大王，剛工作時曾經因為說了偏激的話，被公司開除。在獨自闖天下時，沒有公司願意接收他。為了謀生，他在街頭賣過水果，做過一些產品的推銷員。後來，他在一個採石場做了採石工。

他工作踏實、勤奮，深得老闆賞識，不久升遷為工頭。不到半年，老闆又將自己下屬的一個採石場承包給他。當時那裡常停電，他動員老闆買發電機，但老闆覺得費用太高，沒有同意。於是，他就是自己想法籌錢買了臺發電機。

由於停電，別的採石場無法按期交貨，唯有他的採石場，總是能如期交

貨。於是，訂單都到了他那裡，他就開始不斷地兼併別的採石場，擴大自己的業務範圍。再後來，他就成了遠近聞名的採石大王。

在我們身邊的芸芸眾生中，有不少人成功，但更多的人卻是碌碌無為。有很多人才華橫溢，聰明絕倫，但他們缺乏野性，缺乏內心的張揚，只是在等待，卻不懂得主動出擊。等待有些時候是必要的，但等待的目的是尋找機會，最終還是為了出擊。

人只有秉持企圖心，不甘於沉淪，不甘於被環境所左右，才會在各種環境中都努力去尋找機會，創造機會。

有一個年輕人，大學畢業後，分配到了家鄉的電信局，工作穩定，收入可靠。然而兩年後，他突然做出了一個驚人的決定，離開目前的這份工作，另覓他處。

他不顧父母的反對，毅然在一家跨國公司的分公司裡，他也僅僅做了一年。他從這家公司跳槽出來後，進入了另外一家小得可憐的公司。然而沒過多久，他又從這家小公司跑了出來。不過，這次他把目光投向了自己。

他靠自己賣軟體存下來的錢，創辦了一家網路公司。三年後，他的公司的股票開始上市。

後來，這個年輕人擁有的財富達到了數十億。他天生勇於冒險和不怕失敗。他堅信，只要經營好自己，就可以經營好整個人生。

人生是個累積的過程，你總會摔倒。即使跌倒了，你也要懂得抓一把沙子在手裡。

許多白手起家的巨富，雖然從事的行業及方法、手段不盡相同，但是都具有吃苦耐勞、堅忍不拔、頑強向上的精神。他們每個人都有一段艱辛的往事，有一段常人無法忍受的吃苦、忍耐、奮進的歷史。他們之所以能堅持，之所以能從中表現出強大的力量，正是因為他們有著強烈的成功慾望，有一顆不甘平庸的心。

進取心帶來的激勵存在於我們人體內，它推動我們不斷完善自我，追求完美的人生。一旦有幸受這種偉大推動力的引導和驅使，我們就會成長、開

花、結果。但是，如果我們無視這種力量的存在，或者只是偶爾接受這種力量的引導，我們就只能使自己變得微不足道，不會取得任何成果。

堅持不懈，永保一顆進取的心，幾乎是每位偉大人物的特質。

施羅德出生於下薩克森州的一個貧民家庭。他出生後的第三天，父親就戰死在羅馬尼亞。當清潔工的母親，撫養著他們姐弟二人。一家三口相依為命。

因繳不起學費，施羅德在國中畢業後就到一家零售店當了學徒。貧窮帶來的被輕視，使他立志要改變自己的人生：「我一定要從這裡走出去。」

施羅德一直在尋找機會。辭去了店員之職後，他到一家夜校學習。他一邊學習，一邊到建築工地當清潔工。不僅收入有所增加，而且圓了他的上學夢。

夜校結業後，施羅德進入了哥廷根大學夜校學習法律，圓了上大學的夢。

畢業之後，施羅德當了律師。後來，他當上了漢諾威霍爾律師事務所的合夥人。回顧自己的經歷，施羅德說：「每個人都要透過自己的勤奮努力，而不是透過父母的金錢來使自己接受教育。這對個人的成長至關重要。」

正是進取心 —— 這種永不停息的自我推動力，激勵著施羅德朝著自己的目標前進。這是神祕的宇宙力量在人身上的展現，這種動力並不是純粹的人為力量能創造的。永保一顆進取的心吧！也許現在你離成功還很遠，但只要你永不放棄，總會有成功的那一天。

善待自我箴言

大多數成功者都有一段艱辛的往事，有一段常人無法忍受的吃苦、忍耐、奮進的歷史。他們之所以能堅持，之所以能從中表現出強大的力量，正是因為他們有著強烈的成功慾望，有一顆不甘平庸的心。

▎擁有遠大的志向

絕不安於現狀是一個影響世界進程的理念，是一個改變世界面貌的理念。人類社會之所以能夠從茹毛飲血時代發展為今天高度文明的時代，就是因為人類不斷追求新的高度，永遠追求新的目標。

然而，現實中有些人卻認為，該說的別人說過了，該做的別人做過了，該發明的別人發明過了，該想的別人想過了，該畫的別人畫過了，該寫的別人寫過了，真是生不逢時。在他們的生活中，沒有問題，沒有挑戰，沒有追求，也沒有機會。

其實，有這種想法的人或多或少地都帶點安於現狀的思想。由於安於現狀禁錮了他的創造力，當他產生某些富於創造性的想法時，很快就會被安於現狀所擊敗，也就沒有了熱情。是安於現狀扼殺了他的創造力，是安於現狀成了他的桎梏。

十九世紀末，美國康乃爾大學（Cornell University）的生物學教授做過一次著名的煮青蛙實驗。

經過精心安排後，他們把一隻青蛙冷不防丟進煮沸的開水裡。這隻反應靈敏的青蛙在千鈞一髮的生死關頭，突然用盡全力，一下子躍出了那勢必使牠葬身的滾燙開水，跳到鍋外的地面，安然逃生。

半小時後，他們使用一個同樣大小的鐵鍋，放滿冷水，然後把這隻死裡逃生的青蛙放在鍋裡。這隻青蛙在鍋裡面歡快地來洄游著。接著，實驗人員悄悄地在鍋底下用小火慢慢加熱。青蛙不知大禍即將臨頭，還悠然地在水中享受著「溫暖」，等到牠感覺到鍋裡的熱度已經使牠熬受不住，必須奮力跳出才能活命時，卻一切為時已晚。牠欲躍乏力，全身癱瘓，呆呆地躺在水裡，終於葬身在沸水鍋裡面。

為什麼同樣是這隻青蛙，突然接觸到沸水時能逃脫厄運，而在慢慢加熱的升溫中就不能倖免於難呢？原因就在於青蛙只顧著滿足於舒舒服服的眼前環境，對未來的惡劣環境卻預料不足，逐步喪失了抵禦外界惡劣環境的能

力。這不獨是青蛙的悲劇和弱點，地球上所有生命包括人在內，概莫能外。

當人們對自己所處的環境比較滿意時，則會在相對平衡中失去潛在的積極性與進取心，從而放棄努力。然而，人們一旦意識到自己所處的社會環境是不利的或者是相對劣勢的，一般會盡最大的努力去提升自己或直接改造自己所處的環境，以達到自己與環境的統一和平衡。

從某種意義上來說，安於現狀是發展的絆腳石，因為所處的安全現狀可能就是青蛙所處的溫水，在不自不覺中變成險境。

志向遠大的人會產生出天賦神授一般的精神力量和旺盛鬥志。失敗與挫折、暫時的困境只能激發起他們潛在的巨大勇氣，鼓勵他們去克服困難，戰勝自我，並最終獲得成功。

美國石油大王讓・保羅・蓋提（Jean Paul Getty）在他的自傳中，曾經提出一個十分有趣的問題。

如果將目前全世界所有的現金以及所有產業全都混合在一起，平均地分給全球的每個人，讓每個人所擁有的財富都一樣多。經過半個小時之後，全球這些財富均等人們的經濟狀況，就會開始產生顯著的變化。

有的人在這時候已經喪失了分到的那一份；有的人會因為豪賭輸光；有的人會因為盲目的投資而一文不名；有的人則會受到欺騙而迅速破產。於是，財富分配又重新開始了，有些人的錢會變少，有些人的錢又開始多起來，這種情形會隨著時間的推移而變得差別更大。經過三個月之後，所謂貧富懸殊的情況將會變得十分驚人。

蓋提特別強調：「我敢打賭，再經過一兩年，全世界財富的分配情況將會和沒有均分之前沒有兩樣，有錢的還是那些人，而貧困的人依然不會有所轉變。」他的結論是，不論說這是命運也好，是機會使然或自然法則也罷，有些人的目標與行動一定會使自己比其他人所受到的尊敬更多，因而他所擁有的財富也將會更多。

透過蓋提這個奇妙的設想，我們可以了解，成功與失敗就根本上而言，是由我們的志向所決定的。

呂不韋在趙國邯鄲做生意的時候，認識了當時在趙國做人質的秦孝文王的兒子異人。

呂不韋回到家就對父親說：「種田的利潤有幾倍？」

他的父親回答：「十倍。」

呂不韋接著問：「那麼，買賣珠寶有幾倍利潤？」

他的父親說：「百倍。」

呂不韋最後問道：「那麼，經營國君呢？」

父親想了想說：「恐怕萬倍都不止啊！」

呂不韋就說：「如今我們每年辛苦利田，卻得不到溫飽；苦心經商，只是不愁衣食罷了。如果能扶持一個君王建立國家，那麼我們得到的利益將無窮無盡，還可以傳給子孫後代。我現在決定做這個一本萬利的生意！」

後來，在呂不韋的努力下，異人即位做了秦王，而呂不韋也一步登天，做了秦國的丞相，權傾天下。

我們每個人在成年後都要走向社會，開始人生的遠航。那麼，人生之路怎樣才能有價值、有意義？這是需要我們認真思考的。

做人總要有志向，方可有路走。立了志向，不變移、不動搖，總會有成就的。從來沒有不立志向而有成就的人。

善待自我箴言

> 志向遠大的人會產生出天賦神授一般的精神力量和旺盛鬥志。失敗與挫折、暫時的困境只能激發起他們潛在的巨大勇氣，鼓勵他們去克服困難，戰勝自我，並最終獲得成功。

讓你變得獨一無二

在職場中，每一個老闆和經理都希望能以最好的性價比應徵到最好的員

工；而作為應徵者，則希望找到既能滿足自己的職業生活願望，又能得到最好報酬的工作。可是現如今，職場的需求遠小於供給。要想在職場上找到生存空間，你就必須提升自己的核心競爭力。

無論你走到哪裡，擁有別人不具備的某種能力或專業技能，成為不可或缺的人物，那麼，你在老闆心目中的位置，在公司中的地位就會逐步提高。

喬治是一家五星級大飯店內場的小廚師。他並不英俊，而且憨憨的。誰說他兩句，他都照單全收，不會嘟著嘴說什麼。他沒有什麼特別的長處，做不出什麼上得大場面的菜，所以他在後廚部裡只當下手。但是，他會做一道非常特別的甜點：把兩顆蘋果的果肉都放進一顆蘋果中，那顆蘋果就顯得特別豐滿，可是從外表上看，一點也看不出是兩顆蘋果拼起來的，就像是天生長成那個樣子的，果核也都巧妙地去掉了，吃起來特別香。

一次，這道甜點被一位長期包住飯店的貴夫人發現。貴夫人品嚐後，十分欣賞，並特意約見了做這道甜點的喬治。這個一直不被人重視的憨年輕人激動地表示，將再接再厲以不辜負夫人的賞識。貴夫人雖然長期包了一套最昂貴的套房，一年中也只有加起來不到一個月的時間在這裡度過。但是，她每次到這裡來，都會指名點那道喬治做的甜點。

飯店裡年年都要裁去一定比例的員工，經濟蕭條的時候，裁員的規模會更大。不起眼的喬治卻年年風平浪靜，就像有特別硬的後臺和背景。後來，飯店的總裁告訴喬治，那位貴夫人是他們最重要的客人，而他是飯店裡不可或缺的人。

要想讓自己變得不可或缺，就是要使自己變成「短缺元素」。雖然不同的人有不同的生存方式，不同的員工有不同的能力，但重要的不是你具備哪種能力，而是你的能力是否為你的老闆認為不可缺少。

一個又一個成功人士的經歷告訴我們：只要用心去觀察，努力去創造，任何人都有可能成為與眾不同的人。

從一個貧困的小保姆到一個擁有百萬資產的大老闆，剛剛二十出頭的楊淑梅僅僅用了三年的時間便實現了別人連想也不敢想的奇蹟。

　　三年前，楊淑梅還是一個保姆。一次，女主人讓她陪著去參加一個房地產的活動。

　　售屋小姐帶大家去參觀樣品屋。當時，由於人多擁擠，不知是誰撞翻了客廳牆角處的花盆架，正砸在電視機上，一下子把螢幕砸碎了。看房的人們都推說不是自己的責任，售屋小姐急得直哭。

　　回來的路上，路過一家玩具店時，楊淑梅的腦子裡突然靈光一閃。她想，能不能像玩具車模型那樣用一種塑膠的仿真家電來代替實物呢？這樣開發商不但能降低成本，而且移動起來方便，不怕摔不怕撞。

　　晚上，楊淑梅和女主人談了自己的想法。出乎她的意料，女主人非常贊同她的主意，而且表示願意出錢為她的這一創意投資。

　　當楊淑梅卑怯地說自己只是個小保姆，做這樣的事會不會讓人嘲笑時，女主人則平靜地說了一句讓楊淑梅一生都難忘的話：「這世界沒有誰生來就平庸。」

　　在得到女主人的全力支持後，楊淑梅開始著手設計家電模型，連繫生產廠商，拿著自己產品的照片到各個房地產去推銷，並熱情地帶領房地產公司的負責人來參觀自己設計的家電模型。

　　由於一套家電模型的成本不及實物成本的十分之一，而且比實物更美觀耐用，她的產品備受客戶青睞，首批生產的幾十套產品很快銷售一空。

　　後來，大到沙發、衣櫃、書櫃、電腦桌，小到廚具、餐具、僅供擺設的小物，楊淑梅的模型公司裡幾乎應有盡有。有一段時間，產品甚至出現了供不應求的局面。在不到一年的時間裡，她的公司便迅速積聚起上百萬元的資產。楊淑梅也從一個為他人做保姆的小女孩，一躍而成了一名遠近聞名的公司老闆。

　　想實現自己的人生價值，並不像想像中的那麼難，有時只需要你努力一點、堅忍一點、大膽一點、用心一點，努力提升自己的「核心競爭力」。用心發現並抓住實現自己價值的機會，在競爭中提升自己的實力和價值，總有一天，你的價值會呈現在人們眼前。

雖然不同的人有不同的生存方式，不同的員工有不同的能力，但重要的不是你具備哪種能力，而是你的能力是否為你的老闆認為不可缺少。

集中精力做一件事

聞名於世的昆蟲學家尚 - 亨利‧法布爾 (Jean-Henri Fabre)，一生也只做了一件事，那就是研究他的昆蟲。

一次，一位青年苦惱地對他說：「我每天不知疲倦，把自己的全部精力都花在我愛好的事業上，可結果總是效果甚微。」

法布爾讚許地對他說：「看來你是一位獻身科學的有志青年。」

這位青年聽到法布爾的讚許，興奮地說：「是啊！我愛好科學，也愛好文學，對音樂和美術也很感興趣。我把自己幾乎所有的時間都用在這些愛好上了。」

這時，法布爾從口袋裡拿出一個放大鏡，把陽光聚焦在一個點上，然後對青年說：「試著把你的精力集中到一個焦點上，就像這個放大鏡一樣。」

法布爾正是把自己的時間和精力都聚焦在研究昆蟲這個點上，才有了昆蟲學方面卓越的成就。

無論你具備多少能力和才華，如果你無法支配它，將它聚焦在特定的目標上，並且一直保持在那裡，那麼你是無法取得成功的。當其面對樹上的一群鳥時，如果說一個獵人能打下幾隻鳥的話，那麼他肯定不是向整個鳥群射擊，幾隻鳥的收穫一定是獵人瞄準特定目標的結果。

法國大畫家皮埃爾‧約瑟夫‧雷杜德 (Pierre-Joseph Redoute)，一生只畫玫瑰，任憑環境如何變化，時代如何更替，都心無旁鶩，只專心畫他的玫瑰。

雷杜德一生記錄了一百七十多種玫瑰的姿容，組成了《玫瑰圖譜》畫

冊。在此後的一百八十多年裡，《玫瑰圖譜》（*Redoute:the bible of rose*）書冊以各種語言和文字出版了兩百多種版本，平均每年都有新的版本問世。

雷杜德以他無比的執著，一生只挖一口井，即畫玫瑰這口井。不管其他井裡有黃金還是有白銀，他都不為所動，不心生貪念，終於在這口井裡「挖」出了玫瑰的芬芳和美麗。

人生面對無數的選擇、無數的誘惑，但成功不會藏在那繁華的泡沫裡，也不會躲在燈紅酒綠的喧囂中，與其像小貓釣魚那樣一會兒追蜻蜓，一會兒捉蝴蝶，還不如一生只挖一口井，一生只聚焦一個點，瞄準目標不動搖，哪怕十年磨一劍，哪怕一輩子只做好了一件事。

在太多的領域內都付出努力，我們就難免會分散精力，阻礙進步，最終一無所成。即使是一個才華一般的人，只要他在某一項工作上熱忱專注，也會取得巨大的成就。

目標很重要，幾乎每一個人都知道，然而，一般人在人生的道路上，卻只是朝著阻力最小的方向前進，這便是「徘徊的大多數普通人」和「有意義的特殊人」之間的天壤之別。你必須要成為一位「有意義的特殊人」，而不是一位「徘徊的大多數普通人」。

你不妨做一個試驗。在夏天最炎熱的某一天，從商店裡買一個最大的放大鏡和一些報紙，把放大鏡拿出放在報紙上，中間隔一小段距離。很快你就會發現，如果放大鏡是移動的話，你永遠也無法點燃報紙。但是，放大鏡不動，你把焦點對準報紙，很快你就能利用太陽的威力，把報紙點燃。

為了能夠集中精力做一件事，你不妨從以下兩方面著手。

1. **使刺激引起的興奮強烈起來**：愛迪生在實驗室可以兩天兩夜不睡覺，可是一聽音樂便會呼呼大睡。可見，注意力與興趣有著直接的關係。感興趣的事情，對人的刺激就大，興奮程度就高，注意力就容易集中。

2. **排除外界干擾**：這裡有兩種辦法可供選擇。一種是鬧中取靜。有學者小時候常到鬧市去讀書。形成習慣之後，無論再吵的環境，他也能定心讀書。另一種是閉門謝客。詩人普希金（Alexander Pushkin）把自己送進

書房，閉門苦讀。小說家安東・帕夫洛維奇・契訶夫（Anton Palovich Chekhov）則既能在安靜的書屋揮筆，更能在喧譁的環境裡寫作。

善待自我箴言

在太多的領域內都付出努力，我們就難免會分散精力，阻礙進步，最終一無所成。即使是一個才華一般的人，只要他在某一項工作上熱忱專注，也會取得巨大的成就。

▌巧妙運用壓力

秦朝末年，秦軍打敗了楚軍，繼而將鉅鹿圍困起來。項羽帶領楚軍，渡過漳水去與秦軍交戰。由於楚軍人數少，又剛吃了敗仗，面對強大的秦軍，將士們都感到了巨大的壓力。

為了激勵士氣，項羽命令將士每人只帶三天的乾糧，然後把做飯的鍋全部砸毀，把渡河的船隻全都鑿沉。項羽對將士們解釋說：「現在我們沒有退路了，要麼在三天之內戰勝敵人，要麼就全軍覆沒。」

項羽的決心和勇氣對將士們產生了極大作用。他們個個士氣振奮，在戰鬥中以一當十，越戰越勇。經過浴血奮戰，楚軍最後徹底瓦解了圍困鉅鹿的秦軍。

壓力猶如金屬材料，既可以製成殺人的凶器，也可以製成汽車引擎服務於人類。壓力對你是利是弊，關鍵在於你以什麼樣的心態來對待它。當你以消極的態度去面對它時，它對你來說無異於慢性自殺的凶器；如果你以積極的態度面對它，它就會為你所用，成為你前進的引擎。

古希臘奧林匹克運動會上，名不見經傳的厄爾提斯（Ertes）首次參加越野賽跑就獲得了冠軍。很多人向他追問獲取桂冠的原因。厄爾提斯說：「因為我的身後有一群狼。」這個回答令人十分不解。經過解釋，人們才明白了事情的原委。

原來，厄爾提斯剛開始練長跑時，他的老師對他要求極為嚴格，每天天沒亮就督促他去野外訓練。儘管他也十分刻苦，卻始終沒有什麼進步。

一天清晨，厄爾提斯在訓練的途中，突然聽到身後傳來狼的叫聲，起先還只是一兩聲，但很快就此起彼落，而且越來越近。厄爾提斯頓時感到毛骨悚然，沒命地跑了起來。那天的訓練，他跑出了前所未有的好成績。

老師問他為什麼用這麼短的時間跑到了終點，他老老實實地承認因為身後有一群狼。老師意味深長地說：「看來你不是跑不快，而是身後少了一群狼。」

後來，厄爾提斯才知道，那天早晨山上根本就沒有狼，是他的老師請了一個口技藝人在他身後學狼叫。從那以後，他每次訓練都想像身後有一群餓狼，就以逃命的速度飛奔，結果成績突飛猛進。

有句諺語說：「偉人善於利用壓力，能人善於適應壓力，庸人只會逃避壓力。」此話說出了不同的人面對壓力時的三種態度：利用、適應、逃避。在這三種態度中，逃避顯然是下策，因為壓力是生活不可分割的一部分，是不可能避開的。逃避實際上是一種暫時的苟安，其代價是在將來承受失敗和更大的壓力。

既然壓力不可避免，那麼我們不妨加強修養、提高心理承受力來適應它。在很多時候，學會適應壓力不失為一種聰明的做法。而上上之策則是利用壓力，化壓力為前進的動力。

人人都會有壓力，一個人在沒有壓力的社會中生活著，那是多麼無趣的事情。總會覺得缺少了壓力的生活就是不完美，似乎完美的生活就注定要與壓力掛鉤。

伸開雙臂，擁抱空氣，似乎什麼都沒有，閉上雙眼深深呼吸，其實生活就是這麼簡單，快樂地面對壓力，活著才會更精彩。

善待自我箴言

壓力對你是利是弊，關鍵在於你以什麼樣的心態來對待它。當你以消極的態度去面對它時，它對你來說無異於慢性自殺的凶器；如果你以積極的態度面對它，它就會為你所用，成為你前進的引擎。

▋ 不斷超越自我

　　沒有人會為你等待，也不會有機會為你停留下來。只有與時間賽跑，才有可能贏。早起的鳥兒有蟲吃。飛在別人前面，永遠比別人快一步，永遠也不要停留下來，這是競爭者的心態，也是勝利者的姿態。如果成功有捷徑的話，那就是笨鳥先飛，時刻準備著去飛。

　　人生其實就像一場長跑比賽。只要你永遠比別人快半步，而且永遠不越軌，你就不可能永遠落後於別人，最後的勝利也就屬於你了。

　　眾多富豪成功的基礎都是表現在關鍵時刻掌握好商機，並在茫茫的商海中，在激烈競爭的險境中，透過「人無我有，人有我好，人好我轉」的經營戰術，步步領先，獲得了巨大的財富。

　　泰國民間跨國多元化大企業某集團創始人陳先生就是這樣的。當泰國市場急需廉價運輸工具時，他及時決定自己創業，從經營二手汽車開始，進而從加工生產汽車零零件，到生產汽車，建立起一個龐大的汽車王國，自己也成為泰國的一代「汽車大王」。

　　日本企業將他們的成功歸功於美國的管理大師威廉・愛德華茲・戴明（William Edwards Deming）博士，日本最高的管理獎就叫戴明獎（Deming Prize）。

　　當年麥克阿瑟占領日本時，為了救助日本經濟，指示盟軍總部大量在日本購買日用品。在眾多的採購中，一批電話總機交貨裝機後卻不能使用。麥克阿瑟意識到要振興日本經濟，首先就要改善日本的管理水準。

　　於是，日本的企業家聯盟決心邀請戴明博士來講管理，教授日本企業管理。戴明去了後，發現聽眾對象是日本一些大企業的工程師和一線的管理者，就問邀請他去的聯盟：「你們日本是真的想改變，還是假的想改變？」對方回答：「當然是真的想改變。」戴明說：「那好，那就請你們讓各大企業的總裁來學習。」

　　此後，戴明博士在日本辦了八期總裁班。那麼，戴明博士講了些什

麼呢？

首先他要日本企業意識到高品質的產品不會增加成本，只會減少成本。為了生產高品質的產品，開始成本可能會高，但科學化、規範化後，成本就不會很高了，而且由於保證了品質，次品會減少，顧客也會更喜歡，成本反而會降低。

戴明還認為檢查不重要。當產品檢查出來品質有問題時，已經太晚了。檢查的目的是為了找出問題，改善流程。只有透過不斷地改善各個環節，才能保證生產出高品質的產品。所以，檢查只是手段，而不是目的。

更重要的是，戴明博士在日本企業中倡導了一種精神：那就是要永遠不斷地追求改善，每天進步一點點。現在這種精神已經成為了日本企業的標誌。

永不滿足於已有的成就，以更大的熱情去獲取更大的成功，不斷地給自己加壓，不斷給自己創造成功的機會，永遠不讓引擎熄火，才能使自己的生命之車駛至盡可能遠的境界。

由一個學徒工最終成為洲際大飯店總裁的詹姆斯，獲得成功就是在於他時刻不忘加長自己的「缺點」，並最終獲得了人們的尊敬和認可，從而擁有後來的成就。

詹姆斯初到大飯店工作是當服務生。由於接觸的人多了，對飯店的事情也慢慢地有了深入了解。觀光大飯店接待的是各國人士，因此必須有多種語言能力，才能應付自如。但是，除了本國語言，他對其他國家的語言一竅不通。於是，權衡利弊之後，他決定在工作之餘開始自修英語。

三年之後，飯店要選派幾個人到英國去實習。詹姆斯被錄取，因為他的英文已有相當的基礎。想不到三年的苦學，竟成了他進修的本錢。

在英國實習一年回來後，詹姆斯由侍應生升到了領班。接著，第二個機會來臨了。德國廣場大飯店想跟飯店交換一個服務人員實習。詹姆斯得知後，找到經理，要求這一工作機會。經理准許了他的要求。

這是對他未來事業影響最深遠的一次轉變。因為到了德國之後，他選擇

了一個對自己完全陌生的工作 —— 招攬觀光旅客。這使他對這一行的了解更上一層樓。

詹姆斯回來後，經理把他調任業務部副理。由於業務的往來，他發覺從事這種國際性的經營活動，如果不懂法律，會有很多不方便。於是，他在下班之後，又開始補習法律。

這時候，詹姆斯已具備會使用三種語言（英、德、法）的能力，也去過歐洲的幾個大國，但他心目中嚮往的美國，卻始終沒有機會去。他考慮再三，決定請假自費到美國看一看。

詹姆斯去美國，名義上是考察，實際上是想深入了解美國的觀光事業。他一到美國，就會拜見華爾道夫大飯店的總裁，並把經理的親筆信交給他，請求他給自己一個見習的機會，並要求從基層做起。

詹姆斯從擦地板做起。他心裡明白，要想深入了解美國的觀光業，必須與基層人員打成一片，從他們的談話中去了解真相。詹姆斯的做法，給他帶來了好運。

與華爾道夫大飯店總裁的邂逅，使他當上了華爾道夫的國外部副理，後來，又升任主管部的經理。自此之後，詹姆斯的事業蒸蒸日上，一直做到洲際大飯店總裁的位置。

從詹姆斯成功的經歷中我們可以看到，他的成功不僅在於積極進取、勤奮學習、增強自身競爭能力，更重要的是，詹姆斯能夠不斷超越自己，永不滿足地進取。

無論是在險惡還是平和的生活環境中生存，永不止息的進取精神永遠是一個人生存的根本。

善待自我箴言

人生其實就像一場長跑比賽。只要你永遠比別人快半步，而且永遠不越軌，你就不可能永遠落後於別人，最後的勝利也就屬於你了。

第三章
給心靈一個避風的港灣

心靈也有疲憊的時候，也需要休息，也需要受到照料。心靈有了避風的港灣，你才不至於迷失自我。

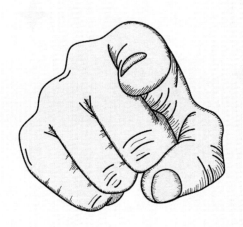

▌遠離社交恐懼症的困擾

青少年是進行自我認識、自我評價的初始期，但是他們的自我認識往往不客觀、不全面、不辯證、不準確、不穩定。比如說，他們不能從自己的能力、性格、知識水準、品德等主要方面去看待自己，愛從別人說了自己一句什麼，自己穿得怎麼樣，自己是否能言善道等膚淺、片面的方面來評價自己，於是不免陷入了自我認識的盲點。特別是一些自尊心很脆弱的人，稍稍有點不良的刺激，傷害到自尊，就會馬上出現自卑的「過敏反應」。

在阿燁上小學的時候，父母離婚，他被判給了父親。這對於阿燁來說是對心靈的一記重擊。原來好好的家庭，現在一下子破碎了，自己再也不能像別的孩子那樣有著雙親。周圍的孩子開始用異樣的眼光看阿燁，還在遠處指指點點，好像阿燁是個什麼怪物。阿燁因此而重重地低下了頭。

從此以後，阿燁變得很自卑，不愛說話也不愛笑了。等到他上了高中，又一件事情加重了他的自卑感。

學校離家較遠，爸爸讓他騎車上學。然而，問題就出在了這個「車」上。阿燁從爸爸手裡接過來的是一輛破車，騎起來叮叮噹噹亂響，一副要散架的樣子。阿燁從小穿的都是些破舊衣服，總感到自己太寒酸，不如別人。上了高中，他特別重視別人尤其是異性對自己的看法。因此，一輛破車在他的眼裡，等同於自己的形象。他覺得騎在這輛破車上，自己也就會和破車一樣被人瞧不起。

要是阿燁就這麼騎著這輛破車，也許除了繼續自卑壓抑以外，還暫時不會發生什麼。不幸的是有一天，他從爸爸那裡換到了一輛新車。在上學的路上，阿燁騎著新車，心情無比的激動與高興。

鄰居看到他走來，卻對別人說：「你看，神經病來了。」從此，他在許多方面都不正常起來，上學騎車，踩得飛快，像是要逃避所有人。上課時，常用雙手遮住臉，生怕別人看見自己令自己感到不自然。放學後，他總要拖到天色很黑才敢回家。他不敢獨自上街買東西，不敢理髮，更不敢穿顯眼的衣服。

從心理學的角度來看，阿燁的問題在於他有著一個極差的自我形象。所謂自我形象就是人的心目中所反映的關於他自己的形象。自我形象的好壞取決地當事人的經驗，他的成功與失敗，他的屈辱與勝利以及他人對自己的反映。

生活中，有一些人害怕進入社交場合與人接觸。他們在公共場合把注意力過於放在周圍的環境上，對外界的刺激非常敏感，總覺得別人對自己的一言一行非常關心，總擔心自己會出現錯誤而被別人嘲笑，總處於一種莫名的心理壓力之下。社交恐懼症常常會導致口吃等併發症，影響人們的正常生活和工作狀態。

社交恐懼症往往緣自過於自卑，以致無法做出正常的社會應對。一位心理學教授曾指出：「社交恐懼症者對自己太過於專注。例如：一次普通的談話，很簡單，就是注意對方的談話內容，但害羞的人所擔憂的卻是他給對方留下的是怎樣的印象。這樣一分神，他就往往跟不上對方講話的內容。所以，社交恐懼症者應該注意停止考慮自己而將注意力轉向對方。」

在社交場合，不必過度關心自己給別人留下的印象，要知道自己不過是個小人物，不會引起人們的過度關心。正確的做法是學會把注意力放在自己要做的事情上。

對於社交恐懼症患者來說，你不可能在一夜之間，就能在大眾場合談笑自如。雖然你的內心深處仍感到恐懼、焦慮、害羞，但是只要你不斷和人們溝通，努力去克服，那麼你就不會被生活拒之門外。社交恐懼症患者必須意識到，封閉自我，不與人交往比被人嘲笑要可怕得多，逃避交往就是逃避現實，就是讓自己從生活中出局。

善待自我箴言

遠離社交恐懼症的困擾，最根本的是提高自信，認識自己的優勢，在交往中積極地鼓勵和暗示自己。只有先悅納自己，才能在交往中自然大方，揮灑自如。

▌不胡亂猜疑給自己找麻煩

　　疑神疑鬼的人總是把別人身上患的病，連繫到自己身上。別人得什麼病，他身上就能找到什麼病。平日過度關心自己身體上的微小變化，而對醫學知識又一知半解，稍有不適就驚恐不安。疑神疑鬼的「病人」，在經過認真體驗並確認沒事後，應解除精神負擔，積極參加各種活動，做到起居有節，使生活規律化，這樣「心病」自然會不藥而癒。

　　一天，漢斯覺得自己好像生病了，就去圖書館借了一本醫學手冊，看該怎樣治自己的病。他一口氣讀了許多內容，還不滿足，又繼續讀了下去。

　　當漢斯讀完介紹霍亂的內容時，方才明白，自己患霍亂已經幾個月了。他被嚇住了，呆痴痴地坐了好幾分鐘。後來，漢斯很想知道自己還患有什麼病，就依次讀完了整本醫學手冊。這下明白了，除了膝蓋積水症外，自己身上什麼病都有。

　　漢斯非常緊張，在屋子裡來回踱步，自言自語道：「醫學院的學生們用不著去醫院實習了，我這個人就是一個各種病例都齊備的醫院。他們只要對我進行診斷治療，然後就可以得到畢業證書了。」

　　漢斯迫不及待地想要弄清楚自己到底還能活多久，於是，就做了一次自我診斷：先動手找脈搏。一開始他懷疑自己連脈搏也沒有了，後來才突然發現，一分鐘跳一百四十次。接著，又去找自己的心臟，但無論如何也找不到，他感到萬分恐懼。

　　漢斯不知道自己是怎麼來到醫生家的。一進醫生的家門，他就說道：「醫生，我不說我有哪些病，只說沒有什麼病，我的命不久了，我只是沒有膝蓋積水症。」

　　醫生幫他做了診斷，坐在桌邊，在紙上寫了些什麼就遞給了他。他沒空看處方，就塞進口袋，立刻去取藥。趕到藥局，他匆匆把處方遞給藥劑師，藥劑師看了一眼，就笑著退給他說：「這是藥局，不是餐廳。」

　　漢斯很驚奇地望了藥劑師一眼，拿回處方一看，自己也忍不住笑了，原

來上面寫的是：「牛排一份，啤酒一瓶，六小時一次。十英里路程，每天早上一次。」

生活中，幾乎到處都有疑神疑鬼、老是擔心自己得了什麼病的人。我們一定要保持心態的平和，盡量享受生活中的每一天，不要沒病找病。首先，可以向醫生傾訴自己的疑慮。要相信醫生的各種檢查，相信醫生的解釋和勸告。但不必做過多的檢查，以免加重疑病觀念。要意識到自己患的不是軀體上的疾病，而是一種心理障礙。

通常來說，猜疑是在對人、對事等不了解或不甚了解的情況下形成的種種假設和推測，是一個思維判斷的過程。當意識到自己判斷錯誤以後，猜疑也隨之消失，則屬於正常現象。如果猜疑缺乏事實根據，實踐也證明對事物的判斷是錯誤的，或推理不合乎邏輯，而仍然堅持各種不合理的假想和推測，就屬於心理障礙了，這種心理障礙叫做「人格不健全」。若是對許多人、許多事均持猜疑態度，而變成多疑，就是一種心理疾患了。

愛疑神疑鬼的人應該改變生活方式，積極工作，培養廣泛的興趣愛好，做一些有趣的事情。多參加一些有趣的藝文及體能活動，加強體能和堅定性格的鍛鍊，能夠使疾病獲得一定的改善。要樹立正確的人生觀，不要將注意力始終放在自己的身上，要學會對自己「淡定」，要有一種「置生死於度外」的觀念。

善待自我箴言

胡亂猜疑只會把自己的生活弄得「草木皆兵」。心情的好壞直接影響身體的好壞。以樂觀的心態保持自己的身體健康，不要總是「沒病找病」。

常生氣使人短命

在生活中，你難免會遇到各種各樣的困難，但是，無論碰到什麼困難，你都不要感到苦惱與恐懼，活著就要盡可能發揮自己活著的作用，活就要活

個痛快。

戴爾・卡內基（Dale Carnegie）曾經說：「如果一個人有著快樂的思想，那麼他就會快樂；如果一個人有悽慘的思想，那麼他就會悽慘。」客觀的環境並不能決定快樂和不快樂的主要因素，只有個人主觀意識的影響才能造成重要的效果。

投身工作和學習，集中所有的精力和智慧把今天的事做好，有助於思想的平靜；轉移注意力，讓那些具有意義的活動把自己的腦子占滿了，不良的情緒也就再也進不來了。

從生理上講，動怒是傷身的行為，會嚴重地影響壽命；從心理上看，動怒會對人生、家庭、社會帶來不良的影響。因此，我們不能永遠保持心情愉快，笑口常開，起碼也需保持心平氣和，減少動怒才行。

據媒體報導，一個六旬的老漢，因舊病復發，被送至醫院搶救。

老漢在昏迷中大小便失禁。兒子將其褲子脫下，順手扔到病房的角落裡。老漢病體恢復後，被兒子接回家中調養。

一天，老漢突然向兒子要那條髒褲子，說裡面有五千元。兒子好不容易在醫院垃圾堆裡找到那條褲子，但沒錢。老漢認為這錢被兒子和媳婦偷走了，一氣之下，拔掉手中的針頭，拒絕進食，任憑他人如何勸解也無濟於事，每日只靠喝點水維持。

最後，老漢被飢餓活活折磨而死。

愛生氣的人很難健康，更難長壽。但在日常生活中，人們免不了要生氣。正常的人遇到不痛快的事，都難免要發點脾氣。喜怒哀樂，人之常情，無可非議。但如不適當地控制自己的感情，盛怒之下，容易做出傻事、蠢事，過後連自己都後悔。

憤怒是人們非正常的健康心理情緒在一定時間內的反應，在某種場合和某些時候適當地把它表露出來是有好處的。否則，憤怒鬱積在心理就會導致心理失調。我們要控制的是過度的憤怒，它是有害身心的。

生氣是用別人的過錯來懲罰自己的蠢行，生氣是一個人對自己施的一種

酷刑。這種酷刑使自己越來越快地衰老，嚴重地損害了自己的健康。很多人遇到一點不順心的事情就火冒三丈，怒不可遏，結果非但不利於解決問題，反而傷了感情。與此同時，生氣產生的不良情緒還會嚴重損害身心健康。

健康源於平靜的心態。平靜的心態，是靠人的修養和長時間的呵護而逐漸形成的。如果你對自己的健康狀況不滿意，那麼不妨試著保持一種積極的心態，因為它能夠促進人的心理健康和生理健康，延年益壽；反之，消極的心態會破壞人的心理健康和生理健康，縮短人的壽命。生活中，如果能夠做到不生氣，多鍛鍊，情緒穩定，精神愉快，就能夠形成好的心態。

養成一顆平靜之心，做到情緒長久的穩定。在人生旅途中，不管遇到什麼事，都要沉住氣，多想想事情的來龍去脈，不要還沒來得及思索解決之法，就激動得不能自拔。

美國前總統羅斯福在被盜之後，卻說出了這樣的話：「第一，那個來偷東西的賊沒有傷害我的生命；第二，那賊只是偷走了我的部分東西；第三，最值得慶幸的是，做賊的是他而不是我。」

這位總統善於從不幸之中發現一些大幸，不為眼前的煩惱所困擾。這樣的人活得才有意思，活得也更有精神。如果你想要擁有一個美好的人生，你就要面對現實，適應所有的變化，遇事從大處著眼，永遠使自己處於一種樂觀狀態。

善待自我箴言

常生氣的人，應該潛心修養，注意「制怒」，心平氣和，以理服人，不可放縱心頭無名之火，像火柴頭似的一擦就著，觸物即燒。

▋輕閒的人容易惹禍

生活輕閒的人不可能在社會中成為一個成功者。成功智慧垂青那些辛勤勞動的人們。你的一生成功與否，也許與機遇有關，也可能與你的天賦有

關，或許還可能與你的命運有關。但這些都並不重要，重要的是你是否努力，如果只是一味地貪戀輕閒的話，那麼你將永遠不會成功。

埃達來自小城鎮，後來成了華爾街神童。他與凱伊合作，成立了歷史上最有名的投資團隊。後來，他又搖身一變，成了「金融界的奪寶奇兵」，兩次環遊世界，在一些最不可能的地方進行著非常有利可圖的投資。

埃達在五個兄弟中排行老大，在亞拉巴馬州的德莫波利斯度過了愉悅的童年時光。埃達的父親是參加過第二次世界大戰的老兵，退役後，白天經營一家化工廠，晚上則兼職做會計。父親為埃達樹立了勤奮工作的榜樣。即使是現在，埃達也會將他的很多成功都歸於勤奮。

「我並不覺得自己聰明，但我確實非常勤奮地工作。如果你能非常努力地工作，也很熱愛自己的工作，就有成功的可能，」他說，「每個人都夢想著賺很多的錢，但是，這是不容易的。」

還是一個專職的貨幣經理時，埃達曾說：「生活中最重要的事情是工作。在工作做完之前，我不會去做任何其他的事情。」

在與凱伊合作時，這種勤奮甚至被表現得很瘋狂。在哥倫布環道上的辦公室，他不停地工作，十年期間沒有休過一次假。後來，凱伊在回憶錄中這樣寫道：「埃達一人做了六個人的工作。」

對於這段時期的生活，埃達說：「再也沒有比市場更令我興奮和開心的了。那就是我想做的一切。我投入了全部精力，總是急著去了解一切能夠了解的東西。做這行就像不停地在做立體拼圖遊戲。無論你做了什麼，畫面每次都會發生變化，你必須每次重新把它們拼起來。我每天都坐在那裡，玩著這種拼圖遊戲，還得趕在別人之前把圖拼出來，沒有比這更刺激的了。」

不難看出，正是勤奮造就了埃達的成功。如果他過著輕閒的日子，不知進取，整日只知貪圖安逸、享樂，那麼他是不會成功的。如果想要成功，就必須從輕閒的日子中走出來，輕閒的人不僅是在荒廢時光，而且在浪費自己的幸福和生命。成功的人生應該是勤奮的人生。如果想要擁有一個成功的人生，就必須逃離輕閒的生活，讓自己變得忙碌起來，為將來的成功揮汗、撒

種，才能夠有收穫的喜悅。

生活中，有一些人生活得很輕閒，整天無所事事，丟棄了自己的夢想和計畫，沒有毅力去堅持努力。由於太過輕閒，人難免就會感到無聊，從而就會想一些「有趣」的事情，做出不該做的事情來。

生活輕閒的人會養成懶惰的習慣，逃避困難的事，圖安逸，怕艱苦。一旦背上懶惰的包袱，生活就會變為你的墳墓。好逸惡勞乃是萬惡之源，太輕閒會使我們的人生像鐵生鏽一樣，輕而易舉地遭到毀滅。巴里・馬歇爾（Barry J. Marshall）博士認為：「沒有什麼比無所事事、懶惰、空虛無聊更為有害的了。」偉大的畫家達文西說：「勤勞一日，可得一夜安眠；勤勞一生，可得幸福長眠。」

輕閒者不能成大事，因為輕閒的人總是貪圖安逸，遇到一點風險就嚇破了膽，缺乏務實的精神，總是存在僥倖心理，而成功者則信奉「勤奮是金」。不經歷風雨怎能見彩虹，生活輕閒的人一定要打破懶惰的束縛，不能懈怠。

即使你的智力比別人稍微差一點，你的務實也會在日積月累中彌補這個劣勢。為了獲得成功，你必須堅持不斷地奮鬥，勤奮刻苦地努力。

善待自我箴言

你的一生成功與否，也許與機遇有關，也可能與你的天賦有關，或許還可能與你的命運有關。但這些都並不重要，重要的是你是否努力，如果只是一味地貪戀輕閒的話，那麼你將永遠不會成功。

▌想哭時你就哭

哭是人類用來排泄悲傷和苦惱的自然方法。在悲傷時人們經常會哭，婦女和兒童更是如此。哭不是壞事情，哭有時也有助於緩解悲傷、苦惱等情緒狀態而引起的心理反應。而一些「有淚不輕彈」的男子漢，在傷痛打擊下往往容易得病。所以，從這一角度來說，遇事不必硬做「好漢」，想哭就哭，強

忍著眼淚就等於自殺。

有個女孩得了憂鬱症，她的母親帶她去看身心科醫師。身心科醫師第一次見到她時，她的情緒特別糟糕。在對她作了全面了解後，得知她一貫非常認真、謹慎，工作兢兢業業，但前期生活不太順利，且很內向，不太願意表達、傾訴和宣洩自己的內心想法及情感；由於受挫折感明顯，內心不相信任何人。

在治療的過程中，身心科醫師經常有意無意地讓她與康復的患者多溝通與交流。每次門診，醫生與她輕鬆地交談。逐漸地，她的話語多了起來，情緒開始有所放鬆；幾個月下來，病情明顯好轉。她常常滔滔不絕地表達自己的想法，而且每每有爽朗的笑聲。

在與醫生的交談中，醫生了解到她原來很悶，與誰都不想多說話。失戀後，即使很傷心也沒有哭泣。遇到任何不順心的事情，她都強忍著不哭泣，告訴自己要堅強。慢慢地，她發現自己竟然連哭都不會了，遇事只是麻木，性情變得更孤僻了。

後來，經過醫生的開導，她把醫生的話當「聖旨」。醫生讓她怎麼治，她就怎麼治。醫生動員她參加什麼活動，她就去參加。她在那裡認識了許多朋友，心裡的許多話可以跟這些朋友說。因此，總是說說笑笑，吵吵鬧鬧的。心胸開闊了，人也輕鬆了，幾年之後，憂鬱症也就慢慢地好了。

人在受到打擊的時候，一時承受不了，就會下意識地尋找釋放的方式。人的承受能力有一定的限度。在正常情況下，情緒是平穩的，但當遇到諸如生、死、愛、恨的時候就不能自制，就會哭。哭不僅能夠讓人抒發感情，而且會對人的身體健康產生影響。積極的影響就是當人遭到重大不幸和挫折，如親人病故或受到極大的委屈時，會不由自主地哭起來，哭後心情就暢快些，比憋在心裡好受得多。

哭作為一種常見的情緒反應，對人的心理恰恰有著一種有效的保護作用。哭會使心中的壓抑與委屈得到不同程度的緩解和發洩，從而減輕精神上的負擔。美國聖保羅・雷姆塞醫學中心精神病實驗室專家認為：人體排出眼

淚，可以把體內積蓄的導致憂鬱的化學物質清除掉，從而減輕心理壓力，保持心情舒坦。眼淚可以緩解人的壓抑感。測試發現，正常人的眼淚是鹹的，糖尿病人的眼淚是甜的。悲傷時流出的眼淚含有更多的荷爾蒙。人們遇到悲傷的事情時，如果能放聲痛哭一場，流淚後的心情往往會好受許多，這是由於悲傷引起的毒素透過眼淚已得到排泄的緣故。

強忍悲痛抑制自己的感情，應該哭不哭，無論是從心理還是從生理的角度來說，都是有害無益的。有關研究指出，當人遭受情感創傷，如冤枉、委屈、悲痛和失落時，身體會產生並積聚一些有害的化學物質，而哭泣是排泄這些物質的重要途徑之一。

哭是一種最好的發泄方式。哭能排出人情緒緊張時所產生的化學物質，從而把身體恢復到放鬆的狀態，緩和緊張的情緒。在該哭的時候就要哭，這樣才能得到快樂和幸福。人在極度痛苦或過於悲傷時，痛哭一場，往往能產生積極的心理效應，可以防止痛苦越陷越深而不能自拔。

人在悲傷時不哭是有害健康的。哭是人們情緒的正常反應。很多時候哭比笑好，哭是有益健康的。無論何種情感變化引起的哭都是身體自然反應的過程，不必克制，尤其是當你心情憂鬱時，大聲地哭出來，你就會獲得一份好心情。

善待自我箴言

在該哭的時候就要哭，這樣才能得到快樂和幸福。人在極度痛苦或過於悲傷時，痛哭一場，往往能產生積極的心理效應，可以防止痛苦越陷越深而不能自拔。

拋開前怕狼後怕虎的心理

從前，有一個農夫，有很大的一塊地。

在播種的季節，有人問他：「你種了麥子嗎？」

農夫回答說：「沒有，我擔心天不下雨。」

那人又問：「那你種了棉花嗎？」

農夫回答說：「也沒有，我害怕蟲子把棉花吃掉。」

最後，那人問道：「那你打算種點什麼呢？」

農夫說：「什麼也不種，我要確保安全。」

到了秋收的季節，當別人都滿載而歸的時候，農夫的地裡還是一片荒蕪。

現實生活中有很多這樣的人，總是害怕做事時會遇到各種各樣的風險，於是就什麼都不做，到頭來，既沒有了生存的技能，也沒有了生存的本錢。他們害怕受苦和悲傷，結果反而遇到了更大的痛苦與悲傷。苦難並不會因為你的躲避而錯過你。我們只有學會改變、接受成長，才能在風險來臨之際，勇敢地拿出真本領，與命運搏擊，成為真正的強者。

生活中，很多人有一種害怕的心態，而這種心態往往比所怕的那個具體事實可怕得多。如果我們總在思想和行動中高舉「怕」的旗幟，那麼我們會真正遭到許多長久的和致命的打擊。有句話說得好：「怕什麼就有什麼。」你越怕生病，內心老是壓抑、緊張，免疫力隨之下降，那麼疾病肯定會登門拜訪你。你怕見人臉紅。一見人後你就緊張，你自然會臉變色心猛跳。所謂強迫症的患者，是怕強迫觀念和強迫行為會使自己如何如何；所謂口吃患者，是過於怕自己口吃、不允許自己有絲毫口吃情況出現的人。其他心理疾病也莫不是如此。

恐懼者害怕面對衝突，害怕別人不高興，害怕丟臉。在選擇職業時，因怯懦，他們常常退避三舍，縮手縮腳，不敢自薦。在用人公司面前，他們唯唯諾諾，不是語無倫次，就是面紅耳赤、張口結舌。他們謹小慎微，生性說錯話，害怕回答問題不好而影響自己在用人公司代表心目中的形象。在公平的競爭機遇面前，由於怯懦，他們常常不能充分發揮自己的才能，以至於敗下陣來，錯失良機，於是產生悲觀失望的情緒，導致自我評價和自信心的下降。

那些被自己的畏縮態度所束縛的人，就像是喪失了自由的奴隸。一個不願意冒風險的人，不敢有所主張，因為自己害怕被扣上愚蠢的帽子，遭到別人恥笑；不敢否認，因為害怕自己的判斷失誤；不敢向別人伸出援手，因為害怕一旦出了事情被牽連到；不敢暴露自己的感情，因為害怕自己被別人看穿；不敢愛，因為害怕要冒不被愛的風險。這種種可能會遇到的風險，讓那些膽小的人畏首畏尾，舉步維艱。他們茫然四顧，不知道自己的出路在何方。殊不知，人生中最大的冒險就是不冒風險，怕這怕那只會讓自己的人生倒退。

也許躲在安樂窩裡會感覺到暫時的安全，然而，風雨是每個人都必須經歷的。當危險到來的時刻，流淚和躲避都是沒有用處的，只有堅強面對才是唯一出路。但願那些害怕風險的人，不再學鴕鳥掩耳盜鈴，遇到困難時把自己的頭插到沙土中獲得心靈的解脫；而是時刻準備著去堅強面對，因為困難和風險也是欺軟怕硬的。

誠然，沒有人能夠完全擺脫怯懦和畏懼，最幸運的人有時也不免有懦弱膽小、畏縮不前的心理狀態。但如果使它成為一種習慣，它就會成為情緒上的一種疾弊。它使人過於謹慎、小心翼翼、猶豫不決，在心中還沒有確定目標之時就已含有恐懼的意味，在稍有挫折時便退縮不前。

要想拋開前怕狼後怕虎的心理，最重要的是勇於迎接各種困難挫折的挑戰，絕不躲避退縮。只有在與各種形形色色、看似十分可怕的東西直接交手後，你才能在這個鬥爭的過程中提高膽量、累積經驗、增長智慧，變得越來越無所畏懼。

善待自我箴言

　　一個人越是前怕狼後怕虎，不敢冒風險，風險就會越大；越是勇於冒風險，風險反而越低，成功率自然越高。

▌做好你自己，不與人比較

不斷地拿自己與別人相比，這是一種糟糕的習慣。這將會對你的自我形象、自信以及你取得成功的能力產生負面影響。如果你能安心享受自己的生活，不和別人比較，在生活中就會減少許多無謂的煩惱。

一個國王獨自到花園裡散步，使他萬分詫異的是，花園裡所有的花草樹木都枯萎了，園中一片荒涼。

後來，國王了解到，橡樹由於沒有松樹那麼高大挺拔，因此輕生厭世死了；松樹又因自己不能像葡萄那樣結許多果子，也死了；葡萄哀嘆自己終日匍匐在架上，不能直立，不能像桃樹那樣開許多美麗可愛的花朵，於是也死了；牽牛花也病倒了，因為它嘆息自己沒有紫丁香那樣芬芳；其餘的植物也都垂頭喪氣，沒精打采，只有細小的心安草在茂盛地生長。

國王問道：「小小的心安草啊，別的植物全都枯萎了，為什麼你這小草這麼勇敢樂觀，毫不沮喪呢？」

小草回答說：「國王啊，我一點也不灰心失望，因為我知道，如果國王你想要一棵橡樹，或者一棵松樹、一叢葡萄、一株桃樹、一株牽牛花、一株紫丁香等等，你就會叫園丁把它們種上，而你希望於我的就是要我安心做小小的心安草。」

這則寓言告訴我們，不要因為盲目地與人比較，而忘了享受自己的生活。很多時候我們感到不滿足和失落，僅僅是因為覺得別人比我們幸運！如果我們不去和別人比較，那麼生活就會快樂得多。

如果想獲得幸福，那很容易實現；如果想比別人更幸福，那就很難實現。這也正是現實生活中許多人煩惱和疲憊的根源。人比人，氣死人。和那些比自己強的人相比，自然覺得自己處處不如人。

比較只能為你增添追逐的勞累。為了不比別人差，比較的人們更加努力賺錢，馬不停蹄地工作。為了房子、車了、面子，為了妻子、兒子，雖然賺了一些錢，但心卻累了很多，身體健康差了很多，又有什麼快樂可言呢？

　　某機關有一位小公務員，過著安分守己的平靜生活。有一天，他接到一位同學的聚會電話。十多年未見，小公務員帶著重逢的喜悅前往赴會。昔日的老同學經商有道，住著豪宅，開著名車，一副成功者的派頭。這位公務員重返機關上班，好像變了一個人，整天唉聲嘆氣，逢人便訴說心中的煩惱。

　　「這小子，考試總是不及格，憑什麼有那麼多錢？」他說。

　　「我們的薪水雖然無法和富豪相比，但不是也夠花了嗎？」他的同事安慰說。

　　「夠花？我的薪水賺一輩子也買不起一輛賓士車，」公務員心疼地跳了起來。

　　「我們是坐辦公室的，有錢也用不著買車，」他的同事看得很開。但這位小公務員卻終日鬱鬱寡歡，後來得了重病，臥床不起。

　　不要和別人比較，定下自己的目標，做你想要做的，走自己的路，不要管別人如何評論。做自己想做的事，做個言行一致的實踐者，這樣，你便可以從中獲得更多的快樂。

　　心理失衡，多是因為選擇了錯誤的比較對象，總與比自己強的人比，總拿自己的弱點與別人的優點比。如果能夠我行我素，不去比較，生活中可能會少一些煩惱，多一片笑聲。自信是心理平衡的基礎。假如感到某方面不如別人，應相信自己是有才的，只不過是低估了自己的長處而已。

　　比較是一把刺向自己心靈深處的利劍，對人對己毫無益處，傷害的只是自己的快樂和幸福。生活有許多不如意，大多緣自比較。一味地、盲目地和別人比，造成了心理不平衡，而不平衡的心理使人處於一種極度不安的焦躁、矛盾、激憤之中，使人滿腹牢騷，思緒壓抑，甚至不思進取。因此，我們應該做好自己，不與人比較。

善待自我箴言

　　如果想獲得幸福，那很容易實現；如果想比別人更幸福，那就很難實現。這也正是現實生活中許多人煩惱和疲憊的根源。人比人，氣死人。和那些比自己強的人相比，自然覺得自己處處不如人。

▋遠離貪慕虛榮的念頭

　　世俗和傳統令人容易養成一種說話和做事總是希望得到別人讚許的習慣。在這個世界上，幾乎沒有人不喜歡鮮花和掌聲的。如果你沉迷其中，並且為了保護這份虛榮而願意損失其他一切，那就是一種愚蠢至極的行為，而你的虛榮心，最終會使你喪失一切。

　　古希臘神話中天神宙斯的兒子荷米斯是主管商業之神。他想考證一下自己在人間百姓中的地位到底有多高。

　　有一天，荷米斯化裝成一位顧客來到雕像店。他指著宙斯的頭像，問雕刻師：「這個值多少錢？」

　　雕刻師打量了一下荷米斯，答道：「三千元。」

　　荷米斯又走到自己的雕像前，心想，自己是商業的庇護神，地位一定比宙斯高，便問：「這個值多少錢？」

　　雕刻師指著宙斯的像說：「假若您買宙斯像，這個就免費送給您。」

　　荷米斯本想聽聽雕刻師對自己的讚賞，抬高自己的身價，誰知討了個沒趣，只得心情低落地走了。

　　人從出生落地到離開人世，往往喜歡把個人的快樂、幸福和價值感建立在別人認可的基礎上。好像別人說你行，你才覺得自己行；別人說你不行，你也就覺得自己不行。毋庸諱言，別人的評價對自己有一定的促進作用。在受到別人讚揚時，我們都會感到快樂，感到自己有價值。這種精神享受確實有益於我們開發潛能，提高素養，有益於認識自我價值，樹立自信意識。我們每個人都希望聽到讚揚，得到鼓勵，博得掌聲。然而尋求讚許的心理如果不只是一種願望，而成為一種必不可少的需要，像荷米斯一樣去尋找自己虛擬的「光環」，這便落入人生自戀型性格障礙的盲點。

　　一旦尋求讚許成為一種需要，做到實事求是就不太可能了。如果你感到非要受到誇獎不行，並常常做出這種表示，那就沒人會與你坦誠相見。同樣，你也不能明確地闡述自己在生活中的思想與感覺。你會為迎合他人的觀

點與喜好而放棄你的自我價值，以別人的看法和評價來確立你的自我形象和價值。如果你依賴他人來評定你的價值，究其根底，那只是他人的價值，而不是你的價值。

生活中有的人做出了點成績，出了點名之後，便沾沾自喜起來，自以為功成名就了，就可以天天吃老本了，從此便失去了新的奮鬥目標，這種做法是不足取的。

居禮夫人曾兩度獲得諾貝爾獎。她是怎麼樣對待自己出名的呢？得獎出名之後，她照樣鑽進實驗室埋頭苦幹，而把代表榮譽和成功的金質獎章給小女兒當玩具。有的客人見了很驚訝，居禮夫人解釋說：「我想讓孩子們從小就知道，榮譽就像玩具，只能玩玩而已，絕不能永遠地守著它，否則你將一事無成。」

不為虛名所累，該怎麼做就怎麼做，該追求自己的人生目標就不要被眼前的花環、桂冠擋住前面的道路。毫不猶豫地拋開一切身外之物，走自己的路，做自己的事，不因小成就妨礙自己的大成功，才能使你獲得真正的榮譽。

當你獲得成功、贏得掌聲時，記得要比以前更加謙遜。不要以為獲得了榮譽，別人就會以你為中心，有了榮譽就是不食人間煙火的聖賢。你的高傲雖然暫時不會產生什麼壞影響，但是別人會記恨，會在背後使壞，讓你碰釘子。你不妨謙虛做人，對別人客氣一些。不要經常提及你的榮譽，因為一再重複就會變成吹噓，會令人生厭。如果你懂得感謝、謙卑和分享，就等同於告訴別人沒有你就不會有我的今天，消除了別人的不安全感，也給自己營造了和諧的氛圍。

善待自我箴言

毫不猶豫地拋開一切身外之物，走自己的路，做自己的事，不因小成就妨礙自己的大成功，才能使你獲得真正的榮譽。

讓自己靈活變通一些

在當今這樣一個風雲變幻的世界中，每個人都應該有種變通的意識，應該善於吸納別人的意見，這樣才會耳聰目明。但是，一些剛愎自用的人，往往不會聽取別人的意見，也無視客觀事物的情況和勢態，固執己見、自我封閉、一意孤行，把自己的一己之見凌駕於其他事物之上，只執著自己的思路去行事，最終陷入進退兩難的境地。

一天晚上，某公司要發通知給所有下屬的經理。事情緊急，在場職員都來幫忙。可是，一個年輕的祕書卻認為做這種事情有失身分，並說：「我到公司來，不是來做套信封的工作。」

老闆聽後大怒，說：「好吧，這件事既然對你是一種侮辱，你可以離開這裡了。」

祕書被炒魷魚後，試了不少工作，四處碰壁，結果還是硬著頭皮重回公司。這次，他虛心了許多，對老闆說道：「我在外面經歷了不少，卻總是希望回到這裡。您還要我嗎？」

「當然，」老闆說，「因為你現在已經完全改變了，不再事事堅持自己的觀點，懂得了聽取別人的意見，學會了尊重別人的意見，不再獨斷獨行。」

文學家蕭伯納（George Bernard Shaw）說：「明智的人使自己適應世界，而不明智的人堅持要世界適應自己。」然而生活中有太多的不明智的人。他們偏激地堅持自己認為對的事情，不願為了適應環境而適當變通。他們的偏激往往讓人無法接受。他們以為這樣就是在堅持自己的理念，自己就是一個有原則的人。殊不知，這樣偏激的舉動常常會導致失敗，更會破壞與別人之間的交往。

在日常生活中，有太多的人想要迫使別人接受自己的意見，因為我們總認為自己是對的。這種想法，使我們沒有改進自己的餘地，也在通往成功的路上設下了障礙。如何才能避免固執己見呢？只要你肯聽聽別人的想法，你就可以做到。

在生活中總會有與自己不同的意見存在，應該怎樣對待不同的意見，是需要認真思考後才能做出決定的。在社會生活中，無論做什麼，都會有不同意見。如何看待不同意見，不僅是個方法問題，更是一個思維方式問題。睿智之人會放下偏執，從反對者的意見中發現對自身有利的思想，並找到自身的缺點，積極改正；褊狹之人會把反對者的意見一概排斥，以敵對的態度去對待。

在日常交際中，有些人說話直言快語。這種人是非常真誠的，也是非常受歡迎的。但有時候，效果並不佳，輕者損害人際關係的和諧，重者造成麻煩，違背言語交際的初衷。而有時有意繞開主題和基本意圖，採取迂迴戰術，從無關的事物、道理談起，往往可以獲得非常理想的效果。

那些愛鑽牛角尖的人，做人很死板，凡事循規蹈矩，而這些規矩多半是他自己定下的，他人不得越池半步。如果他人稍有一些讓自己不如意，他就會暴跳如雷，一點面子也不會給別人。

做人不能太死板。一個人如果太死板了，就不敢具有彈性地來處事待人，因為他生怕出問題。他會為一點點的小事大發脾氣，也就是說，他爆發出來的情緒的強度，遠遠和事物本身的大小或重要性不成比例。但是這時，與其說是他對他人的不滿意，還不如說是他自己覺得似乎自己的生存或自己的某些方面受到了挑戰或威脅。

在現在這個時代，做人太坦誠、太死板不好，因為很多騙子就是要欺騙坦誠的人；做人太狡詐了也不好，因為誰也不願意和一個詭計多端的人做生意；同樣太中庸了也不好，中庸的人做不成大事，難以委以重任，靈活變通，才是做人之道。

善待自我箴言

與人交往時，有意繞開中心話題和基本意圖，採取外圍戰術，從無關的事物、道理談起，往往可以獲得非常理想的效果。

▌向人多施予一點溫情

　　謝里爾是個商人，人過中年，事業上卻遭受了打擊，因此情緒十分低落，不願意與人交往。為了擺脫生活的陰影，謝里爾和妻子來到了另一座城市，搬進了新居。

　　一個週末的晚上，謝里爾和妻子正在整理房間，突然停電了，屋子裡一片漆黑。謝里爾很後悔搬來的時候沒有把蠟燭帶上，只好無奈地坐在地板上抱怨起來。

　　門口突然傳來輕輕的、略為遲疑的敲門聲，打破了房間裡的寂靜。

　　「誰呀？」謝里爾在這座城市並沒有熟人，也不願意在週末被人打擾。他很不情願地站起業，費力地摸到門口，極不耐煩地開了門。

　　門口站著一位小女孩。她怯生生地對謝里爾說：「先生，我是您的鄰居。請問您有蠟燭嗎？」

　　「沒有，」謝里爾冷漠地說了句，然後「碰」的一聲把門關上了。

　　「真是麻煩，」謝里爾對妻子抱怨道，「討厭的鄰居，我們剛剛搬來就來借東西，這麼下去怎麼過日子！」

　　就在他滿腹牢騷的時候，門口又傳來了敲門聲。

　　打開門，門口站著的依然是那位小女孩，只是手裡多了兩根蠟燭，「奶奶說，樓下新來了鄰居，可能沒有帶蠟燭來，要我拿兩根給你們。」

　　謝里爾頓時愣住了，好不容易才緩過神來，說道：「謝謝你和你奶奶，上帝保佑你們！」

　　在那一瞬間，謝里爾猛然意識到，自己失敗的根源就在於自己平時對人太過冷漠。屋子亮了，心也亮了。

　　不要盲目埋怨現實生活的冷酷無情。生活中欺騙你的往往不是別人，而是你自己的雙眼被冰冷的心靈矇蔽。

　　為人冷淡是孤僻最明顯的表現。孤僻是一種怪癖而不合群的人格缺陷。

孤僻的人不願意與別人接觸，對周圍的人常有厭煩、鄙視或戒備的心理。他們猜疑心較強，容易精神過敏，做事喜歡獨來獨往，總是被孤獨、寂寞和空虛困擾。孤僻的人缺乏朋友之間的歡樂與友誼，交往需要得不到滿足，內心往往非常苦悶、壓抑、沮喪，感受不到人世間的溫暖，看不到生活的美好。

現代社會，交通、通訊、網路越來越發達，人們的生活豐富多彩，越來越多的人卻聲稱自己內心孤獨。心理學研究發現，孤僻性格的成因比較複雜，一般情況下，與早年的經歷關係比較大。缺乏父愛母愛、過於嚴厲、粗暴的教育方式，得不到家庭的溫暖，會變得畏畏縮縮、自卑冷漠，不相信任何人，最終形成孤僻的性格。另外，在人際社交中受過挫折的人，受到「一朝被蛇咬，十年怕草繩」的心理，往往也不願意與人交往。

多參加正當、良好的交往活動，在活動中逐步培養自己開朗的性格。要勇於與別人交往，虛心聽取別人的意見，同時要有與任何人成為朋友的願望。這樣，在每一次交往中都會有所收穫，豐富知識經驗，糾正認知上的偏差，獲得了友誼，愉悅了身心。長此以往，孤僻者就會喜歡交往，喜歡結群，變得隨和了。

要想擺脫孤獨感的折磨，就像身處一個無人的山谷，只有自己主動向外走，才能離開這片荒涼之地。同樣，要獲得豐富深刻的人際感情，你必須走出自己的小圈子，真誠而熱情地對待別人，向人多施予一點溫情。

善待自我箴言

不要盲目埋怨現實生活的冷酷無情。生活中欺騙你的往往不是別人，而是你自己的雙眼被冰冷的心靈矇蔽。

第四章
快樂也是一種能力

看到身邊的朋友永遠都是一副快樂的神情，你是不是會羨慕，有時還會有
點嫉妒？快樂只是一種能力。如果你想得到快樂，你也能夠如願以償，培
養自己快樂的能力即可。

█ 風雨過後現彩虹

亞歷山大・格拉漢姆・貝爾（Alexander Graham Bell）費盡大半生的精力和財力，建立了一個龐大的實驗室。但是不幸的是，一場大火將他的實驗室化成灰燼，讓他造成了嚴重的損失，他一生的研究心血也幾乎付之一炬。

當他的兒子在火場附近焦急地找到他時，貝爾居然靜靜地坐在一個小斜坡上，看著熊熊大火燒盡一切。

貝爾見兒子來找他，扯開喉嚨對兒子喊道：「快去把媽媽叫來，讓她看看這場難得一見的大火。」

在場的人都以為大火對貝爾造成了巨大的打擊，但是貝爾卻對眾人說：「大火燒去了所有的錯誤，感謝上帝，我們又可以重新開始了。」

沒多久，新的實驗室建造了起來。時至今日，貝爾實驗室已成為科學家的搖籃。

在生活中，你也難免遇到類似貝爾所遭受的磨難。面對慘重的損失，心態消極的人只會有一種命運，那就是被厄運吞噬。而像貝爾一樣擁有積極心態的人，凡事都往好的方面想，能夠重新鼓起勇氣，重新開始奮鬥，就會一步步靠近成功。

生活中的每一個困難與挫折，都是上天賜予我們檢驗自身的機會，所以，當我們跌倒時，不必驚慌與難過，而要鼓勵自己站起來，撢撢身上的塵土，然後繼續前進，或許下一步，我們就能踏著沉穩的步伐，朝著人生的新目標前進。

千萬不要把事情想得那麼糟，也許明天早晨它就會有轉機。這是所有成功人士給我們留下的忠告。成大事者必須要在情緒低落上，激發自己的積極心態，從而促使自己走出困境，獲得成功。

「哀莫大於心死」，一個沒有希望、沒有明天的人是可悲的。絕望給人帶來的損害要比憂鬱嚴重得多。有什麼樣的思想，就有什麼樣的生活。人與人之間的差異就是積極與消極的分別，但是卻造成了成功與失敗的巨大反差。

　　因挫折而造成的灰色情緒，像烏雲一樣擋住了太陽，也遮住了人們的視線。假如換一個視角，換一個環境，你或許會發現，天地是如此的開闊，大自然是如此的豐富多彩，生活依然是那麼的美好。人活在世上都會遇到各種各樣的事情，或喜或憂。調整好自己的情緒，遇事多想好的一面，對自己的身心健康乃至處理好各種事情都是有好處的。

　　人生如長河行舟，有時直掛雲帆，有時漩流橫生、危機四伏。然而人生的精彩，往往展現在漩流橫生之時，正所謂「無限風光在險峰」。縱觀歷史，大苦而後作，大難乃至大成，已被古今賢達聖人反覆得到印證。他們的成功是由於他們有著矢志不渝的追求，有著不可摧毀的意志，有著對痛苦等閒視之的心境。在經歷磨難的洗禮後，他們的人生折射出更加燦爛的光芒。成功不是最壯麗的，最壯麗的是能在逆境中繼續努力奮鬥的精神和行動。

　　一切的幸運並不是沒有煩惱，一切厄運也絕非沒有希望，正所謂「福兮禍所伏，禍兮福所倚。」應視困難若等閒，不能被它嚇倒；要鎮定自若，雖泰山壓頂也不彎腰，更重要的是，要有勇往直前的決心，把困難看成磨礪意志的絕好機會。壓力催生動力，危機伴生機。暫時的失落往往是人迸發智慧和動力的催化劑。自古雄才多磨難。面對苦難、打擊、排擠、挫折和壓制，有志者沒有把它當成絆腳石，相反把它作為了砥礪鋒芒的礪石。

善待自我箴言

千萬不要把事情想得那麼糟，也許明天早晨它就會有轉機。這是所有成功人士給我們留下的忠告。成大事者必須要在情緒低落上，激發自己的積極心態，從而促使自己走出困境，獲得成功。

▌活在當下而不是過往

　　一位執業多年的身心科醫師，成就卓著。在即將退休時，他寫了一本有關各種心理疾病的專著，其中有各種病情的描述及其治療辦法。

在一次演講上，他拿出了這本厚厚的專著，說：「這本書有一千多頁，裡面有治療方法三千多種，藥物一千多類，但所有的內容卻只有四個字。」在聽眾驚愕的目光中，他轉身在黑板上寫下了「如果，下次」。

身心科醫師解釋說：「造成人類精神折磨的莫不是『如果』這兩個字，比如說『如果我考上了大學』，『如果我當年沒有錯過她』，『如果我當年能換一項工作』。醫治這種疾病的方法有上千種，但最終的辦法只有一種，那就是把『如果』改為『下次』，『下次我有機會再去進修』，『下次我不會錯過我愛的人』。」

其實，人的一生有許多這樣的時候，總覺得有些東西是自己的，擁有的時候不在意，一旦失去則後悔莫及。有很多事情，在你還不懂得如何珍惜時間的時候就成為了往事。

我們常常犧牲當下，去換取未知的等待。許多人認為必須等到某一特定時間或某件事完成後才能採取行動。然而，生活總是處於變化之中，未來總是不可預知的，在現實生活中，各種突發狀況總是層出不窮。每個人的生命都有盡頭，許多人經常在生命即將結束時，才發現自己還有很多事情沒有做，有許多話沒來得及說，這實在是人生最大的遺憾。

你沒有必要過度苛求自己，而應該適時地對自己敞開同情之心。擁有同情自己的心理，你才能開啟寬恕的大門，才能使自己從自輕自鄙的困境中解脫出來。

人生許多煩惱都來自於跟自己過不去。人非聖賢，孰能無過？如果因為一點挫折、煩惱，就終日沉陷在無盡的自責、哀怨之中，那麼其人生境況就會像泰戈爾所說的那樣：「不僅失去了正午的太陽，而且將失去夜晚的群星。」

還有的人犯了一點小錯誤，雖然沒有受到懲罰，但由於道德感過重，自責自貶不已，甚至辱罵自己、討厭自己，或者總覺得別人在責怪自己，感到羞於見人，於是深居簡出，與世隔絕。這樣不僅失去了快樂的心境，也影響了自我的精神狀態。

其實，人的成長是一個不斷嘗試、經歷磨難和失誤，最終變得聰明起來的過程。每當你充滿信心採取行動時，你永遠無法預見會有什麼樣的結果。不論最終成功與否，這些嘗試都是可貴的。事實上，你往往可以從失敗的經歷中學到更多的東西，所以你沒有必要為失敗或過錯而懲罰已經知錯了的自己。

無論自己曾經有多麼幸福，也毋庸顧及當下生活的無奈，更無須擔憂未來的結果如何，一切終究是過往雲煙，來去匆匆。過往的幸福再美也不如現實中的痛苦快樂，當下再無奈也得堅強，未來的憧憬不過沙漠中的海市蜃樓。一切皆無常，就如幼稚的夢想，總是被遺忘在時間裡，無須實現。

生活總是充滿無數的無奈。無奈有情人未能終眷屬，感情的付出得到的卻是傷感別離；無奈親人的離去，給自己留下無限的思念；更無奈現實的殘酷，生活夢想似乎還遙不可及。雖然一切終會有個完美的結局，但要經過無數的磨難才得以如願。

生活同樣充滿無數的無常。或許曾經心愛的女孩還在自己懷裡撒嬌，轉眼間卻變成別人的女人；或許自己的親人不久前還健在，如今卻已駕鶴西去；或許昨天自己是一個家財萬貫的老闆，今天差點淪落街頭乞討……

其實，活在當下才是最幸福的，不如過去那般思索不透，更不如未來虛無縹緲，愛恨情仇此時此刻就能體會；活在當下是現實的，腳踏實地頭頂藍天，捏著自己的大腿真的不是在做夢。活在當下，應該備加珍惜每一分每一秒，努力活出精彩的人生，才不枉費在世走一遭。

人類總是很可悲的，在年輕的時候，有精力去消遣，去享受大自然的賜福，卻沒有時間、沒有金錢，只是拚命地勞作；等到有了時間，有了金錢，卻沒了青春。既對不起自己，也對不起親人，因為親人最需要的是你的陪伴，和你一起享受生活的樂趣。遺憾的事一再發生，但過後再後悔「早知今日，何必當初」是沒有用的，「那時候」已經過去，你追念的人也已經走過了你的人生。

聰明人並不會為他所缺少的感到悲哀，而是為他所擁有的感到欣喜。會

享受的人能夠超越消極的情緒。每當想起新的生活，新的經歷，他就興奮不已。他沒有恐懼，不怕變化。他面對現實，背對過去。造成我們心理障礙的，影響我們幸福觀念的，有時候並不是因為物質上的貧乏或豐裕，而取決於我們的心境改變。如果把心靈浸泡在後悔和遺憾的淚水中，痛苦就必須占據我們的整個心靈。因此，我們無論如何都不能讓自己徒留「為時已晚」的餘恨。

善待自我箴言

每個人的生命都有盡頭，許多人經常在生命即將結束時，才發現自己還有很多事情沒有做，有許多話沒來得及說，這實在是人生最大的遺憾。

▍坦然面對逆境

　　一個心境好的人，眼裡就有無限美景；一個心境不佳的人，多好的美景也感受不到。一個人如果總是處在糟糕的心境中，將永遠沉入痛苦的深淵。若他以寬容、樂觀、堅毅的心境待之，那自然會是另一番圖景。

　　在遭受挫折時，一般人都會認為：「這件事我無法解決。」其實，在自己身上不可能發生自己無法解決的事情，最重要的是你面對苦難能否勇敢地站起來。在面對挫折的時候，你應該保持一種良好的心態。不要害怕、畏懼它，應該勇敢地面對，應該學會享受挫折，體會挫折中的含義，這樣才能促使你不斷地成熟進步。

　　瓊斯是一個具有積極心態的人。有一次，他被大水困住了，只得爬上屋頂。他的一位鄰居漂浮到了他的屋頂，對他說：「瓊斯，這次大水真可怕，難道不是嗎？」瓊斯回答說：「不，它並沒那麼糟糕。」

　　鄰居有點吃驚，就反駁道：「你怎麼說並沒那麼糟糕？你的雞舍已經被沖走了。」瓊斯回答說：「是的，我知道。」

　　「但是，瓊斯，這次的大水損害了你的農作物。」這位鄰居堅持說。瓊斯

平靜地說：「不！我的農作物因為缺水而乾枯了，我的土地需要更多的水，所以這下就全解決了。」

這位悲觀的鄰居又對樂觀的瓊斯說：「但是你看，瓊斯，大水還在上漲，就要漲到你的窗戶上了。」瓊斯爽朗地說：「我希望如此，這些窗戶實在太髒了，需要沖洗一下。」

儘管這只是一個笑話，但卻充滿了哲理。顯然，瓊斯已經決定以積極的心態面對各種情況。人不會常處於順境之中，更多的時候是在逆境中生存。意志堅強的人能在逆境中求生存、求發展，面對困難與挫折，表現得不卑不亢、不急不躁、不偏不倚。認準目標，耐著性子，一步一步地走下去，在逆境中堅定了自己的立場，磨練了自己的意志，反而能夠得到更好的發展。

在逆境中要保持積極正確的態度，坦然面對失敗，欣然接受成功。不管身處逆境還是順境，你要始終保持積極向上的人生信念，樹立逆境中求發展的志向，用堅強和信心做成功的後盾。面對一時的困苦和逆境，你不應改變對生活的信心和勇氣。

逆境能使人成熟，更能使人成功。每個人都要接受逆境，因為在逆境中我們得到了發展。很多傑出人士往往都是經過逆境的磨練才取得成功的。對一個人來說，逆境就是「清醒劑」。有些逆境的遭遇可以鍛鍊人才，也蘊涵著擺脫困擾再前進的機遇。

逆境有時也像一面鏡子，不但映照出勇士不倦進取、大膽開拓的英姿，而且也折射出懦夫望難生畏、萎靡不振、調頭退卻的身影。

逆境並不可怕，可怕的是人們缺乏身臨逆境的心理準備。要抓住逆境中的機遇，你必須做到心地坦然、處變不驚，最關鍵的是要沉著地等待時機，從逆境中獲得前進的動力，學會在逆境中堅持。用積極的心態應對逆境，因為積極的心態容易使人成功。面對逆境，你必須花數倍的精力去建立和維繫積極的心態，同時應用你的自信心明確目標，將積極的心態轉化為具體的行為。

隨著自律力量的增強，你會更加深刻地意識到，原來所謂的壞事也可能

成為好事。透過努力，你會更加深刻地意識到，只要形成和塑造了你的心態，你才是自己命運的主人。

善待自我箴言

人能在逆境中求生存、求發展，面對困難與挫折，表現得不卑不亢、不急不躁、不偏不倚。認準目標，耐著性子，一步一步地走下去，在逆境中堅定了自己的立場，磨練了自己的意志，反而能夠得到更好的發展。

不要對自己求全責備

在現實生活中，有不少人追求完美無缺，對自己過於求全。只要出現一個小毛病小過失，他們就會自我責備。即便是很多年前的事，他們也會深深地印在腦海裡，一想起就會讓自己不愉快。

其實，追求完美本身無可非議，但是，自責和自貶都是相當痛苦的，它意味著一個人每時每刻都要和自己為敵，不斷地自我批駁。當處於這種內心衝突時，他就會把很多精力放在自我鬥爭上，更會因為害怕犯錯而縮手縮腳。

唐太宗要求封德彝推薦有德行的人才，很長時間不見他推舉一人。唐太宗就責問封德彝。

封德彝回答說：「不是我沒有盡到責任，如今實在是很難發現特別有能力的人才呀！」

唐太宗說：「君子用人如同使用器物那樣，是使用各自的長處。古代能治理國家繁榮富強的君主，豈是借用了上幾代的人才嗎？問題在於我們沒有發現人才的本領，怎麼可以冤枉當今整整一代人呢？」

唐太宗與封德彝的對話告訴我們：世界上不是沒有人才，而是往往缺少發現人才的眼睛。正所謂：「世有伯樂，然後有千里馬。千里馬常有，而伯樂不常有。」

　　凡人都會犯錯誤，關鍵是要學會原諒自己，不要糾纏以往的過錯，不要為之深深地自責，以至於不能自拔。勇於承認錯誤並原諒自己是很難做到的，最不可寬恕的是「知道錯了，還要推卸責任」，這與原諒自己完全是兩回事。

　　芸芸眾生，各有所長，各有所短。爭強好勝會失去一定限度，往往受身外之物所累，失去做人的樂趣。只有承認自己某方面的不足，才能揚長避短，才能不因嫉妒之火吞滅心靈之光。寬容地對待自己，就是心平氣和地工作、生活。這種心境是充實自己的良好狀態。自己有了過失不必灰心喪氣，一蹶不振，應該寬容和接納自己，並努力從中吸取教訓，引以為戒，取人之長，補己之短，重新揚起生命的風帆。

　　在一生中，你會犯很多次錯誤。如果對每件事都深深地自責，你一輩子都會背著一大袋的罪惡感過活，怎麼能奢望自己走多遠？犯錯對任何人而言，都不是一件愉快的事情。一個人遭受打擊的時候，難免會特別消沉。

　　靜下心來仔細想想，生活中的許多事情並不是我們的能力不強，恰恰是因為我們的願望不切實際。我們要相信自己具有做種種事情的才能。當然，相信自己的能力，並不是強求自己去做一些力所不能及的事情。事實上，世間任何事情都有一個屬於自己的限度。超過了這個限度的話，就有好多事情都可能是極其荒謬的。我們應時常肯定自己，盡力發展我們能夠發展的東西。只要盡心盡力，只要積極地朝著更高的目標邁進，我們的心中就會保存一分悠然自得，從而也不會再跟自己過不去，責備、怨恨自己了。

　　我們總喜歡跟自己過不去：事情完美就高興；事情不合心意，痛苦就層出不窮。我們永遠不可能事事都做到完美。不管經歷了怎樣沉重的打擊，蒙受了怎樣不該蒙受的委屈，遭遇了怎樣不該遭遇的挫折，我們都不要去思、去想、去抱怨與絕望。找個理由原諒自己，讓自己的精神得到解脫，從容地走自己所選擇的路，做自己喜歡做的事。

　　人很容易產生愧疚的心理。有的人因為愧疚，反而心生力量，振作起來，重新開始；有的人由愧疚而滑向自怨自艾的泥淖，懊喪不已，以至於自

暴自棄。人不應該一直愧疚，不站起來，就會一直趴下去。偶爾做錯了一件事，不要總和自己過不去，要懂得原諒自己。

人生是一個艱難求索的過程，也許求索的過程大同小異，但結果卻各有不同：有人求索了如願以償，顯示了成績，達到了目標；有人求索了卻一無所得；還有一種是沒有求索也就沒有什麼成功可言的人，這一種人應該視為例外。人生是重視結果的。沒有人注重求索的過程，歷來都是以成敗論英雄。

人生不可能一帆風順。失敗和成功同在。成功的結果只有一種，失敗的結果有好多種。如果你覺得自己很失敗，就給自己的失敗找個理由吧，不要說這是逃避現實，不要說這是消極處世。給自己的失敗找個理由，以釋放自己的壓抑和自責，讓自己過得輕鬆一點點。

人生的道路上，還會有好多的失敗。給自己找個失敗的理由，不能都活在失敗的陰影中，前面的道路還很長，總得振作精神走完自己的人生之路。

消除對自己求全責備的心理，可以從以下幾個方面做起。

· **學會為錯誤找到多方面的原因**：不要習慣性地認為事情出了差錯，就一定是自己的問題，不要輕易地把所有問題歸到自己身上。

· **容許自己犯錯誤，容許自己把事情做得不那麼完美**：每個人都有自己不擅長的地方，給自己一個時間去學習。把生命看作一個過程，和自己比較而不和別人比較。今天比昨天進步一點，明天比今天進步一點，那就是成功的。哪怕暫時還不夠好，哪怕自己和別人比還差得很遠，都沒有關係，因為學習是需要時間的。

· **學會把做錯了的事情與自己的價值分開**：告訴自己：「這件事情我做得不夠好，但我的動機是好的，而且我也努力了，只是最後沒有達到最好效果，這因為我們是普通人，而不是聖人，更不是神。」

善待自我箴言

自己有了過失不必灰心喪氣，一蹶不振，應該寬容和接納自己，並努力從中吸取教訓，引以為戒，取人之長，補己之短，重新揚起生命的風帆。

清掃心靈中的塵埃

在一九八四年的東京國際馬拉松邀請賽中，名不見經傳的山田本一獲得世界冠軍。有很多人為此質疑。兩年後的義大利國際馬拉松邀請賽中，山田本一再次獲得冠軍。

馬拉松賽是體力和耐力的運動。只有身體素養好又有耐性的人才有望奪冠，爆發力和速度都是次要因素。

關於獲得成功，山田本一在接受採訪時說：「每次比賽前，我都要乘車把比賽的路線仔細看一遍，並把沿途比較醒目的目標畫下來。比如：第一個目標是一棵大樹；第二個目標是一家銀行；第三個目標是一座紅房子，這樣一直畫到比賽的終點。比賽開始後，我就以百米衝刺的速度奮力衝向第一個目標。等到達到第一個目標後，又以同樣的速度向第二個目標衝去。40 多公里的賽程，就被我分解成這麼幾個目標輕鬆跑完了。」

山田本一成功的奧祕就在於將目標分解成幾個小目標，對每一個小目標都以最飽滿的熱情和動力來完成，從而達到最後勝利。

在塵世走得太久了，你的心靈不可避免地會沾上塵埃，使原來潔淨的心靈受到汙染和矇蔽。一位心理學家曾說：「人是最會製造垃圾汙染自己的動物之一。」的確，清潔工每天早上都要清理人們製造的垃圾。這些有形的垃圾容易清理，而人們內心中諸如煩惱、慾望、憂愁、痛苦等無形的垃圾，卻不那麼容易處理了。因為，這些無形的垃圾常被人們忽視，或者出於種種的擔心與阻礙不願去清掃，或者擔心掃完之後，必須面對一個未知的開始，而你又不確定哪些是你想要的。

「心理除法」就是把大任務分成幾個小任務，把總目標分解成若干層次的小目標。它可以分散人對總目標的注意，而著眼於一個個容易達到的小目標，從而減輕心理壓力，增強實現目標的信心，提高活動的效率。

只有把大的任務看成是由一連串小任務和小的步驟組成的，設定並且達到一連串的目標，才能實現自己的最終理想。如果你集中精力於當前手上的工作，心中明白你現在的種種努力都是為實現將來的目標鋪路，那你就能成功。

完成小事是成就大事的第一步，偉大的成就總是跟隨在一連串小的成功之後。在事業起步之後，我們也許會被分派做最簡單的工作，如果這一項工作做好了，才會被委以更重要的工作。記住，你的工作職位是永遠與你的實際能力相稱的。所有成功的人士，都是從不起眼的小事做起的。他們把握住生活中的每一天，透過不斷的努力實現了自己偉大的目標。

清掃心靈不像日常生活中掃地那樣簡單，它充滿著心靈的掙扎與奮鬥。不過，你可以告訴自己：每天掃一點，每一次的清掃並不表示就是最後一次。沒有人規定你一次必須掃完。但你至少要經常清掃，及時丟棄或掃掉拖累你心靈的東西。生活中，我們之所以半途而廢，其中的原因，往往不是難度較大，而是總覺得成功離我們較遠。確切地說，我們不是因為失敗而放棄，而是因為倦怠而失敗。

有時，我們眼前會一下子堆積了很多事要做，而且又要在短時間內全部完成，當我們一時不知從何處下手時，就會感到煩躁、焦慮，產生心理壓力。我們面對繁多的事情時，要善於把大目標分解為一個個小目標。「千里之行，始於足下」，我們要先把眼前的一件件小事辦好，因為它們是生命鎖鏈上通向理想彼岸的一個個環節。目標越小越容易實現，越能給你信心和力量，越能減輕心理壓力，越能輕裝前進，一步步走向你的大目標。

善待自我箴言

所有成功的人士，都是從不起眼的小事做起的。他們把握住生活中的每一天，透過不斷的努力實現了自己偉大的目標。

擁有樂觀的心態

一個教授把一張紙扔到地上，然後問同學們：「這張紙有幾種命運？」

有人回答：「扔到地上就變成了一張廢紙！」

教授抬腳在那張紙上踩了幾腳，紙上印上了教授的腳印。

教授又問：「現在這張紙片有幾種命運。」

「這下真的變成一張廢紙了！」有人大聲說。

教授撿起那張紙，把它撕成兩半又扔在地上，再一次問大家：「現在這張紙片有幾種命運？」

大家更糊塗了。有人小聲嘀咕道：「這純粹變成了一張廢紙。」

教授撿起地上撕成兩半的紙，在一張上畫面了一匹奔馳的駿馬，而那腳印奇妙地變成了駿馬奔馳的原野。教授舉著紙片畫問：「這張紙現在的命運是什麼？」

一個同學高聲說：「您賦予了一張廢紙希望，使它有了價值。」

教授掏出打火機，點燃了那張畫。它立刻變成了灰燼。

這個故事告訴了我們這樣一個道理：樂觀是一種力量。對待同一事物因心態不同，事物的結局就會不同。

抱持消極心態的人，對將來總是感到絕望。消極心理不僅會產生兩種主要後果，而且還具有傳染性。俗話說：「物以類聚，人以群分。」聚在一塊的人會互相影響，逐漸靠攏而變成一個樣。

消極的心理會抵制個人的潛能。一個人的行為方式，不可能永遠與他的自我評價相脫節。消極心態者不但想到外部世界最壞的一面，而且想到自己最壞的一面。他們不敢企求，往往收穫更少。遇到新觀念，他們的反應往往是：「這行不通，以前沒有這麼做過。」、「這風險太高，現在條件還不成熟。」「這並非我們的責任。」

人們相信會有什麼結果，就可能有什麼結果。一個人不可能取得他自己

並不追求的成就。一個人不相信他能達到的成就，便不會去爭取，於是，他成了自己潛能的最大敵人。

　　美國潛能成功學家安東尼·羅賓（Tony Robbins）說：「面對人生逆境或困境時所持的信念，遠比任何事都來得重要。」這是因為積極的信念和消極的信念直接影響人生的成敗。拿破崙·希爾（Napoleon Hill）則說：「人與人之間只有很小的差異，但是這種很小的差異卻造成了巨大的差異。很小的差異就是所具備的心態是積極的還是消極的，巨大的差異就是成功和失敗。」

　　你必須培養積極的心態，以使你的生命按照你的意思提供報酬。沒有了積極心態，你就無法成就什麼大事。你的心態是你的，而且只有你唯一能完全掌握它。學會控制你的心態，並且利用積極心態引導生活。

　　積極樂觀的心態需要長期不懈的學習。它就像一種熟練的技藝，手到自然心到，很快就會成為習慣。

　　當遇到問題無法解決時，你不妨試著幫助別人解決問題。千萬不要因為自己遇到麻煩而拒絕幫助別人。事實上，你在幫助他人解決問題的同時，你自己也正在洞察解決自己問題的方法，因為靈感時常會在不經意間來臨。

　　雖然在某些事情上，我們可以表現出積極樂觀的心態，但如果要想在對待任何事情上都能做到這樣，則不是一件容易的事。就像拿破崙·希爾指出的那樣：「積極的心態需要反覆的學習與實踐。就像我們打高爾夫球那樣，你可能在某個時刻打了一兩桿好球，便以為自己懂了這項運動，但在下一個時刻，你可能連球都擊不中呢。我們需要每天學習，以克服自己的負面習慣，將自己調整為正向的思維方式。」

　　積極的心理有助於人們克服困難，使人看到希望，保持進取的旺盛鬥志。消極的心理使人沮喪、失望，對生活和人生充滿了抱怨，自我封閉，限制和扼殺自己的潛能。積極的心理創造人生，消極的心理消耗人生。積極的心理是成功的起點，是生命的陽光雨露，讓人的心靈成為一隻翱翔的雄鷹。消極的心理是失敗的源泉，是生命的慢性殺手，使人受制於自我設置的某種陰影。如果你想成功，想把美夢變成現實，就必須摒棄這種扼殺你的潛能、

摧毀你希望的消極心態。

　　擁有積極心態的人的身上永遠洋溢著自信，他們會用自己的行動告訴你：要有信心，信心是你無限魅力的來源，要相信你自己，世界上最重要的人就是你自己，你的成功、健康、幸福、財富依靠你，應用你看不見的法寶，那就是積極心理因素。積極人生的至理名言是：自己掌握自己的命運，自己做自己的主人。

善待自我箴言

　　沒有了積極心態，你就無法成就什麼大事。你的心態是你的，而且只有你唯一能完全掌握它。學會控制你的心態，並且利用積極心態引導生活。

勇於對自己進行自嘲

　　人有了自卑感，心理很容易失衡，但是我們可以從不少人身上發現，人有了自卑感，同時也會產生出一種不斷地彌補自己弱點的本領。往往自卑感越強的人，這種補償作用也會越強。也許這是造物主賞給人類的一種心理平衡。

　　美國第十六任總統林肯從小就有自卑感。他就是透過自嘲來克服自卑，培養起自己的自信心的。

　　在競選總統時，林肯的對手攻擊他兩面三刀，搞陰謀詭計。林肯聽了指著自己的臉說：「讓大眾來評判吧，如果我還有另一張臉的話，我會用現在這一張嗎？」

　　有一次，一個反對林肯的議員，走到林肯跟前挖苦地問：「聽說總統您是一位成功的自我設計者？」

　　「不錯，先生，」林肯點點頭說，「不過，我不明白，一個成功的自我設計者，怎麼會把自己設計成這副模樣？」

　　我們從林肯身上發現，一個人生理缺陷越大，他的自卑感越強，成就大

業的「本錢」也就越多。林肯身上的自卑感，變成他成功的動力，而自嘲正是他自我超越的燃油。

自嘲是一種特殊的人生態度，帶有強烈的個性化色彩。自嘲作為生活的一種藝術，具有干預生活和調整自己的功能。它不但能給人增添快樂，減少煩惱，還能幫助人更清楚地認識真實的自己，戰勝自卑的心態，應付周圍眾說紛紜的評價帶來的壓力，擺脫心中種種失落和不平衡，獲得精神上的滿足和成功。

在生活中，幾乎每個人都會遇到一些讓人難堪的局面。自嘲不僅可以幫助我們擺脫難堪、窘迫和尷尬，還能幫我們贏得別人的尊重，甚至是敬佩。自嘲能使自卑化為自信，使失衡的心理得到平衡。人的一生難免會有失誤，難免會遇到尷尬的處境。有的人喜歡藏藏掩掩，有的人喜歡辯解。其實，越是藏藏掩掩，心理越是失衡；越是辯解，就會越辯越醜，越描越黑。最佳的辦法是學會從自嘲中解脫自己，從失衡中找回自信。

在遇到窘境，對付尷尬和難堪局面時，我們應該多一些風趣幽默的自嘲，這樣才能夠及時調整心態。自我解嘲，撫慰心靈，使自己不滿的情緒得到緩解，為心靈增加一層保護膜，還能使別人對你有新的認識。學會自嘲，不為名所累，不為世俗所擾，以豁達的心態對待人生，會使你生活幸福。自嘲是擁有自信的表現。在有些時候，自嘲能夠緩解壓力，使自己獲得自信心。

美國某位演說家羅伯特，頭禿得很厲害。在他頭頂上，你很難找到幾根頭髮。在他六十歲生日那天，有許多朋友來給他慶賀生日，妻子悄悄地勸他戴頂帽子。

羅伯特卻大聲說：「我的夫人今天勸我戴頂帽子，可是你們不知道光著頭有多好，我是第一個知道下雨的人！」

大家聽了羅伯特的這句嘲笑自己的話，聚會的氣氛一下子變得輕鬆起來。

一切機智的自嘲都是幽默的至高境界。學會自嘲，就是學會掌握化解尷

尬、維護尊嚴、製造快樂的生活技巧，從而凸顯風趣的人格魅力。

自嘲，是宣洩積鬱、製造心理快樂的良方，當然也是反嘲別人的武器。自嘲是每個聰明人必備的武器，特別是遇到困境的時候，能夠自己指點自己一下，就可以輕鬆解圍。學會自嘲，你就會擁有一個平衡和健康的心理，一個豁達快樂的人生。

嘲弄他人是缺德，嘲弄自己是美德。一個會自嘲的人，往往就是一個富有智慧和情趣的人，也是一個勇敢和坦誠的人，更是一個將自己裡裡外外看得很明白的人。自嘲是一種鮮活的態度，會讓原來沉重的東西剎那間變得輕鬆無比，會讓不快與煩惱隨風而去。

善待自我箴言

自嘲作為生活的一種藝術，具有干預生活和調整自己的功能。它不但能給人增添快樂，減少煩惱，還能幫助人更清楚地認識真實的自己，戰勝自卑的心態，應付周圍眾說紛紜的評價帶來的壓力，擺脫心中種種失落和不平衡，獲得精神上的滿足和成功。

第五章
捨得的人生境界不可無

我們沒有必要流連忘返於那些本不屬於我們的事物。放棄不必要的包袱，
輕裝前行，我們會走得更輕鬆，更瀟脫，更愜意。

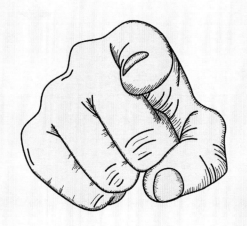

▌捨棄不必要的浮華

有一個動不動就恨別人的人，覺得生活很沉重，便去見一位智者，尋求解脫之法。

智者給他一個簍子，讓他背在肩上，指著一條沙礫路說：「你每走一步就撿一塊石頭放進去，看看有什麼感覺。」那人照智者說的去做了，智者便到路的另一頭等他。

半天後，那人走到了頭。智者問他有什麼感覺。那人說：「越來越覺得沉重。」

智者說：「這也就是你為什麼感覺生活越來越沉重的道理。當我們來到這個世界上時，每人都背著一個空簍子。有的人每走一步都要從這世界上撿一樣東西放進去，就有了越走越累的感覺。如果你想過得輕鬆些，你就要學會捨棄一些不必要的負擔。你的仇恨是你最大的負擔。要想快樂，你必須學會放棄。」

人生在世，放棄是一種博大，它能包容人世間的喜怒哀樂；放棄是一種境界，它能使人生躍上新的臺階。

有一個聰明的年輕人，很想在各方面都比身邊的人強，尤其想成為一名大學問家。可是，許多年過去了，他的其他方面都不錯，學業卻沒有長進。年輕人很苦惱，就去向一位大師求教。

大師說：「我們登山吧，到山頂你就知道該如何做了。」

那山上有許多晶瑩的小石頭，煞是迷人。年輕人每見到喜歡的石頭，大師就讓他裝進袋子裡背著。很快，他就吃不消了。

「大師，再背，別說到山頂了，恐怕連動也不能動了，」年輕人疑惑地望著大師。

「是呀，那該怎麼辦呢？」大師微微一笑，「該放下！不放下背著的石頭怎麼能登山呢？」

年輕人一愣，忽覺心中一亮，連忙向大師道謝。之後，他一心做學問，

不久便成了一個著名的學者。

其實，人要有所得，必會有所失。只有學會放棄，才有可能登上人生的極致高峰。

人生的道路是不平坦的，緊要處只有幾步。幾個緊要處的連接基本上完成了一個人的一生，所以，千萬不能一條道走到黑，吊死在一棵樹上。盲人尚且知道用拐杖試探前方的道路，如果遇到障礙，絕不可能堅持往前走，而是繞個道，不是因為他膽怯，而是有些犧牲根本沒有必要。人生是短暫的。如果我們糊里糊塗地走錯了幾條道路，好幾十年就過去了。如果我們走上了一條不歸路，這輩子就沒什麼可憧憬的了。因此，遇到障礙就繞著走，好漢並不逞一時之勇。

一棵樹上吊死的原因是頑固不化，頭腦不開竅。只要這不是一條絕路，就可以調整，沒必要一直往前走。別覺得自己挺執著，這是不折不扣的愚蠢。況且，計畫時刻都需要調整。這個調整是對計畫的更新和完善，越調整計畫才越可能接近正確。

我們看看那些成功人士，他們最終的地位跟兒時的設想都是具有一定差別的。那個大方向可能不變，但是操作的具體步驟和實現手段不能僵化。所謂「世變事變，時易事易」，每個人都得根據自己的情況調整道路的方位。

人生不可能是一條筆直的道路，這條路走起來是講求技巧的。換句話說，這是一個選擇的過程。在情況發生變化的時候，要懂得及時調整和選擇新的路線。做任何事，都有多種方案，而不能只在一棵樹上吊死，一條路走到黑。任何一件事都有多種方案，擁有很多被選擇的空間，遇事能隨機應變，就是一種智慧。

可以這樣說，在這個世界上，任何人都不可能是一個無所不能的天才。一個人的能力無論多麼大，都是有限的，只能做一部分工作，展現一部分價值。特別是我們可能時而遇見自己力所不能及的事情。這些力所不能及的事情的難度一般來說都是在操作一部分之後才察覺到的。此時，覺得自己勢成騎虎，一定要硬著頭皮挺下去。

如果我們真的無法勝任某種工作，不適合做某件事，那還不如及早回頭，把時間安排在自己擅長的領域。大可不必覺得自己懦弱，放棄何嘗不是一種勇氣。我們一定要弄清楚的是，自己是不是真的能夠勝任某項任務，能否真正取得勝利。

放棄就是接受變化，放棄就是適應新的事物。但是，人們往往容易在具體的問題上鑽牛角尖，為點滴小利寧死不讓。他們不願意放棄他們的觀念，不願意放棄他們的情感，不願意放棄他們的權力，不願意放棄他們的利益，然而，又有什麼能夠永久地被占有呢？

善待自我箴言

人生是短暫的。如果我們糊里糊塗地走錯了幾條道路，好幾十年就過去了。如果我們走上了一條不歸路，這輩子就沒什麼可憧憬的了。因此，遇到障礙就繞著走，好漢並不逞一時之勇。

放棄不必要的，擁有需要的

阿諾·史瓦辛格是美國家喻戶曉的人物。他在每一個行業取得成功後，都會自動退位讓賢。別人問為什麼？他說，花無百日紅，更重要的是他懂得「放棄」的奧妙。

當選州長後，人們普遍懷疑史瓦辛格的能力，認為他充其量是一個頭腦簡單，四肢發達，只會演戲的傢伙。在一個酒會上，有人刁難他：「州長先生，我們想知道，您怎麼能當選為州長，是不是靠您的健碩身材和票房神話呢？」

「先生們，你們以為我是在利用之前取得的名聲，是嗎？那你們錯了！」史瓦辛格一臉平靜地說：「我想問一個問題。」

史瓦辛格隨手指著身邊一個很有名的富翁說：「就您吧，先生，我想問您，您爬過山沒有？」

「爬過，我想這裡每個人都爬過，這個問題太簡單了，州長先生！」富翁不屑地說。

「那好，當您爬上一個山峰後，再想爬到另外一個山峰，您會怎麼做呢？」

「州長先生，這個問題我想連孩子也會回答，當然是從這個山峰往那個山峰上去了。如果能給我直升機的話，會更快。」富翁話中帶刺地說。大廳內一陣大笑。

「那好，先生，如果沒有直升機怎麼辦？怎麼樣才是捷徑呢？」

「那也簡單，沒有直升機，我又不能飛上去，只能從這個山峰上下來，然後往那個山峰上爬了！」

「先生，您的意思是只要先放棄之前的山峰，才能擁有之後的山峰，是嗎？」

「我想是的，一個人不可能擁有兩個山峰。」

「太好了，我想您已經給出我的答案了。」

大廳內沉寂了數秒鐘，隨即爆發一陣掌聲。

生活中就是這樣，當你取得一個輝煌後，再想擁有另一個輝煌，你必須把以前的輝煌放棄，從頭開始。如果你過多的想著以前的輝煌，它無形中也許已經成了你前進的絆腳石。忘掉它，並從零開始，你就已經成功了一半。

一位小男孩在過生日時得到了一份小禮物，於是便藏到一個他認為最祕密的地方。

一天早上，正在廚房準備早餐的媽媽忽然聽見兒子的叫嚷聲。她不明白發生了什麼事，便急忙衝出廚房。這時，他看見兒子竟然把手插進了放在茶几上的花瓶裡。花瓶雖然是個大肚子，但是瓶口很小。孩子伸進去的小胖手卻怎麼也抽不出來。

對於孩子的淘氣，媽媽已經領教過多次，凡是能摔壞的他能夠看得見的東西幾乎都向高處轉移了，但她怎麼也想不到兒子居然看上了花瓶，而且還

會把手伸到裡面去。媽媽顧不上教訓他，便拽著兒子的手，想幫他拿出來，但只要稍微用點力，孩子就痛得叫苦連天。

這可急壞了媽媽。她顧不上猶豫了，拿出鎚子要打碎這個花瓶。

「不要！」兒子倒是先阻止了，因為他喜歡花瓶上的那幅畫 —— 旱鴨子圖。那是一副神態逼真的國畫：炎熱的夏天裡，一個和他差不多大的男孩，光著屁股端起比他頭還大的水瓢飲著水。旁邊穿兜肚的可能是他的姐姐吧，她正在看著被炎熱熏烤的伸出長長舌頭的狗。而那隻狗正在充滿羨慕地看著從水中剛上來的搖搖擺擺的鴨子。

在卡通形象遍布天下的時代，兒子對這幅畫情有獨鍾。有時候，他會蹲在那裡目不轉睛地一邊看，一邊偷偷地樂。他對畫畫的熱愛也是因這幅畫引起的。所以，儘管媽媽說了好多道理，兒子就是不讓她把花瓶打碎。看看上班的時間就要到了，媽媽再也顧不上和兒子理論，她拿起錘子把花瓶打破了。

一件精美的花瓶頃刻間成了碎片。在兒子驚異的目光中，他的手出來了。媽媽急忙看兒子的手是否受到損傷，可是，令她驚訝的是兒子的拳頭仍是緊握著無法張開。

「你的手沒有受傷吧？寶貝，快給我看看！」看到媽媽焦急的樣子，孩子才伸開手。原來他的掌心裡是一個乒乓球。他拿到乒乓球後就握緊了，因為如果他伸開手，就拿不出來。他沒想到，這樣緊握著，反而他的手也出不來了。

其實，許多事情，只要放手就能立刻解決，只是大家都不願那樣做，寧願受著牢籠之苦。

我們不應該把放棄看成是一件壞事。懂得放棄那也是一種智慧，也需要一定的勇氣。但是，我們不應該因為這樣就事事都放棄，那是愚者的表現。真正的智者是懂得放棄才會擁有的人。他們的放棄是因為他們選擇了更大的成功。

過度的貪慾是一杯苦酒

貪慾會讓人失去理智，把人帶進罪惡的深淵。如果有了過度的貪慾，那它們就會轉化為人生的一杯苦酒。這杯苦酒可能並不是致命的。不過一旦飲下了它，它就會逐漸侵入你的肌膚和骨髓，侵蝕你生命的光輝。

在一個秀麗的湖邊，住著一戶靠手藝維持生活的小裁縫。他家裡妻兒老小幾口人，全靠他晚睡早起地幫人鎖邊、補補丁、修修改改賺些零錢維持生活。

小裁縫的日子過得很清苦，但忙中偷閒，到了晚上，他們一家人都會到湖邊去坐坐，有說有笑，不知不覺中就忘掉了一天的疲憊。

在農忙時，裁縫的生意會有點清淡。光花不賺，他心裡就會有些著急。裁縫的鄰居是一個大富翁，生意不受季節影響，白天黑夜忙於算帳數錢。這讓裁縫非常羨慕。

一天晚上，裁縫又碰到富翁，見他不太忙，便說：「好鄰居，我多麼羨慕你，一天到晚不停地賺錢。」富翁便開玩笑說：「我們交換，你過我這種生活試試。」裁縫高興極了，迫不及待地要求馬上就換。

第二天晚上，裁縫發現自己的院裡有一個小袋子。他打開後，發現是一捆捆的錢。他不明白怎麼回事，後來又想，在自己家撿到的，花起來也名正言順呀。驚喜之餘便和老婆趕緊將小口袋搬進屋裡。

老婆說：「用它買田置地吧？」裁縫回答：「不行，一下子置這麼大的家業，容易引起別人懷疑。」裁縫後來說：「我想雇幾個人，先開個服裝廠。」老婆馬上反對：「現在羊毛很值錢，買地養羊才划算。」

　　最後，裁縫的孩子和父母也加入進來，發表著自己的意見，一家人對這筆錢的開支爭吵不休。不得已，裁縫便把錢先交給妻子，讓她保管起來。得到錢的慾望是滿足了，但怎麼花錢的煩惱卻像繩子一樣纏繞著裁縫。

　　這天晚上，裁縫也無心去湖邊閒聊了，一直在想是先開服裝廠還是先買地養羊。之後，又擔心花不出去的錢在家裡存著不安全，裁縫每天和老婆都不敢離開家。晚餐後，他們就關上門，忙於點袋子裡的錢。每天如此，既怕遺失，又想如何能賺更多的錢。

　　一個星期後，被煩惱折磨的裁縫再也無法忍受，決定先買地養羊。這天，他來到街上散心，碰見了富翁。兩人互相問候後，富翁見他雙眼布滿血絲，便問道：「是不是失眠了？沒去湖邊閒聊嗎？」裁縫說：「咳！別提了，說不清為什麼總是睡不著。」富翁開導他說：「這沒有什麼大不了的。你回去後如果睡不著，就想想農莊有多少綿羊，數數牠們，不知不覺就睡著了。」裁縫道謝後離去了。

　　過了一個星期，他又來找富翁。他雙眼又紅又腫，精神更加不振了，富翁非常吃驚地說：「你是照我的話去做的嗎？」裁縫委屈地回答說：「當然是呀！還數到三萬多頭呢！」富翁又問：「數了這麼多，難道還沒有一點睡意？」裁縫回答：「本來是睏極了，但一想到我要是養三萬頭綿羊一年會長多少羊毛呀，不剪豈不可惜？得用多少人，何時剪完？」富翁於是說：「那僱人剪完不就可以睡了嗎？」裁縫嘆了口氣說：「但頭疼的問題又來了，這三萬頭羊的羊毛要製成毛衣，要用多少機器？找誰管理工廠啊？再說做成後到哪裡找這麼多買主呀！如果不合格，人家不要，豈不可惜？一想到這裡，我哪裡睡得著啊！」

　　富翁聽後，笑著對裁縫說：「你怎麼總是一個慾望接一個慾望，永不滿足，沒完沒了地折磨自己呀。這下，不會再跟我換一種生活了吧。」裁縫恍然大悟說：「太多的慾望把自己鎖住了。」富翁說：「不，我哪有時間像你一樣快樂、自在。」

　　從此以後，裁縫家裡平靜下來。每天晚上，又響起了愉快的歌聲和爽朗

的歡笑聲。

　　健康的身體，和睦的家庭，適量的財富，這都是人生幸福的必要條件。過多的慾望累積在一個人的內心，勢必毒蝕他的心靈。對於金錢，就像其他的所有慾望一樣，適可而止，夠用即可，實在沒必要為了斂聚金錢，喪失了生活的時間和樂趣。

　　人生在世，最大的智慧是能了解自己需要什麼或不需要什麼。不論名利還是其他什麼，正當的慾望都是合理的。如果一味追求太多的慾望，那就像飲下了一杯苦酒，無法再得到更多的快樂。

善待自我箴言

　　如果有了過度的貪慾，那它們就會轉化為人生的一杯苦酒。這杯苦酒可能並不是致命的。不過一旦飲下了它，它就會逐漸侵入你的肌膚和骨髓，侵蝕你生命的光輝。

▊貪得無厭終將一無所有

　　人們總想多得一些，結果往往不自覺地連自己也失去了。知足常樂的祕訣是懂得如何享用你所擁有的，並割捨不實際的欲念。可多數人雖擁有了卻不知珍惜，反而想要的更多。

　　讓我一起來看看這樣一個寓言故事。

　　一天，一個老頭在森林裡砍柴。他掄起斧頭正準備砍一棵樹，突然從樹上飛出一隻金嘴巴的小鳥。

　　金嘴巴鳥對老頭說：「你為什麼要砍倒這棵樹呀？」

　　「家裡沒柴燒，」老頭很無奈地回答。

　　「你不要砍倒它。回家去吧，明天你家裡會有許多柴的，」金嘴巴鳥說完就飛走了。

老頭空手回到家，對老伴說：「上床睡覺吧，明天家裡會有許多柴的。」

第二天，老伴發現院子裡堆了一大堆柴，就叫老頭：「快來看，快來看，誰在我家院子裡堆了這麼一大堆柴。」老頭把遇到了金嘴巴鳥的經過告訴了老伴。老伴說：「柴是有了，可是我們卻沒有吃的。你去找金嘴巴鳥，讓牠給我們點吃的。」

老頭又回到森林裡的那棵樹下。這時，金嘴巴鳥飛來了，問：「你又想要什麼呀？」

老頭回答說：「我的老伴讓我來對你說，我們家沒有吃的了。」

「回去吧，明天你們會有許多吃的東西的，」金嘴巴鳥說完又飛走了。

老頭回到家，對老伴說：「上床睡覺吧，明天家裡會有許多食物的。」

第二天，他們果真發現家裡出現了許多肉、魚、甜食、水果、葡萄酒和想要的食物。他們飽餐了一頓後，老伴對老頭說：「快去找金嘴巴鳥，讓牠送我們一個商店，商店時要有許許多多的東西，這樣，往後我們的日子就舒服了。」

老頭又來到了森林裡的那棵樹下。金嘴巴鳥飛來問他：「你還想要什麼？」

「我的老伴讓我來找你。她請你送給我們一個商店，商店裡的東西要應有盡有。她說，這樣我們就可以舒舒服服地過日子了。」

「回去吧，明天你們會有一個商店的，」金嘴巴鳥說。

老頭回到家把經過告訴了老伴。第二天，他們醒來後，簡直都不敢相信自己的眼睛了。家裡到處都是好東西：布匹、鈕扣、鍋、戒指、鏡子……真是應有盡有。老伴仔細地清理了這些東西以後，又對老頭說：「再去找金嘴巴，讓牠把我變成王后，把你變成國王。」

老頭回到森林裡，找到了金嘴巴鳥，對牠說：「我的老伴讓我來找你，讓你把她變成王后，把我變成國王。」

金嘴巴鳥冷眼地望了一下老頭，說：「回去吧，明天早上你會變成國王，

你的老伴會變成王后的。」

老頭回到家，把金嘴巴鳥的話告訴了老伴。第二天，早上醒來，他們發現自己穿的是綾羅綢緞，吃的是山珍海味，周圍還有一大幫的侍臣奴僕。

可是，老伴對此仍不滿足，對老頭說：「去，找金嘴巴鳥去！讓牠把魔力給我，讓牠來宮殿，每天早上為我跳舞唱歌。」

老頭只好又去森林找金嘴巴鳥。他找了許久，最後總算又找到了牠。老頭說：「金嘴巴鳥，我的老伴想要你把魔力給她，她還要你每天早上去為她跳舞唱歌。」金嘴巴鳥憤怒地盯著老頭，說：「回去等著吧！」

老頭回到家，他們等待著。第二天，起床後，他們發現自己被變成兩個又醜又小的矮人。

人在進入社會後會有各種各樣的慾望。人有慾望，這無可厚非。有的人的慾望是客觀的、有節制的，這樣的慾望則會是一種目標，一股動力，可以使人具有方向性；有的人的慾望則是主觀的、無限制的，甚至連他自己也說不清楚需要多少才能得到滿足。

慾望太多、太重，會讓負重的人在一個坎上跌倒。人有七情，也有六慾，這本屬正常，也是作為一個人在物質社會裡不能或缺的東西。

慾望會給自己增加壓力。超負荷的慾望會羈絆人前進的腳步，有的甚至會將其引向歧路。貪慾是災禍的根源。為人處世，若好占便宜，必將受到唾棄；經營事業，若好高騖遠，事業便難以長久。

無論是什麼人，只要進入社會，接觸到物質社會的利益，都會在心裡產生種種慾望。不論在什麼社會，什麼國家，貪婪者、自私者都是卑鄙的、遭人唾棄的，都會受到社會的譴責，受到大眾的鄙視。

人生如白駒過隙，生命在擁有和失去之間，不經意地就會流逝了。有些人在這有限的生命空間裡，只知一味地索取，擁有了陽光的明媚，還想把璀璨的星光歸為己有，然而越是想要占有，越是失去的更多。

人想擁有的念頭不為錯，但這世間美好的東西實在是太多了。我們總希望讓盡可能多的東西為自己所擁有，殊不知在你貪婪地占有中，你的心靈也

被腐蝕掉了。其實，我們擁有生命和快樂已是最大的擁有，又何必貪求太多呢，貪婪最後的結果只能是一無所有。

善待自我箴言

知足常樂的祕訣是懂得如何享用你所擁有的，並割捨不實際的欲念。可多數人雖擁有了卻不知珍惜，反而想要的更多。

▌看淡得失，遠離煩惱

患得患失者，總是擔心自己的失，而漠視自己的得。在他們的心中，見不了別人的得，也見不了自己的失，總是心胸狹窄，煩惱多多。而有些人不以物喜，不以己悲，心胸坦蕩，煩惱全無。

東漢時期，皇上為了讓博士們歡度春節，特意賜給博士們每人一隻羊。

羊被趕來了，但是大小不等，肥瘦不一，如何分發呢？太學的博士們為此犯了難。

有人主張把羊通通宰了分肉，平均搭配，每人一份。有人嫌這樣太麻煩，也太顯計較，提出用抓鬮的方法，大小、肥瘦，全憑自己的運氣，抓住小的、瘦的，也怨不著別人。又有人說這種辦法也不合理。大家七嘴八舌地討論了老半天，仍然沒有想出一個十全十美的好辦法。

這時，博士甄宇站起來說：「還是一人牽一隻吧，也不用抓鬮，我先牽一隻。」

於是，大家的目光都齊刷刷地望著甄宇，都以為他肯定要挑一隻又大又肥的。要是大的讓人牽走了，剩下小的給誰呀？誰知，甄宇瞅了老半天，徑直走到一隻又小又瘦的羊前，牽了就走。這樣一來，大家再也不好意思爭執了，反而你謙我讓。每個人都高高興興地牽著羊回家去了。

後來，這件事情傳遍了洛陽，人們紛紛讚揚甄宇，還給他起了個綽號，叫「瘦羊博士」。

人生在世，認清煩惱的根源，才會豁達大度起來。不為蠅頭小利悶悶不樂，不為細小得失而鬱鬱寡歡。那些煩惱無窮的人多半是不能辯證地看待得與失的。他們計較的是自己的「得」，害怕的是自己的「失」，對他人的得與失則漠不關心。

在社會交往中，總是把自己的名利放在他人之上，時時盤算的是一己之私利，長此以往，煩惱必然增多，也必然會失去周圍人群的信任，使自己處於十分孤立和被動的局面，難以獲得真誠的友誼和情意。

人生旅程中的確有很多東西是來之不易的，所以我們不願意放棄。比如：讓一個身居高位的人放下自己的身分，忘記自己過去所取得的成就，回到平淡、樸實的生活中去，肯定不是一件容易的事情。但是有時候，你必須放下已經取得的一切，否則你所擁有的反而會成為你生命的桎梏。

《茶館》中常四爺有句臺詞：「旗人沒了，也沒有皇糧可以吃了，我賣菜去，有什麼了不起的？」他哈哈一笑。可孫二爺呢：「我捨不得脫下大褂啊，我脫下大褂誰還會看得起我啊？」於是，他就永遠穿著自己的灰大褂，可是他就沒辦法生存，只能永遠伴著他的那隻黃鳥。

生活中，很多人捨不得放下所得，這是一種視野狹隘的表現。這種狹隘不但使他們享受不到「得到」的幸福與快樂，反而會給他們招來殺身之禍。

秦朝的李斯，就是這樣的一個很好的例證。

李斯曾經位居丞相之職，一人之下，萬人之上，榮耀一時，權傾朝野。

雖然當他達到權力地位頂峰之時，曾多次回憶起恩師「物忌太盛」的話，希望回家鄉過那種悠閒自得、無憂無慮的生活，但由於貪戀權力和富貴，始終未能離開官場，最終被奸臣陷害，不但身首異處，而殃及三族。

李斯在臨死之時才幡然醒悟。他在臨刑前，拉著二兒子的手說：「真想帶著你哥和你，回一趟上蔡老家，再出城東門，牽著黃犬，逐獵狡兔，可惜，現在太晚了！」

一個人若是能在適當的時間選擇做短暫的「隱退」，不論是自願的還是被迫的，都是一個很好的轉機，因為它能讓你留出時間觀察和思考，使你在獨

處的時候找到自己內在的真正的世界。儘管掌聲能給人帶來滿足感，但是大多數人在舞臺上的時候，卻沒有辦法做到放鬆，因為他們正處於高度的緊張狀態，反而是離開自己當主角的舞臺後，才能真正享受到輕鬆自在。雖然失去掌聲令人惋惜，但「隱退」是為了進行更深層次的學習，一方面挖掘自己的潛力，一方面重新上發條，平衡日後的生活。

全身而退是一種智慧和境界。為什麼非要得到一切呢？活著就是上天最大的恩賜。你對人生要求越少，你的人生就會越快樂。對於我們這些平凡人來說，重要的是能懷一顆平常善良之心，淡泊名利，對他人寬容，對生活不挑剔，不苛求，不怨恨。

放棄是一種美麗。學會放棄是一種智慧。人生路上，放棄滋潤著你美麗的心靈。只要你懂得追求，學會放棄，明了得與失的關係，特別是在人生的節骨眼上舉重若輕，拿得起，放得下，那麼你就會擁有幸福的人生。

善待自我箴言

不為蠅頭小利悶悶不樂，不為細小得失而鬱鬱寡歡。那些煩惱無窮的人多半是不能辯證地看待得與失的。他們計較的是自己的「得」，害怕的是自己的「失」，對他人的得與失則漠不關心。

▌財富不是萬能的

很久很久以前，有個忠實的年輕人叫德維。他一個人住在一間小屋子裡，非常勤勞，擁有一座在村莊裡最美麗的花園。小德維有很多的朋友，其中有一個跟他最要好的朋友，叫大休，是個磨坊主。

磨坊主是個很富有的人，總是自稱是小德維最忠誠的朋友，因此他每次到小德維的花園來時，都以最好的朋友的身分拎走一大籃子各種美麗的鮮花，在水果成熟的季節拿走許多水果。磨坊主經常說：「真正的朋友就該分享一切。」可是，他從來沒有給過小德維什麼回贈。

冬天的時候，小德維的花園枯萎了。「忠實的」磨坊主朋友卻從來沒去看望過孤獨、寒冷、飢餓的小德維。

磨坊主在家裡發表他關於友誼的高論：「冬天去看小德維是不恰當的。人們經受困難的時候心情煩躁。這時候必須讓他們擁有一份寧靜，去打擾他們是不好的。而春天來的時候就不一樣了，小德維花園裡的花都開放了。我去他那採回一大籃子鮮花，這會讓他多麼高興啊。」

磨坊主天真無邪的兒子問他：「爸爸，為什麼不讓小德維到我們家來呢？我會把我的好吃的、好玩的都分給他一半。」

磨坊主被兒子的話氣壞了，怒斥這個什麼都不懂的孩子：「如果小德維來到我們家，看到我們燒得暖烘烘的火爐，豐盛的晚餐，以及甜美的紅葡萄酒，他就會心生妒意，而嫉妒則是友誼的大敵。」

貪婪的人與人交往只索取不奉獻。吝嗇貪婪者金錢、財富都不缺，然而其靈魂、精神卻是在日趨貧窮。生活中，有一類人被稱作「自私自利的朋友」。這種朋友以自我為中心，用人時朝前，不用人時退後。別人是他友誼的附庸，他是居高臨下的感情施捨者。

吝嗇者果真能給人帶來幸福嗎？不能。由於小氣和狹隘，這類人身上很少展現親情二字，所以其內心世界是極其孤獨的。尤其是當他們有難的時候，他們才會感到缺少感情支持的悲愴，才會感到因為吝嗇而失去的東西實在太多了，才會充分感覺到金錢的無能。

吝嗇貪婪者的生活是最不安寧的。他們整天忙著的是賺錢，最擔心的是丟錢，唯恐盜賊將他的金錢全部偷走，唯恐一場大火將其財產全部吞噬掉，唯恐自己的親人將它全部揮霍掉，因而整天提心吊膽，坐立不安，永遠不會是愉快的。

那些活得既自在又幸福的人，既不貪婪，又不奢侈，活得自在瀟灑，既不累，也沒那麼多煩惱和壓力。總是叫苦連天的人們，是不是該認真地審視一下自己？適可而止，學學那些能夠輕鬆駕馭生活的人們，戒除吝嗇和貪婪的習性。

世界級的時裝大師吉安尼‧凡賽斯（Gianni Versace）擁有令人咋舌的財富。光是他收藏的名畫、古董家具，就價值連城。但他除了能親眼看見這些財富外，還能得到什麼呢？一個謎團重重的槍殺，使他的財富頃刻變成了「他人的財富」。

現在，不少人急於發大財，甚至不惜鋌而走險，以身試法，如盜版、走私毒品，甚至殺人越貨。他們完全成了金錢的奴隸，財富對他們如同絞索。他們越是貪求，絞索就勒得越緊。這樣的不義之財再多，又有什麼樂趣可言呢？我們並不是一概排斥財富。我們厭惡和蔑視的是對個人財富的過度貪求，是以不正當手段聚斂財富。

生活在「柴米油鹽」構成的物質世界中，完全杜絕利益的追求，對於個人來說，是不可能的。可是，有些人雖已有了生活的保障，過著奢侈的生活，卻仍然沉醉於追逐金錢的遊戲中。對於這些人，人們不禁想問：「你存了這麼多錢，又將如何呢？」

不管你存了多少錢，如果不能用於自己或社會以及他人的身上，無異寶玉棄於糞土之中，毫無用處。不論你為了生活如何鑽營，或是擁有什麼頭銜、地位，如果不能成為一個有道德的人，一切也都是枉然。

人生在世，沒有錢雖然寸步難行，但錢絕對不是萬能的。它只可以滿足一定的物質慾望，而不能帶來真正的快樂。只有學會做它的主人，不做它的奴隸，才能創造快樂。

善待自我箴言

那些活得既自在又幸福的人，既不貪婪，又不奢侈，活得自在瀟灑，既不累，也沒那麼多煩惱和壓力。

▌慾望使你一事無成

在森林裡，小鳥正在和老鳥學飛翔。由於鳥巢不斷遭到石頭的攻擊，小

鳥困惑地問老鳥：「那些總往我們鳥巢扔石頭的是什麼動物啊？」

老鳥答道：「是人類。」

小鳥又問：「就是那些會千方百計捕捉我們的生靈嗎？他們優越於我們，那他們一定生活得很幸福了。」感嘆之餘，小鳥兒又羨慕地補充道：「什麼時候我們也可以做一回人啊！」

誰知老鳥卻回答道：「他們或許優越於我們，卻遠不如我們生活得幸福！」

「為什麼？」小鳥不解地問父親。

老鳥答道：「如果你想見識一下，看見有人走過來，趕快告訴我，你就明白了。」

不一會兒，有個人走了過來。這時，老鳥飛離小鳥，落在來人身邊。那人伸手便抓住了牠，樂不可支地叫道：「我要把你宰掉，吃你的肉！」小鳥聽後驚呆了，大氣也不敢出。

老鳥十分鎮定地說：「我的肉這麼少，夠填飽你的肚子嗎？我可以送你遠比我的肉更有用的東西，那是三句至理名言，假如你學到手，便會發大財！」

那人急不可耐地說：「快告訴我，這三句名言是什麼？」

老鳥眼中閃過一絲狡黠的目光，冷靜地說：「我可以告訴你，但是有個條件：可以先告訴你第一句名言，可是，第二句名言要等你放開我之後才能得到，等我飛到樹上之後，才會告訴你第三句名言。」

那人一心想盡快得到三句名言，便回答道：「少囉唆！我接受你的名言可以發財，當然會放你了！」

小鳥從來沒聽說老鳥有這樣的寶貝，也想見識一番。此時，老鳥慢條斯理地說：「這第一句名言便是：莫惋惜已經失去的東西！根據我們的條件，現在請你放開我。」於是那人便鬆手放開了牠。

老鳥落到離他較遠的地面才說：「這第二句名言便是：莫相信不可能存

在的事情！」說罷，牠邊叫著邊振翅飛向樹梢：「你真是個大傻瓜，如果剛才把我宰掉，你便會從我腹中取出一顆重量達兩百克、價值連城的大寶石。」

那人聽後，懊悔不已，把嘴唇都咬出了血。他望著樹上的鳥兒，仍惦記著他們方才談妥的條件，便又說道：「請你快把第三句名言告訴我！」

狡猾的老鳥譏笑他說：「第三句就是：莫後悔已經失去的。貪婪的人啊，你的貪婪之心遮住了你的雙眼。我渾身的骨肉羽翅加起來不足一百克，腹中怎會有一顆重量有兩百克的大寶石呢？」

那人聞聽此言，頓時目瞪口呆。

看見老鳥這樣輕易地戰勝了不可一世的人類，小鳥高興地嘰嘰喳喳。老鳥回望著小鳥說：「孩子，你現在可親眼見識過了？這就是人類貪婪的本性！就是這根刺無時不在刺痛和折磨著他們。」

誠然，沒有追求，社會便沒有進步。成功無止境，奮鬥無休止，所以追求無窮期。但是，追求太多就成了貪婪。許多人就是在無休止地追求一些不合理的東西。在這種慾望的支配下，許多人難免利慾薰心，分不清正當和不正當，於是疲憊感、挫折感、失落感也會與日俱增。

人人都有慾望，都想過美滿幸福的日子，都希望豐衣足食，這是人之常情。但是，可遇而不可求的東西，硬要占為己有，那還能沒有壓力？現實一點，不要太苛求自己。不切實際的慾望，往往會毀滅我們的一切。

太多的時候，我們對自己的生活要求太過執著，致使自己常常陷於一種悔與恨，愛與痛的交錯狀態。在它們之間無可奈何，使我們忘記了生活的本意就是一種簡單，忘記了那些生活中曾經的美好記憶，致使我們常常在一種煩惱的心態裡徘徊度日。其實，只要我們換一種心態，換一種角度，坦然的面對生活，生活會回報於我們一種簡單的幸福與溫暖的。

生活是鍾情於懂它的人的。只要你懂得生活，人生才會感覺最快樂。其實在我們的生活中，不是生活讓我們怎麼去做，而是看我們怎樣去選擇生活。這樣就造就了不同的人生存狀態的不同，那麼感覺的幸福也就不同。

有時候，有太多的理由讓我們可以淡然的面對一些事情，但是我們卻做

不到從容面對。這樣就注定了我們在風中微笑的轉身，而在下一個路口默默的哭泣。雖然這樣，但我們還是在心中有一個方向，那就是下一站也許會有更美麗的風景在等著我們欣賞。

善待自我箴言

許多人就是在無休止地追求一些不合理的東西。在這種慾望的支配下，許多人難免利慾薰心，分不清正當和不正當，於是疲憊感、挫折感、失落感也會與日俱增。

選擇屬於你的精彩

人稱「黑珍珠」的球王比利，在很小的時候，就顯示出了足球的天賦。但他那時並不能很好地控制自己，差一點與足球失之交臂。

一次，小比利參加了一場激烈的足球比賽後，夥伴們都精疲力竭。有幾位小球員點上香菸來解除疲勞。小比利見狀，也要了一支。他得意地看看淡淡的煙霧從嘴裡噴出來，覺得很瀟灑。不巧，這一幕被前來看望他的父親撞見。晚上，回家後，小比利低下了頭，準備接受父親的訓斥。

父親在屋子裡來回地走了好半天，才嚴肅地開口道：「孩子，你踢球有幾分天賦。如果你勤學苦練，將來或許會有點出息，但是，足球運動的前提是要有良好的身體素養。像你這個年齡，抽菸並不利於你身體素養的提高。也許你會說，我只是第一次，以後不再抽了。可是，有了第一次便會有第二次、第三次⋯⋯天長日久，你會漸漸上癮，你的身體就會不如從前，而你喜歡的足球可能會因此離你遠去。」

說到這裡，父親頓了頓，問比利：「你是願意在煙霧中損壞身體，還是願意做個有出息的足球運動員呢？你已經懂事了，自己選擇吧。」

父親從口袋裡掏出一張鈔票，遞給比利說道：「如果不願做個有出息的運動員，執意要抽菸的話，這些錢就作為你抽菸的費用吧。連香菸的誘惑都

克服不了，還想成為優秀的運動員？」說完，父親就走了。

父親最後的一句話深深刺傷了小比利的心。望著父親遠去的背影，他不由得掩面而泣。過了一會兒，他止住了哭泣，發誓：一定要成為優秀的足球運動員，一定要做出個樣子給父親看，絕不能讓父親看不起我。

經過痛苦的思考後，小比利終於下決心戒掉了菸。不論同伴們怎樣嘲笑他不像個男子漢，他也只是專心練球。經過數年的艱苦鍛鍊和賽場衝殺，小比利的球藝逐漸提高。後來，他終於成為享有盛譽的「球王」。

追求人生的成功是每個人與生俱來的天性。可是，在通往成功的道路上，也充滿了各種誘惑。特別是對於還不成熟的少年來說，關鍵時刻的選擇會決定一生。在人生的關鍵時刻，一定要正確地掌握好自己，因為沒有人能夠代替你走向成功。

成功需要選擇適合自己的方式。如果今天感覺這個適合自己，明天又嚮往選另外一個，到底什麼是最適合自己的都不明白，那麼，盲目的選擇不僅無助於你成功，反而會拖累你前進的步伐。

法國著名的博物學家尚 —— 巴蒂斯特・拉馬克（Jean-Baptiste Pierre Antoine de Monet, chevalier de Lamarck）年輕時也是一個思想多變、舉棋不定的人。

小時候，拉馬克的父親希望他長大後當個牧師，於是把他送到神學院讀書。後來，由於德法戰爭爆發，拉馬克嚮往軍隊生涯，於是成了一名士兵。退伍後，他愛上了氣象學，整天仰首望著多變的天空。後來，拉馬克在銀行裡找到了工作，便立志當個金融家。不久，他發現自己對音樂很入迷，便整天拉小提琴，想成為一位音樂家。

就這樣，在不斷變換的選擇中，拉馬克的青春也隨之流逝著。這時，他的父母與他進行了一次鄭重的談話，希望他能確定自己的發展方向。

正在這時，拉馬克在植物園散步時遇上了法國著名的思想家、哲學家、文學家盧梭（Jean-Jacques Rousseau）。盧梭很喜歡拉馬克。兩人熟識後，盧梭便常帶他到自己的研究室去。就是在那裡，這位此前曾一直南思北想的

青年竟然被科學深深地迷住了，忽然意識到也許這就是自己應該選擇的奮鬥方向。

從此，拉馬克花了整整十一年的時間，系統地研究了植物學，並寫出了名著《法國植物誌》（*French Flora*）。三十五歲時，拉馬克當上了法國植物標本館的管理員。此後，他又花了十五年研究植物學。在掌握了豐富的理論和實踐的基礎上，拉馬克又擴大了自己的研究範圍。五十歲時，他開始研究動物學，並堅持了三十五年時間，最終成了一位著名的博物學家。

每個人都擁有選擇的權利，但每個人所取得的成就卻不同。無論是選擇成功的方式還是目標定位，最重要的是適合自己，不能東摸摸，西摸摸，盲目嘗試，那樣永遠也到不了成功的彼岸。

善待自我箴言

在人生的關鍵時刻，一定要正確地掌握好自己，因為沒有人能夠代替你走向成功。

智者不患得患失

有一個人擔著兩筐茶壺去集市上賣。在經過一個山坡時，幾個茶壺從筐裡掉出來，摔了個粉碎。

他頭也不回地向前走，有人提醒他說：「喂，你的茶壺摔碎了，你還不快看看？」

這人回答說：「既然已經摔碎了，看又有什麼用呢？」

人生在世，隨時都會有意想不到的事情發生，有時遠遠比打碎一個茶壺要嚴重得多。面對得失成敗，不同人有不同的態度，但患得患失卻是不少人的通病。

你不要總想學會如何去得，而是要學會如何去捨。懂得了付出才會懂得取得，有付出才能有回報。沒有無回報的付出，也沒有無付出的回報。付出

越大，回報越大。即使一時失去或得不到，也能以退為進、以守為攻。一旦時機成熟，就可以反失為得。

我們總是想擁有許多自己想擁有的東西。然而，一個人的才華、時間、精力畢竟有限，要想做好一切想做的事是不可能的。有些事，別人行，並不一定你也行；昨天行，也不是意味著今天你還行。尊重現實，順其自然，乃智者之慧。患得患失不僅折磨自己的心智，更會使自己一事無成，苦惱不堪。

面對得與失、順與逆、成與敗、榮與辱，要坦然待之。凡事重要的是過程，對結果要順其自然，不必斤斤計較，耿耿於懷，否則只會讓自己活得很累。

人生的許多煩惱都源於得與失的矛盾。如果單純就事論事來講，得就是得到，失就是失去，兩者涇渭分明，水火不容。但是，從人的生活整體而言，得與失又是相互連繫、密不可分的，甚至在一定程度上，我們可以將其視為同一件事情。我們何不認真想一想，在生活中有什麼事情純粹是利，有什麼東西全然是弊？顯然沒有。智者都明白，天下之事，有得必有失，有失必有得。

布魯克是一個畫家，而且是一個很不錯的畫家。他畫快樂的世界，因為他自己就是一個很快樂的人。很少人買他的畫，他想起來會有些傷感，但只是一會兒時間。

「玩玩足球樂透吧！」他的朋友勸他，「只花 2 美元就可以贏很多錢。」

於是，布魯克花 2 美元買了一張樂透，並真的中了彩。他賺了 500 萬美元。

「你瞧，」他的朋友對他說，「你多走運啊！現在，你還經常畫畫嗎？」

「我現在就只畫支票上的數字」布魯克笑道。

布魯克買了一幢別墅並對它進行一番裝飾。他很有品味，買了很多東西：阿富汗地毯、維也納櫃櫥、佛羅倫斯小桌、邁森瓷器，還有古老的威尼斯吊燈。

　　布魯克很滿足地坐下來，點燃一支香菸，靜靜地享受著他的幸福。突然，他感到很孤單，便想去看看朋友。他把菸蒂往地上一扔，在原來那個石頭畫室裡他經常這樣做，然後出去了。

　　燃著的香菸靜靜地躺在地上，躺在華麗的阿富汗地毯上⋯⋯一個小時後，別墅變成火的海洋，被完全燒毀了。

　　朋友們很快知道了這個消息，都來安慰他：「布魯克，真是不幸啊！」

　　「怎麼不幸啊？」他問道。

　　「損失啊！你現在什麼都沒有了，」朋友們說。

　　「什麼呀？不過是損失了兩美元，」布魯克答道。

　　得和失是相輔相成的。任何事情都會有正反兩個方面，也就是說凡事都在得和失之間同時存在。在你認為得到的同時，其實在另外一方面可能會有一些東西失去，而在失去的同時，也可能會有一些你意想不到的收穫。

　　人之一生，苦也罷，樂也罷，得也罷，失也罷，要緊的是心中的一泓清潭裡不能沒有月輝。人生中，得與失，常常發生在一閃念間。到底要得到什麼？到底會失去什麼？仁者見仁，智者見智。不可否認的是，人應該隨時調整自己的生命點，該得的，不要錯過；該失的，灑脫地放棄。

善待自我箴言

> 在生活中有什麼事情純粹是利，有什麼東西全然是弊？顯然沒有。智者都明白，天下之事，有得必有失，有失必有得。

▍拿得起，放得下

　　人們常常說：「一個人做事要拿得起，放得下。」這句話說起來容易，做起來卻是有難度的。對於「拿得起」都比較容易做到，而「放得下」卻不是那麼簡單了。

　　有一個商人和一個農夫在一起趕路，分別揀到了羊毛、布匹和金子。商人一樣不落的都扛在肩上，由於負荷太多，又遇到大雨，活活累死在了路上。農夫則是揀一樣扔一樣，最後只帶著金子回家了。

　　農夫的做法就是拿得起放得下，商人的行為就是拿得起而放不下。其實，在人生的道路上充滿了誘惑。如果把這些誘惑都扛在肩上，那麼只會被累死。如果能夠把該放下的放下，那麼就會輕鬆愉快的度過一生。

　　古今，能夠成就事業的人都不計較一時之得失。他們知道如何放棄，何時放棄，放棄什麼。昨天的輝煌不能代表今天，更不代表明天。過去的就只能讓他過去，毫不疼惜的放棄，那你的明天才能得到更多你所需要的。

　　春秋時期的范蠡輔佐勾踐二十多年，最後打敗吳國成就了霸業。勾踐有「孤將與子分國而有之」的美意，范蠡不僅謝絕而且離開了勾踐，放棄了一人之下萬人之上的地位，跑到鄉下「躬耕於蠡畝」，創下了萬貫家財，自得其樂。西漢的張良亦是如此，幫劉邦打下天下後，過起了隱居生活，逍遙於山水間。

　　「拿得起，放得下」，無非就是讓人學會放棄，勇於放棄。放棄和得到是相輔相成的，因為沒有放棄就沒有得到，在得到的同時又必然會失去。對於這個道理大多數人都明白，但是大多數人並沒有做到。

　　樂於忘懷是一種心理平衡。老是抓住一些事情念念不忘，實際深受其害的是自己。一個人如果懂得了忘懷之道，對什麼事都拿得起，放得下，所有的不快自然會消失，代之而起的是朝氣蓬勃的新生。

　　有一位作家曾經做過雜誌主編，翻譯出版過許多知名暢銷書。她在四十歲事業最巔峰的時候退下來選擇了當個自由人，重新思考人生的出路。後來，她說：「在其位的時候總覺得什麼都不能捨，一旦真的捨了之後，才發現好像什麼都可以捨。」

　　世上有太多的東西可以重複，唯有生命，一去不返。與生命本身相比，那些浮華名利，那些榮華富貴，那些不幸遭遇也就算不得什麼了。人生不但要努力進取，同時還要懂得放棄。因為人的生命是有限的，人的精力也是有

限的，你的才華應該全部發揮在最適合自己的領域內，你應該選擇最適合自己的東西。如果不捨得放棄很難得到或根本得不到的東西，結果肯定是被迫放棄，而且還可能造成全面放棄。

「拿得起」，指的是人在躊躇滿志時的心態，而「放得下」，則是指人在遭受挫折或者遇到困難時應採取的態度。一個人來到這世上，總會遇到這樣或那樣的順逆之境，遷調之遇，進退兩難等各種情形與變故。放棄那些包袱，你可能就會心情放鬆；放棄那些煩惱，你可能就會變得精神；放棄那些執著，你可能就會變得能幹；放棄那些無奈，你可能就會充滿力量。

在「鷸蚌相爭，漁翁得利」的故事中，鷸和蚌之所以成了漁翁的下酒菜，就是因為它們的思維已成定式，誰也捨不得放棄而造成兩敗俱傷。試想，如果鷸與蚌誰先放棄與對方僵持下去，那麼它們就避免成為漁翁的下酒菜。

捨得放棄，其實是為了得到以後更好的機會。這不是一種消極的人生態度，恰好是一種積極進取的清醒人生觀。我們從小就接受人的一生要不斷地奮鬥，不斷地進取的教育。久而久之，我們就自然形成了一種近乎本能的思維模式，一種必須遵從的行為準則。然而，在不斷地奮鬥、進取中，有多少人真正感到了充實、慰藉與成功？實際上，失落、惆悵與困惑仍然纏繞著孜孜以求的人們，這時你就要懂得放棄。

生命如舟，人的一生載不動太多的物慾和奢求。放棄那些根本不可能實現和帶你走上悲劇性道路的慾望，你的生命之舟就沒有沉沒的危險，同時也會載你到達人生幸福的終點。

善待自我箴言

人生不但要努力進取，同時還要懂得放棄。因為人的生命是有限的，人的精力也是有限的，你的才華應該全部發揮在最適合自己的領域內，你應該選擇最適合自己的東西。

第六章
你的救世主只能是自己

無論是虛無縹緲的宗教神靈，還是身邊能夠給予我們幫助的人們，都不會
是你的救世主。自己的救世主只能是自己，自己的靈魂只能靠自己來拯
救。

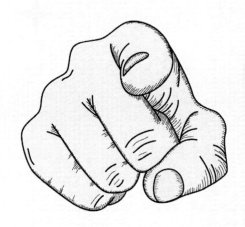

▌不要忘記你也是最棒的

　　如果有人問：「你是優秀的人嗎？」也許，在那些表現突出的人群中會有少數人做出肯定的回答。但是，如果有人再問：「你是最優秀的人嗎？」這時，能夠做出肯定回答，認為自己是「最優秀的人」的，已是寥若晨星了。實際上，在那許多猶豫不決的甚至是做出否定回答的人群當中，他們中的許多人在某個範圍來說確實是最優秀的。他們之所以沒有認為自己是最優秀的人，除了在一些人的心中還保持作謙遜的傳統美德外，不敢相信自己，對自己缺乏信心，也是其中一個最主要的原因。

　　對於股市中的投資者來說，許多的投資者更是對自己缺乏必要的信心。他們寧可相信與自己毫無牽連的股市分析師，甚至相信身邊那些投資者，也就是不敢相信自己。其實，在很多的時候，自己的觀點與看法是正確的，但由於不敢相信自己，以致於自己在投資過程中，錯失了賺錢的機會，或者因此而給自己帶來投資損失。在生活中，這種對自己正確認知的否定，其實與謙遜的美德無關，純粹只是一種缺乏自信的表現。

　　古希臘的大哲學家蘇格拉底年老時有一個不小的遺憾 —— 他多年的得力助手，居然在半年多的時間裡沒有幫他找到半個優秀的關門弟子。

　　蘇格拉底想考驗一下他的那位平時看來很不錯的助手。他把助手叫到身邊說：「我的蠟燭所剩不多了，得找另一根蠟燭接著點下去。你明白我的意思嗎？」

　　「明白，」那位助手直率地說，「您的思想光輝得很好地傳承下去⋯⋯」

　　「可是，」蘇格拉底慢悠悠地說，「我需要一位優秀的承傳者。他不但要有相當的智慧，還必須有充分的信心和非凡的勇氣⋯⋯這樣的人選直到目前我還未見到，你幫我尋找和發掘一位，好嗎？」

　　「好的，」助手很溫順也很尊重地說，「我一定竭盡全力地去尋找，不辜負您的栽培和信任。」

　　蘇格拉底笑了笑，沒再說什麼。

那位忠誠而勤奮的助手，不辭辛勞地透過各種管道開始四處尋找了。可是他帶來一位又一位，蘇格拉底卻總是搖頭。

有一次，當那位助手再次無功而返地回到蘇格拉底面前時，蘇格拉底拍著那位垂頭喪氣的助手的肩膀說：「真是辛苦你了，不過，你找來的那些人，其實還不如你……」

蘇格拉底笑笑，不再說話。

半年之後，最優秀的人選還是沒有眉目。助手非常慚愧，淚流滿面地坐在病床邊，語氣沉重地說：「我真對不起您，令您失望了！」

「失望的是我，對不起的卻是你自己，」蘇格拉底說到這裡，停頓了許久，才又不無哀怨地說，「本來，最優秀的人就是你自己，只是你不敢相信自己，才把自己給忽略了，不知道如何發掘和重用自己……」

「最優秀的人就是你自己」，這不僅是蘇格拉底留給他那位助手的至理名言，也是蘇格拉底留給整個人類的一筆財富。他的那位助手因為沒有及時地明白這一點，結果後悔、自責了整個後半生。

為了不重蹈那位助手的覆轍，每個嚮往成功、不甘沉淪者，都應該牢記先哲的這句至理名言：「最優秀的人就是你自己。」

缺乏自信的人總是把許多事情想得很難。如果你總是想問題會阻礙並擊敗你，總是想倘若再試一下的話，肯定會再遭創傷，那麼你就會在頭腦中形成另一種壓抑性的思想：「我做不到，這對我沒什麼作用。」而自信，使不可能成為可能，使可能變為現實。

善待自我箴言

在生活中，對自己正確認知的否定，其實與謙遜的美德無關，純粹只是一種缺乏自信的表現。

孤獨成就人生

屈原在孤獨中悲憫浮生，所以他的詩歌有博大的胸懷和高遠的境界；貝多芬在孤獨中吞嚥不幸，所以他的音樂有穿透人心的力量；拿破崙在孤獨中笑傲命運，所以他的生命之旗一直在「滑鐵盧戰役」之前迎風飄揚。

孤獨是一種經過內心演繹、裂變、累積後的情感。把生命欄杆拍遍了的人，才會擁有這份深刻的情感。智者的孤獨與少年強作悲秋的孤獨遠遠不同，因為理智的孤獨者已不會自囚在孤獨裡。孤獨是智者向紅塵俗世亮出的一張免戰牌，又是遁入真我世界的一張通行證。因此，擁有孤獨的人最能觸摸到自己的內心。

哲學家尼采說：「孤獨是美的，因為它純淨生活。」雕塑家奧古斯特・羅丹（Auguste Rodin）的說法有一點點不同，他說：「藝術是孤獨的產物，因為孤獨比快樂更豐富人的情感。」大師的睿智，源自他們對生命的理解，也寫照了他們孤獨、曲折的人生。孤獨，這種人類最常有、最本質的情感，是否真的有益於完善人的內心？是否真正為智者所擁有？

孤獨的深處往往疊現著世事的美好：高山的峰巔是孤獨的、大海的深處是孤獨的、高遠的藍天是孤獨的、草原上唱歌的牧羊人是孤獨的、排著「人」字形的雁陣遷徙時的翔姿是孤獨的……但，那恰恰牽引著我們對美好的嚮往。

如果不是欺人與瞞世，我們說快樂並不是人類最永恆和終極的情感。因為生活的瑣碎和世事的無常都在擠壓著快樂的空間，也讓快樂的體驗變得膚淺和脆弱。為了證明我們的快樂，我們不得不戴上世俗的面具。我們忘記了一次雨打風吹的侵蝕，就足以摧垮了自詡為快樂的那個人。而孤獨者卻不相同，他們從苦難裡提煉人生，把奢望輕鬆放下，把最壞的視為平常，把求人轉為自助，這時的孤獨者也是命運的自塑者。

只要生命中注入一點點的收穫，孤獨者便得到了人生的真收穫，體驗了人生的真歡喜。這時，我們發現孤獨延伸了快樂的外延。只是，孤獨者已習慣將快樂輕輕淡化。他們的臉上不曾有常人的歡顏。我們聽到孤獨的智者在

說：「真的快樂不是披在身上供人觀賞的華服，而是自己給自己的內心掛上的一串珍珠。」

日本作家川端康成說：「獨自一個人時，我是快樂的，因為我可以孤獨著。與人相處時，我發現我是孤獨的，只因為我已經變得快樂。」可見，我們常常因為刻意讓別人快樂，而扭曲了我們自己需要的孤獨。

孤獨是寂寞，冷落也是寂寞，但真正的寂寞遠遠不止於此。很多時候，寂寞並不意味獨守屋隅的孤單，沒人陪伴的冷落，而是臺上鑼鼓喧天，臺下卻沒有觀眾；身置熙熙攘攘人流之中，靈魂卻遺世獨立。

寂寞的人，往往走在人群前列，不知不覺間登上萬丈天梯，前不見古人，後不見來者，高處不勝寒，驀然回首，寂寞無邊地包圍過來。

就英雄而言，無人感知、無所寄託的寂寞，是因為沒有對手。英雄遇英雄，英雄惜英雄。孔明與周瑜，英才蓋世，豪氣沖天，兩人演繹了一部波瀾壯闊的三國史。周瑜英年早逝，孔明仰天長嘯，因為失去了較量智慧與勇氣的對手。從此，長長的歲月之中，孔明的業績黯淡了許多。

從積極的意義上講，寂寞造就了英雄。懷著一顆大展宏圖的決心，在天地間心無旁騖，執著前行，不斷探求、實踐，尋找真理。寂寞也完善了英雄，在寂寞中思索、發現，抵達真理的彼岸。

善待自我箴言

孤獨是智者向紅塵俗世亮出的一張免戰牌，又是遁入真我世界的一張通行證。因此，擁有孤獨的人最能觸摸到自己的內心。

將自己當成一顆珍珠看待

很久很久以前，有一個養蚌人，想培養一顆世界上最美的珍珠。

他去海邊沙灘上挑選沙粒，並且一顆一顆的問那些沙粒，願不願意變成珍珠。那些沙粒一顆一顆的搖頭，誰也不願意。養蚌人從清晨問到黃昏，都

快要絕望了。就在這時，有一顆沙粒答應了他。

　　旁邊的沙粒都嘲笑起那顆沙粒，說它太傻，去蚌殼裡住，遠離親人、朋友，見不得陽光、雨露、明月、清風，甚至還缺少空氣，只能與黑暗、潮溼、寒冷、孤寂為伍，不值得。可是，那顆沙粒還是無怨無悔的隨著養蚌人去了。

　　斗轉星移，幾年過去了，那顆沙粒已成為一顆晶瑩剔透、價值連城的珍珠，而曾經嘲笑它傻的那些夥伴們，卻依然只是一堆沙粒，有的已被大海沖走。

　　也許你只是眾多沙粒中最最平凡的一顆，但如果你有要成為一顆珍珠的信念，並且忍耐著、堅持著。當走過黑暗與苦難的長長隧道之後，你或許會驚訝的發現，平凡如沙粒的你，在不知不覺中，已長成了一顆珍珠。每顆珍珠都是由沙子磨礪出來的。能夠成為珍珠的沙粒都有著成為珍珠的堅定信念，並無怨無悔。沙粒之所以能成為珍珠，只是因為它有成為珍珠的信念。芸芸眾生中，我們原本只是一粒粒平凡的沙子，但只要懷有成為珍珠的信念，終會長成一顆珍珠的。

　　除非你對自己的目標有足夠的信心，否則目標很難實現。在成長的道路上，我們應該始終堅信，只要朝著自己的目標不斷向前，定會有好的結果。

　　在我們的周圍，有很多人之所以沒有成功，並不是因為他們缺少智慧，而是因為他們面對事情的艱難沒有做下去的勇氣，自認為已陷入絕境，只知道悲觀失望。

　　其實，人生沒有絕望的處境，只有對處境絕望的人。即使自己是一粒細沙，也要相信自己能夠成為一顆珍珠。只有抱著這樣的信念，我們才能走向成功。

　　有一位窮困潦倒的年輕人，身上全部的錢加起來也不夠買一件像樣的西裝。但他仍全心全意地堅持著自己心中的夢想，做演員，當電影明星。

　　當時，好萊塢共有五百家電影公司。他根據自己仔細劃定的路線與排列好的名單順序，帶著為自己量身定做的劇本前去一一拜訪，但第一遍拜訪下

來，五百家電影公司沒有一家願意聘用他。

面對無情的拒絕，他沒有灰心。從最後一家被拒絕的電影公司出來之後不久，他就又從第一家開始了他的第二輪拜訪與自我推薦。第二輪拜訪也以失敗而告終。第三輪的拜訪結果仍與第二輪相同。但這位年輕人沒有放棄，不久後又咬牙開始了他的第四輪拜訪。

當拜訪到第三百五十家電影公司時，老闆竟破天荒地答應讓他留下劇本先看一看。他欣喜若狂。幾天後，他獲得通知，前去詳細商談。就在這次商談中，這家公司決定投資開拍這部電影，並請他擔任自己所寫劇本中的男主角。

不久，這部電影問世了，名叫《洛基》（*Rocky*）。這位年輕人的名字就叫席維斯‧史特龍，後來成了紅遍全世界的巨星。

陷入絕望的境地往往是對今後的路沒有信心，或者是對曾經得到而又失去的東西感到痛心，所以有人會因此而絕望。很多時候，有些事情看起來是沒有轉圜的餘地了，但只要不放棄，很可能就會出現轉機。

任何時候，只要人在就有希望，遇到任何處境都不至於絕望。流過血，流過淚，付出了汗水，痛哭過後，擦乾眼淚，一切可以重新開始。

不論是遇到什麼事情，不論事情在現在看來是如何的糟糕，千萬不要以為沒有辦法了，也不要因為一次失敗就認為自己無能。每個人幾乎都是由不斷失敗，再不斷爬起來才獲得成功的。每當覺得開始絕望的時候，多鼓勵自己再試一次，再試一次就可能讓自己跨越苦難的沼澤地。給自己一個機會，生活的機會才會留給自己。

善待自我箴言

每顆珍珠都是由沙子磨礪出來的。能夠成為珍珠的沙粒都有著成為珍珠的堅定信念，並無怨無悔。沙粒之所以能成為珍珠，只是因為它有成為珍珠的信念。

▌扔掉你的抱怨

有一個人計劃與一位離過婚的婦女結婚，臨到結婚前卻放棄了。

「事情怎麼會這樣呢？」他的朋友為之惋惜。

那個人解釋說：「她總是一一歷數前夫的種種缺點：胡說八道、好吃懶做、無所事事、脾氣惡劣等，簡直一無是處。我想，世界上應該沒有一個如此壞的人吧。我突然覺得和她生活下去我會受不了的，於是乾脆逃走為妙。」

心懷怨恨的人，是想在人生的天平上證明他的砝碼。如果他有怨恨之感就證明生活對他不公平，而有一些神奇的力量將會澄清那些使他產生怨恨的事情，使他得到補償。從這個意義上來說，怨恨是對已發生之事的一種心理反抗或排斥。

怨恨的結果是塑造惡劣的自我形象，就算怨恨的是真正的不公正與錯誤，它也不是解決問題的好方法，因為它很快就會轉變成一種不良情緒。一個人習慣於覺得自己是受害者時，就會定位於受害者的角色上，並可能隨時尋找外在藉口，即使對最無心的話，也能很輕易地看到不公平的證據。

習慣性的怨恨一定會帶來自憐，而自憐又是最壞的習慣。如果這個習慣已根深蒂固，離開了這個習慣，你就會覺得不對勁、不習慣，而必須開始去尋找新的不公正的證據。有人說這類人只有在苦惱中才會感到適應。這種怨恨和自憐的習慣，會把自己想像成一個不快樂的可憐蟲。

產生怨恨的真正原因是自己的情緒反應。因此，只有自己才有力量克服它。如果你能理解並且深信，怨恨與自憐不是使人成功與幸福的方法，你便可以控制住這種習慣。

常懷怨恨的人，實際上是生活中的弱者。怨恨的人把自己的命運交給別人，把自己的感受和行動交給別人支配，自己像乞丐一樣依賴別人。若是有人給他快樂，他會覺得怨恨，因為對方不是照他希望的方式給的；若是有人永遠感激他，而且這種感激是出於欣賞他或承認他的價值，他還會覺得怨恨，因為別人欠他的這些感激的債並沒有完全償還；若是生活不如意，他更

會覺得怨恨，因為他覺得生活欠他的太多。

生活中，對於那些習慣抱怨的人，人們常會對他避而遠之。在工作中，很少有人會因為壞脾氣以及抱怨、嘲弄等消極負面的情緒而獲得獎勵和晉升。

面對困境，抱怨是無濟於事的。抱怨顯得如此的蒼白無力，只有透過努力才能改善處境。許多成功的人往往就是在克服困難的過程中，形成了高尚的品格。相反，那些常常抱怨的人，終其一生，也無法產生真正的勇氣、堅毅的性格，自然也就無法取得應有的成就。

人在遭遇不公正的待遇時，通常會產生種種抱怨情緒，甚至會採取一些消極對抗的行為，這是一種正常的心理反應。但是，如果我們從另外一個角度，用一種豁達大度的心態來對待它，就會將這種不公正當成對成功者的一種考驗。容忍和以德報怨是成熟的一種標誌。抱怨毫無意義，至多不過是暫時地發泄，結果什麼也得不到，甚至會失去更多的東西。

嘲弄和抱怨是慵懶、懦弱的最好詮釋，像幽靈一樣到處遊蕩使人不安。如果無法釋放自己的壓抑和煩惱，你不妨到海邊去，在沙灘上將自己的憤怒和不滿發泄出來，讓潮水將它們一起捲走，永遠抹去。

善待自我箴言

產生怨恨的真正原因是自己的情緒反應。因此，只有自己才有力量克服它。如果你能理解並且深信，怨恨與自憐不是使人成功與幸福的方法，你便可以控制住這種習慣。

信念是前進的號角

生物學家曾做過如下的一個有趣實驗。

把相生相剋的兩種魚，即鯪魚和鰷魚，分別放進一個有玻璃隔板的透明容器裡。開始，鯪魚為了吃到喜愛的美味，迅速向鰷魚衝去，「吮」的一聲撞

在玻璃板上，反覆幾次都是這樣的結果。

當實驗者抽去玻璃板後，鯪魚對近在眼前的鰷魚已毫無反應，無心也無力嘗試那送到嘴邊的可口美味。

「鯪魚現象」告訴我們，在挫折和失敗面前倘若放棄信念，其結果必然與唾手可得的成功失之交臂。的確，人生道路不可能一帆風順，心想事成只是人們美好的願望。但是，「有志者，事竟成」卻是活生生的事實。這裡的「志」就是堅定不移的信念，因為人生道路上有很多失敗並不存在於外界，而存在於我們自身。正像遠行的駱駝那樣，對於它們來說，可怕的不是眼前的茫茫荒漠，而是心中沒有綠洲。

信念是生命的綠洲、前進的號角，無論在順利之時還是困境之中，都能激勵人們堅持不懈地努力。誠然，並非所有銳意進取的人都會成功，特別是一個人經受打擊、挫折之後，更容易失去銳氣。

現實生活中，有多少人踏入社會門檻時雄心勃勃，大有不做出一番事業誓不罷休，不做出成績枉在世上走一趟的氣概。然而，有的碰了幾回釘子，嗆了幾口水，受到不公正待遇，還有的經受不住長時間考驗等等，便意志消沉、隨波逐流。大有看破紅塵的味道，久而久之，便降下了人生進取的信念風帆。

毋庸諱言，社會上有許多人都在重複著「鯪魚」的錯誤，人最難能可貴的無疑是崇高而堅強的信念。當一個人處在低谷、失落的時候，又何嘗不能揚起人生進取信念的風帆呢？

有人問：「信念值多少錢？」其實，信念是不值錢的。它有時甚至是一個善意的欺騙，然而你一旦堅持下去，它就會迅速升值。在這個世界上，信念這種東西任何人都可以免費獲得，所有成功者最初都是從一個小小的信念開始的。

一個叫瓊西的女孩子患了病。她躺在病床上，心情非常低落，每天望著窗外，數著長藤的葉子，看著那些葉子一片一片的飄落。

因為病情一直不見好轉，她感覺有如自己的即將飄逝的生命一樣，心裡

一點一點地絕望起來。她對朋友說道，最後一片葉子代表她，它的飄落，將代表自己的死亡。

奇怪的是，那最後一片葉子任憑風霜雪雨的摧殘始終沒落下來。等到春暖花開的時候，那女孩奇蹟般地康復了。

後來，她才知道，那最後一片葉子是她的畫家朋友為了挽救她的生命黏在樹枝上的。

這片葉子為何能產生這麼大的力量？因為它對於瓊西來說，是生命的支點，是一種信念。看到葉子飄落，她產生厭世情緒；最後一片，產生對生命絕望；不落的最後一片，有所期待，有所抗爭，在最後一片葉子的鼓舞下，重新振作起來，直到康復。

現在的人非常關心健康，有些人經常吃些營養品。要知道，人的身體需要營養品，但是人的心靈同樣需要營養，心靈中最好的營養就是信念。信念就像樹根一樣，源源不斷地給樹輸送養分。

信念是一種心靈的信仰，是一種使不可能成為可能的心靈力量。信念，將人類的靈魂與更高的力量連結在一起，是隧道盡頭的燈光，是一種可以移山的力量。

善待自我箴言

信念是生命的綠洲、前進的號角，無論在順利之時還是困境之中，都能激勵人們堅持不懈地努力。

樂觀面對人生

有一個十歲的小孩患了一種神經系統的疾病。疾病使她日漸衰弱，無法走路。醫生對她是否能復原並不抱著希望，並預測她的餘生都將在輪椅上度過。

這個小女孩並不畏懼，躺在醫院病床上，向任何一個願意傾聽的人發

誓，她肯定有一天會站起來走路。

　　有一天，小女孩再度使盡全力想像自己的雙腿又能行動時，似乎奇蹟真的發生了！床動了！床開始在房間裡移動！她大叫：「看看我！看啊！看啊！我動了！我可以動了！」

　　此時，醫院裡每個人都尖叫起來，紛紛尋找遮蔽物。大家在尖叫，器材也掉下來，玻璃也碎裂了。

　　這就是曾經發生的舊金山大地震，但沒有人把這件事告訴這個小女孩，她相信自己真的做到了。

　　不過幾年的時間，小女孩又回到學校上課了，用她的雙腳站起來，不用拐杖，不用輪椅。

　　以積極態度面對生活的人，不僅能戰勝困難，而且有可能創造奇蹟。只要不放棄、不拋棄自己的理想，以積極的態度面對人生，便可以戰勝困境，獲得成功。

　　我們每個人都有自己的生活，都有選擇精彩人生的機會，關鍵在於你的態度。態度決定人生。沒有人能夠控制或奪去的東西就是你的態度。如果你能時時注意這個事實，你生命中的其他事情都會變得容易許多。

　　有一個年近古稀的老婆婆。她最心愛的小孫女不幸夭折了，鄰居們都以為老婆婆會很傷心，然而，老婆婆居然每天過得都很快樂。

　　鄰居們都認為老婆婆的心地並沒有平時大家想得那麼善良。有人就問老婆婆：「小孫女走了，怎麼不見你悲傷呢？」

　　老婆婆說：「我已經是快入土的人了，沒有幾天了。在這個世界上，與其每天都在悲痛中度過，不如回憶一下我的小孫女在一起的快樂時光，這樣別人對我的擔心也會少些。」

　　人的一生總要遇到各式各樣的不幸。我們怎麼面對這些不幸呢？如果你是積極向上的人，你不會因為失去一部分就失去整個世界。即便一無所有，只要還有愛心，你依然擁有世界上的草木、陽光、空氣。

　　蘇東坡在被貶謫到海南島的時候，島上的孤寂落寞，與當初的飛黃騰達

相比，簡直是兩個不同的世界。但是蘇東坡卻認為，宇宙之間，在孤島上生活的，不只他一人。大地也是海洋中的孤島。就像一盆水中的小螞蟻，當牠爬上一片樹葉時，這也是牠的孤島。

蘇東坡在島上，每次吃到當地的海產，就慶幸自己能夠來到海南島。他甚至想，如果朝中有大臣早他而來，他怎麼能獨自享受如此的美食呢？

蘇東坡覺得，只要能隨遇而安，就會快樂。

凡事往好處想，就會覺得人生快樂無比。人生沒有絕對的苦樂，只要凡事肯向好處想，自然能夠轉苦為樂、轉難為易、轉危為安。

有時候，不幸的遭遇固然會使人身心受傷，但逆境往往能激發思維的改變，使人能以全新的觀點去看人或事，並因此獲得難能可貴的思想。那些積極的人面對艱難痛苦時，總是十分堅強，甚至能用自身的人格魅力感召他人。

用樂觀的態度對待人生就要微笑著對待生活。微笑是樂觀擊敗悲觀的最有力武器。無論生命走到哪個地步，都不要忘記用自己的微笑看待一切。微笑著，生命才能征服紛至沓來的厄運；微笑著，生命才能將不利於自己的局面一點點打開。

樂觀面對人生。「不以物喜，不以己悲」，我們就能看遍天上勝景，「覽盡人間春色」。古往今來，歷史上許多偉人大都有著樂觀的生活態度。比如：約翰·米爾頓（John Milton）一生經歷了無數磨難，雖然經受過雙目失明、朋友棄他而去、生活一度陷入極端困境的打擊，但他總是以樂觀的精神和不屈不撓的意志，渡過了一個又一個難關。

人生過程中的挫折、逆境是無法避免的，而我們唯一能做的，便是改變我們自己的心態。只要擁有樂觀的態度，總能找到快樂的理由。不論遭遇怎樣的逆境或磨難，我們都以樂觀的心態面對，就會發現，生活中原來到處都可以充滿陽光。

樂觀是不論在什麼嚴峻的情況和境遇下，都能面對現實，並能信心十足地迎接挑戰。同時，還能毫不懷疑地相信未來是美好的，並且終將會實現

的。但唯一的條件是它必須是出自內心的並且是真實的。

善待自我箴言

> 以積極態度面對生活的人，不僅能戰勝困難，而且有可能創造奇蹟。只要
> 不放棄、不拋棄自己的理想，以積極的態度面對人生，便可以戰勝困境，
> 獲得成功。

沒有什麼是不可能的

美國布魯金斯學會（Brookings Institution）以培養世界傑出的推銷員著稱於世。它有一個傳統，就是在每期學員畢業時，設計一道最能展現銷售員實力的實習題，讓學員去完成。

柯林頓當政期間，該學會推出一個題目：請把一條三角褲推銷給現任總統。8 年間，無數的學員為此絞盡腦汁，最後都無功而返。柯林頓卸任後，該學會把題目換成：請把一把斧頭推銷給布希總統。

布魯金斯學會許諾，誰能做到，就把一隻刻有「最偉大的推銷員」的金靴子贈予他。許多學員對此毫無信心，認為現在的總統什麼都不缺，再說即使缺少，也用不著他們自己去購買，把斧頭推銷給總統是不可能的事。

然而，有一個叫喬治的推銷員卻做到了。這個推銷員對自己很有信心，認為把一把斧頭推銷給小布希總統是完全可能的，因為小布希總統在德克薩斯州有一個農場，裡面長著許多樹。

喬治信心百倍地給小布希寫了一封信。信中說：有一次，有幸參觀了您的農場，發現種著許多矢菊樹，有些已經死掉，木質已變得鬆軟。我想，您一定需要一把小斧頭，但是從您現在的體質來看，小斧頭顯然太輕，因此你需要一把不甚鋒利的老斧頭，現在我這裡正好有一把，它是我祖父留給我的，很適合砍伐枯樹……

後來，喬治收到了小布希十五美元的匯款，並獲得了那隻刻有「最偉大

的推銷員」的金靴子。

「不可能」的事通常是暫時的，只是人們一時還沒有找到解決它們的方法。當你遇到難題或困難時，永遠不要讓「不可能」束縛住自己的手腳。有時只要再向前邁進一步，再堅持一下，也許「不可能」就會變成「可能」。成功者之所以能成功，就是因為他們對「不可能」多了一分不肯低頭的幹勁和執著。

西元一八九四年六月，經過巴黎國際體育會議協商，歷史名城雅典贏得了首屆現代奧運會主辦權。可是，因為經費問題，引起一場軒然大波。那時的希臘斷垣殘壁，滿目荒夷，無不令人心涼。

面對希臘首相斯皮里東·特里庫皮斯（Spyridon Trikoupis）的拒絕，承受法國駐希臘大使館的壓力，幾乎陷於一籌莫展。然而，他在給報刊的信中依然表示：法國人的字典中沒有「不能」二字。

經過一番周折，第一屆現代奧運會在希臘召開了，雅典娜的笑容又一次光顧這個盛裝的城市。

古老的歷史已經成為過去，但信念不會成為過去。那個信念自從滑過雅典娜女神含笑的嘴角，歷經了震顫大地的炮火，歷經了古戰場上瀰漫的沙塵，歷經了足以讓人顫慄的蕈狀雲，它仍然拖著疲憊的身軀，躺進安詳的溫泉，不斷修復自己的傷口，然後成為萬世長存的真諦。

有種叫百本（又稱黃耆）的中藥，對人體的藥效極好。幾乎所有的湯藥之中都要加入百本。早在燕山君時代，百本種子就被帶回了朝鮮，其後足足耗費了二十年的時間，想盡各種辦法栽培，可是每次都化為泡影。種植百本對朝鮮人來說，幾乎是不可能的。也正因為如此，百本變得非常的珍貴，沒有了固定的行情，只能任憑明朝漫天要價。

長今得知百本的貴重以後，決定要成功種植百本。多栽軒的人聽說後說：「百本種植了二十年，都沒有成功，你怎麼可能種植成功呢？」

長今不信邪，在她看來，世界上沒有不可能的事。長今耥開一條壟溝，播下了百本種子。澆水之後又等了幾天，依然不見發芽的跡象。

有一天，她發現種子還沒等到發芽，便腐爛了。撒播方式失敗後，長今又試了條播、點播。播種以後，她試過放任不管，試過輕輕蓋上一層土，也試過埋得很深。她試過澆少量水，也試過澆水分充足，有時連續幾天停止澆水。肥料也都試過了，甚至澆過自己的尿。然而，一切努力都沒有效果。躺在結實外殼中休眠的百本，彷彿故意嘲笑長今的種種努力，就是不肯發芽。

經歷過多次失敗後，長今開始翻閱所有關於百本種植方面的書。她再度嘗試在兩條溝壟之間條播，輕輕地覆蓋泥土，撒上肥料。經過不懈努力，長今終於成功地種植出了百本，把不可能的事變成了可能。

成功者的字典裡，沒有「不可能」三個字，在他們眼裡，越是不可能做成功的事，越可能成功。

善待自我箴言

> 當你遇到難題或困難時，永遠不要讓「不可能」束縛住自己的手腳。有時只要再向前邁進一步，再堅持一下，也許「不可能」就會變成「可能」。成功者之所以能成功，就是因為他們對「不可能」多了一分不肯低頭的韌勁和執著。

▌遇到困難，不打退堂鼓

一個妙齡少女畢業後來到東京飯店當服務員。這是她的第一份工作。她很激動，暗下決心：一定要好好做！然而，她沒想到上司會安排她洗廁所。

她從未做過粗重的工作，細皮嫩肉，喜愛潔淨，做得了嗎？她陷入了困惑、苦惱之中，也哭紅了鼻子。

她面臨著人生的一大抉擇：是繼續做下去，還是另謀職業？繼續做下去，太難了！另謀職業，知難而退，她又不甘心，因為她曾下過決心：人生第一步一定要走好，粗心不得。

這時，一位前輩及時地出現在她面前，幫她擺脫了困惑、苦惱，幫她邁

好這人生的第一步，更重要的是幫她認清了人生路應該如何走。

這位前輩一遍遍地抹洗著馬桶，直到抹洗得光潔如新；然後，他從馬桶裡盛了一杯水，一飲而盡喝了下去，竟然毫不勉強。實際行動勝過萬語千言，他不用一言一語就告訴了少女一個極為樸素、極為簡單的道理：光潔如新，要點在於「新」，新則不髒，因為不會有人認為新馬桶髒，而且馬桶中的水也是不髒的，是可以喝的；反過來講，只有馬桶中的水達到可以喝的潔淨程度，才算是把馬桶抹洗得「光潔如新」了。

最後，這位前輩送給她一個含蓄的、富有深意的微笑，送給她關心的、鼓勵的目光。她激動得幾乎不能自持，從身體到靈魂都在震顫。她目瞪口呆，熱淚盈眶，恍然大悟，如夢初醒，她痛下決心：「就算一生洗廁所，也要做一個洗廁所最出色的人！」

野田聖子堅定不移的人生信念，表現為她強烈的敬業心：「就算一生洗廁所，也要做一名洗廁所最出色的人。」這一點就是她成功的奧祕之所在；這一點使她幾十年來一直奮進在成功路上；這一點使她從卑微中逐漸崛起，直至擁有了成功的人生。

生活中，很多時候越是想遠離痛苦就越覺得痛苦，越是想要放棄或逃避越是逃脫不了。

逆風更適合飛翔。一個人無論面對怎樣的環境，面對再大的困難，都不能放棄自己的信念，放棄對生活的熱愛。很多時候，打敗自己的不是外部環境，而是你自己。

只要一息尚存，我們就要追求、奮鬥。即使遭遇再大的困難，我們都一定能化解、克服，並於逆風之處扶搖直上，做到「人在低處也飛揚」。

人生之中，無論處於何種在卑微的境地，我們都不必自暴自棄。只要渴望崛起的信念尚存，只要堅定不移地笑對生活，那麼，我們一定能為自己開創一個輝煌美好的未來。

一個人絕對不可在遇到困難時，背過身去試圖逃避。若是這樣做，只會使困難加倍。相反，如果面對它毫不退縮，困難便會減半。在人生的旅途

上，遇到各種各樣的困難是在所難免的。面對困難，是想方設法戰勝它，還是繞道走？勇敢者的選擇只能是前者，因為只有勇敢地戰勝困難，我們的人生才有意義，我們的事業才能成功。

遇到困難就打退堂鼓，從心理因素上分析，主要是意志堅忍性不足造成的。頑強的意志是戰勝困難的銳利武器。

駐南極工作站唯一的醫生得了急性闌尾炎，在那冰天雪地的南極，不可能指望有什麼人前來援助。這位醫生以堅強的意志和非凡的毅力，自己給自己做切除闌尾手術，終於把自己從死神手中奪了回來。

人的意志力可以非常堅忍，意志的作用也是非常強大的。當然，人的意志不是天生形成的，要在實踐中去磨練，尤其要在戰勝困難和挫折的過程去磨練。

堅定的信心是戰勝困難的堅強後盾。一些人對自己能否戰勝困難信心不足，不大相信自己的能力。其實，困難並不可怕，往往只要堅持一下，就能戰勝。生活中誰沒有遇到過困難？我們從呱呱墜地開始，從學走路、學講話開始，歷經了無數困難，可回首看看，這些困難不都被我們克服了嗎？

困難猶如彈簧，你弱它就強。面對困難，我們一定要鼓足勇氣，堅定信心，絕不輕言後退。

善待自我箴言

一個人無論面對怎樣的環境，面對再大的困難，都不能放棄自己的信念，放棄對生活的熱愛。很多時候，打敗自己的不是外部環境，而是你自己。

█ 專心做好當前的事

曾國藩的一生經歷了無數的大事，也相對的擔任了不同的職務。他對自己五十歲以前的所作所為進行了總結，其中最大的缺點就是做事不專心，帶兵的時候想如何為官；當官的時候想如何帶兵，結果一事無成。

他在給弟弟的書信中力勸其弟要專心做事，不要為其他事分心。他在年老的時候，天天堅持看書、寫作。因為有頭疼病，他不能堅持很長的時間，但就是這樣，仍然筆耕不輟，直至雙眼失明。

從你手頭的事做起，專心去做，認真去做，在不知不覺中。你就可以達到你人生的目標了，正所謂「絕知此事要躬行」。

我們如果還在抱怨自己的命運，還在羨慕他人的成功，就需要好好反省自身了。很好時候，你可能就輸在對事業的態度上。

專注於路，目的地就在前方，最終就會走到終點。如果專注於困難，在路途中就只會想著該如何去克服困難，始終想不到目的地就在不遠的前方，就永遠走不到終點。

在人生旅途中，我們會有理想也會有很多目標，但我們從來都不知道會遇到什麼困難，所以努力地朝著終點前進，變得越來越堅強，最終也走到了目的地。如果已經預測到了我們的旅途是何等的艱辛，困難重重，千方百計地去設想、規劃每個可能碰到的困難，結果我們在攻克中迷失了方向，在想的過程中目的地已經離我們越來越遠。

善待自我箴言

從你手頭的事做起，專心去做，認真去做，在不知不覺中。你就可以達到你人生的目標了，正所謂「絕知此事要躬行」。

與命運進行抗爭

生下來的時候，蓋爾只有半只左腳和一隻畸形的右手。父母從來不讓他因為自己的殘疾而感到不安。健康男孩能做的事，他也能做。

後來，蓋爾要踢橄欖球。他發現，他能把球踢得比任何一個在一起玩的男孩子都遠。他請人為他專門設計了一隻鞋子，參加了踢球測驗，並且得到衝鋒隊的一份合約。

但是，教練卻婉轉地告訴他「不具有做職業橄欖球員的條件」，並且建議他去試試其他的事業。後來，他申請加入新奧爾良聖徒球隊，並且請求給他一次機會。教練雖然心存疑慮，但是看到這個男孩這麼自信，對他有了好感，就收了他。

兩個星期後，教練對他的好感加深了，因為他在一次友誼賽中踢出五十五碼遠的得分。這使他獲得了專為聖徒隊踢球的工作，而且在那一季中為球隊踢得了九十九分。

「真叫人難以相信，」有人這樣議論蓋爾。蓋爾之所以創造出這麼了不起的紀錄，正如他自己所說的：「父母從來沒有告訴我，我有什麼不能做的。」

永遠也不要消極地認為什麼事情是不可能做到的。首先你要認為你能，再去嘗試、再嘗試，最後你就會發現你確實能。

有時候，我們以往的失敗經歷常常會成為前進路上的羈絆。相反，如果一個人沒有任何的心理制約，大膽向前，那麼再大的困難也阻擋不了他前進的腳步。

在《魯賓遜漂流記》（*Robinson Crusoe*）中，主角魯賓遜是個酷愛航海的人。在一次航海中，大船遭遇風暴，他隻身一人流落到了一個荒島，身邊沒有抵禦野獸的武器，也沒有任何生活的工具，只有一把刀、一個菸斗和一小匣菸葉，而荒島上有沒有野人、野獸也是一概不知。

魯賓遜靠著雙手和大腦，從在離海岸不遠處擱淺的大船上搬運工具、生活用品和食物，就地取材，建起了自己的新家園，並在那裡生活了整整二十七年兩個月又十九天。在這期間，他種地、養山羊、造房子、襲擊野人、救下「星期五」和船長，並最終回到英國。

整個故事充滿著魯賓遜堅定的信念、堅韌的毅力和不屈不撓的精神，這就是他與命運抗爭的最好的詮釋。

對於命運來說，不同的人有不同的看法和做法。有的人面對厄運奮起抗爭，也有的人面對厄運逆來順受。貝多芬曾說：「我要扼住命運的喉嚨。只有這樣，才能不被厄運打垮，才能更好的活著。」可是，作為生活激流中的

小人物，我們如何與命運抗爭、自己主導自己的命運呢？

你最大的敵人是自己，在不幸突然來臨的時候，首先要做的就是穩住自己，堅定自己的信心。對於種種不幸、厄運的打擊，你要有一種堅強、自信和樂觀的心態。這是與命運抗爭的常勝祕笈。

在烏雲密布、狂風大作，暴風雨將要折斷你翱翔的翅膀時；在波濤洶湧、大浪濤天，海水將要淹沒你奮進的小舟時；在崇山峻嶺、懸崖深谷將要擋住你攀登的步伐時，不要忘了，這時候更應該充滿自信，有著堅強、樂觀和豁達大度的心態，勇敢地與命運抗爭。相信你一定會成功，成為自己主宰自己命運的強者。

茫茫人生，少不了抗爭。抗爭創造輝煌，抗爭彌補遺憾，抗爭改變命運。不要在抱怨命運了，讓我們握起抗爭的雙手挑戰命運。

勇敢地向命運挑戰，要證明自己，不論以什麼方式，即使命運不公，也要抗爭。也正是這種抗爭精神，不斷鞭策你大步向前邁進，創造無比的輝煌。

善待自我箴言

對於種種不幸、厄運的打擊，你要有一種堅強、自信和樂觀的心態。這是與命運抗爭的常勝祕笈。

▌一分耕耘，一分收穫

蔡依林的努力在歌壇是眾所周知的。圈裡就有人稱她是「拼命三郎」、「歌壇模範勞工」。連她身邊的工作人員也說：「她有時候簡直就是個瘋子，無論公司提出什麼樣的要求她都能做到。」

其實，在進入歌壇之前，她的舞跳得並不好，手腳極不協調，韻律感也不是很強，一支舞跳下來總是洋相百出。就是這樣一隻「醜小鴨」，靠個人的不懈努力成為今天美麗的「白天鵝」。

　　每次出新專輯，她都要主動學習新的東西。為配合音樂形式，除了練習常規的舞蹈外，她還學習瑜伽、藝術體操、鞍馬、鋼管舞等。在新專輯《特務J》中，她再次挑戰極限，學跳「無重力綵帶舞」。這種舞，對表演者的專業要求是很高的，許多人都是從小開始練習，而她刻苦學習僅僅用了三天，就學得有模有樣。為了讓MV效果更加絢麗多彩，她回到家也不休息，而是天天練習倒立，讓雙手支撐起自己的全身重量，直到筋疲力盡方才罷休。

　　在蔡依林的人生哲學中，有這樣一句話：「努力突破自己，人生沒有盲點。」在接受《聯合晚報》專訪時，她曾說：「從小就知道『人外有人』。大家都想做天才，但沒有那麼多的天才。要當第一名並不容易，得非常地努力。我不懂那些因困難而中斷夢想的人在想什麼，我從不知道放棄的感覺是什麼。」的確如此，她之後走過的路證明了這一切。她始終是那麼地勤奮與努力，從不言棄。

　　從蔡依林的身上，我們可以看出，「勤」和「苦」總是緊密相連、如影隨形。一切天才的機遇和靈感，從來都是以勤奮為前提的。勤奮不僅意味著吃苦與務實，而且必須持之以恆、百折不撓。只有勤奮才有可能叩開成功的大門。

　　人世沉浮如電光石火，盛衰起伏，變幻難測。如果你有天分，勤奮則會使你如虎添翼；如果你沒有天分，勤奮將使你贏得一切。命運掌握在那些勤勤懇懇工作的人手中。推動世界前進的人，不是那些嚴格意義上的天才，而是那些智力平平卻非常勤奮、埋頭苦幹的人；不是那些天資卓越、才華四射的天才，而是那些不論在哪一行業都勤勤懇懇、勞作不息的人。

　　天賦超常而沒有毅力和恆心的人只是轉瞬即逝的火花。許多意志堅強、持之以恆而智力平平乃至稍稍遲鈍的人，都會超過那些只有天賦而沒有毅力的人。懶惰是一種毒藥。它既毒害人們的肉體，也毒害人們的心靈。無論多麼美好的東西，人們只有付出相對的勞動和汗水，才能懂得這美好的東西是多麼地來之不易。

　　人的一生是短暫的。一個人在短暫的一生中要真正成就一番事業，就一

定要勤奮。古往今來，凡事業有成者，無一不是事業的勤奮執著的追求者。
勤奮是通往成功的入場券。成功只鍾愛不畏辛勞、甘灑血汗的勤奮者。

善待自我箴言

如果你有天分，勤奮則會使你如虎添翼；如果你沒有天分，勤奮將使你贏
得一切。命運掌握在那些勤勤懇懇工作的人手中。

第七章
從容穿梭於理想與現實之間

不管願意與否，你總難免穿梭於理想與現實之間，無論生活還是工作。理想是美妙的，是引領我們不斷前行的不竭動力；而現實是無情的，是啟迪我們不斷地思考的清醒劑。

▎傾聽心靈的訴求

創作出著名劇作《等待果陀》（*Waiting for Godot*）的諾貝爾文學獎得主塞繆爾‧貝克特（Samuel Beckett），是一個熱衷於獨處的現代隱士。

一九三六年，貝克特在日記中寫下了這樣一句話：「獨處的感覺真是美妙極了。」他一生都鍾情於沉默和寧靜，常常一個人流連在柏林蒂爾加騰公園，久久不願離去。

貝克特並不是為了獨處而獨處，他堅信，沉默和獨處對他的寫作是至關重要的。

很多人覺得生活節奏如此快，怎麼會有時間去獨處呢？其實，即便工作壓力、生活壓力等各種重負如影隨形，總會有片刻時光可以供一個人細心品味。不妨找個假日，獨自一個人在鄉下麥田裡散步；或者清晨早起，獨自去感受一下黎明破曉的恢弘和壯美；抑或是在路邊花園的長椅上閒坐片刻，吹吹風；還可以佇立在無邊空曠中，感受大自然的那份清靈和寬闊。獨處時，我們會有時間和機會去重新思考自我定位、價值系統和精神狀態。

學會傾聽內心的聲音，你才是一個充滿自信、充滿活力的人，才是一個領導生活的智者，而不是被生活牽著鼻子走的愚人。

不要在乎別人對你的評價，不妨給你自己讚許的微笑；不要理會那些想要逼你屈服的人，只有按照適合你自己的方式去生活時，才有可能獲得成功。

每個人都要靜下心來，聽一聽內心的聲音，這些聲音可以指導你的生活。文學家紀伯倫（Jubran Khalil Jubran）認為：「父母就像一張弓，而子女卻是箭。帶我們來到人世的是父母，但最終要對我們負責的還是自己。」如果你的父母要你當老師或醫師，而你想當畫家或作家，你可以選擇想要的一切。生命是屬於你自己的。

有一個女孩，在填寫志願的時候，和父母產生了很大的分歧。她從小喜愛文學，而且在這方面小有才氣，已經陸續發表了不少文章。她想填報中文

系，可是父母不同意，他們認為：文學作為業餘愛好還可以，如果作為職業，風險性大，既清貧又沒地位。現在，最有前途、最熱門的應該是金融。這行不僅收入高，而且接觸的不是銀行家就是企業老闆。再說了，自己的女兒有競爭的實力，應該填報財經大學的國際金融系。女孩拗不過父母，只好勉強同意了。

後來，女孩考上了金融系。可是，她在學校的學習並不順利。她不喜歡數字和報表，上課時老師講的知識怎麼也記不住，而且金融系功課很重。大家都忙著學習，她卻顯得很不合群。第一學期，她兩科就被當了。

任何人都只能給你人生建議，卻不能為你的人生負責，畢竟他們無法代替你的生活。美國思想家拉爾夫・沃爾多・愛默生（Ralph Waldo Emerson）說：「做你自己，此即你存在的意義。」

每個人都應靜下心來聽一聽內心的聲音，這些聲音可以指導自己的生活。要想擁有屬於自己的生活，使自己快樂，不要因為自己年輕或者經驗不夠而對自己缺乏信心和勇氣。

要忠於自己，不必總是顧慮別人的想法，或總是想要取悅他人。生命可貴之處就在於做你自己，為自己的夢想而活，為自己的快樂而活。即便你聽從了他人的意見而走錯了路，也不要將問題歸罪於他人，因為只有你才能決定是否採納他們的意見，該負責任的是你自己。自己的問題最終得由自己解決，只有承擔起對自己的全部責任，傾聽自己內心的聲音才能夠把事情做得更好，也才是對自己的最大關愛。

學會與自己對話，要忍受寂寞。在寂寞中，一個人不會失去理智，會更清楚自己的不足，更明確自己的努力方向，會更多地看到別人的優秀之處。比如：寫日記就是在與自己對話，獨享那份寂寞。

學會與自己對話，要善於調整自己的情緒，否則可能深陷泥淖而不能自拔。要始終站在一個比較高的立足點上看自己，清楚自己的行為是否適度。

有人問古希臘大學問家安提西尼（Antisthenes）：「你從哲學中獲得什麼呢？」他回答說：「與自我談話的能力。」現代心理學的發展也證明，適當

地和自我發展對話，有助於我們改善情緒、調節心態、實現自我釋放、完成自我溝通。

那麼，和自我對話的時候，究竟該說些什麼呢？安東尼・羅賓（Tony Robbins）斯曾經說過，如果我們想要改變自己的人生，就必須謹慎選用字眼，務期這些字眼能使你振奮、進取和樂觀。這裡就涉及到正向自我談話和負向自我談話。比如：當你心情低落沮喪的時候，如果你能夠像知心好友一樣，不斷安慰、主動體貼、積極引導自我的話，那麼負面情緒就會得到逐步改善，這種自我對話方式稱之為正向自我談話；如果你選擇責備自己、過度指責自己、對自我吹毛求疵的話，那麼負面情緒就難以消除，痛苦只會水漲船高，這種自我對話方式就稱之為負向自我對話。

在開展自我對話的時候，一定要注意對話的方式，不能讓負向自我對話占據了對話的主動權，而是要採用建設性的談話態度、選擇那些鼓勵性的語言來引導對話的走向，而不是讓自我一味地沉迷在負面情緒當中而不能自拔。

善待自我箴言

學會傾聽內心的聲音，你才是一個充滿自信、充滿活力的人，才是一個領導生活的智者，而不是被生活牽著鼻子走的愚人。

▌當自己的主人

一群青蛙在高塔下玩樂，其中一隻青蛙建議：「我們一起爬到塔尖上去玩玩吧。」

眾青蛙都很贊同，於是牠們便聚集在一起相伴著往塔上爬。爬著爬著，其中一隻聰明的青蛙覺得不對：「我們這是做什麼呢？這又乾渴又勞累的，我們費力爬它幹嘛？」大家都覺得牠說得有道理，於是青蛙們都停下來了。

只有一隻最小的青蛙還在緩慢地爬行著。牠不管眾青蛙怎樣在下面鼓鼓

噪噪地嘲笑牠傻，就是堅持不停地爬。過了很長時間，牠終於爬到了塔尖。這時，眾青蛙不再嘲笑牠了，而是在內心裡都很佩服牠。

等到牠下來以後呢，大家都敬佩得不得了，就上去問牠：「你到底是靠什麼樣的力量支撐著自己爬上去的？」

原來這隻小青蛙是個聾子。牠當時看到了所有人都開始行動，就跟上去了。但是，牠沒聽見大家的議論，以為大家都在爬，就在那裡不停地爬，最後就成了一個奇蹟，爬上去了。

做自己願意做的事，雖然可能會有一定的困難，但是這並不代表著做不到。我們應該樹立起這樣的觀念：只做有意義的事，只做自己願意做的事。

每個人都必須當機立斷，去做自己喜歡做的事情。當知道自己已經走錯方向時，就要及時掉轉頭，朝正確的方向走，才會達到理想的目的地。如果明知錯了還要繼續，最終會一敗塗地。

做你自己喜歡做的事情，其實是很困難的。大多數的人，多半都在做自己討厭的工作，卻又必須逼自己把討厭的事情做到最好。他們經常失去了動力，時常遇到事業的瓶頸，而沒有辦法突破。他們不斷地徵求別人的意見，卻還是照著往常的生活方式進行，事情得不到進展，只能原地踏步。其實，要找出自己真正喜歡的工作，只需把自己認為理想和完美的工作條件列出來就一目了然了。

不要為自己找任何的主客觀理由。不管你所處的環境是多麼的惡劣，也不管你的擔子有多麼的沉重，你絕對有能力扭轉，你的夢想未來終會有成真的一天。然而，如何才能實現呢？只要你凡事都熱情地去做，拿出蘊藏於身的能力來，這股力量可以改變你人生中的任何層面。

你越投入，事情就越顯得容易。當你認真地想做，一切都變得很有可能，也便無所謂麻煩與困難。障礙就像田徑賽的欄柵，等著被征服。外來的干擾應該被視為學習的機會，並能激勵人繼續進步。

成功人物之所以傑出，不在於他們有多麼好的運氣，相反，他們的運氣大多看上去並不太好，甚至是糟透了。關鍵是他們能站在一個更高的高度去

看待問題，去做一些意義深遠的事情。

林肯說：「如果一個人決心想獲得某種幸福，那麼他就能得到這種幸福。」

人與人之間本只有很小的差異，也就是所採取的心態是積極的還是消極的，但卻導致了巨大的差異，也就是幸福或者不幸。

想獲得幸福的人應採取積極的心態，這樣，幸福就會被吸引到他們的身邊。那些態度消極的人不會吸引幸福，只能排斥幸福。

尋找自己的幸福的最可靠的方法，就是竭盡全力使別人幸福。幸福是一種難以捉摸的，瞬息萬變的東西。如果你去追求它，你會發現它在逃避你。但是，如果你努力把幸福送給別人，它就會來到你的身邊。

善待自我箴言

每個人都必須當機立斷，去做自己喜歡做的事情。當知道自己已經走錯方向時，就要及時掉轉頭，朝正確的方向走，才會達到理想的目的地。如果明知錯了還要繼續，最終會一敗塗地。

生活中充滿幽默

幽默是生活中一種不可或缺的緩解緊張狀況的放鬆劑，知道運用它的人可以將事情變得簡單、快樂。

如今，人們的生活、工作節奏加快，每天神經繃得很緊。如果下班回家、朋友相處時，來上一兩句幽默，或說件愉快的見聞，疲勞和煩惱就會煙消雲散，人便感到一身輕鬆。幽默屬於熱愛生活、奮發向上、充滿自信的人。生活需要幽默，如同需要春風、需要細雨、需要甜蜜、需要笑臉一樣。人與人之間有了幽默就不至於生澀，而且常常可以使感情昇華。

幽默是自我心態的鬆弛。不懂得開玩笑的人，是沒有希望的人。具有幽默感的人，生活充滿情趣。許多別人看來令人痛苦煩惱的事情，他們卻能應

付得輕鬆自如，從而使生活重新變得有趣味。

幽默是一種修養，是人品的修養。在我們遇到不順心的事或不好對付的人時，不妨笑一笑，或來點幽默，不要把它看得太嚴重，不要自尋煩惱，自我折磨。

幽默是一種運用你的幽默感來增進人際關係，深化對自己的了解和真誠地評價一個人的藝術。它可以使我們從自我封閉中走出來，使我們和他人的相處不致緊張，使我們獲得益友。用它來化解煩惱與矛盾，會使人感到和諧愉快，相融友好。

幽默不是油腔滑調，也非嘲笑或諷刺。正如有位名人所言：「浮躁難以幽默，裝腔作勢難以幽默，鑽牛角尖也難以幽默，遲鈍笨拙更難以幽默。只有從容，超脫，平等待人，聰明透澈才能幽默。」

幽默是一種智慧的表現。具有幽默感的人到處都受歡迎，可以化解許多人際中的衝突或尷尬的情境，能使人的怒氣化為豁達，也可帶給別人快樂。

善於說笑與幽默的人，常給朋友帶來無比的歡樂，從而使自己在人際社交中增加魅力，備受歡迎。如果當事人具有一定的幽默感，就會機智而又敏捷地指出別人的缺點，在微笑中表明自己的觀點，使誤會消除，矛盾得到緩和。可以說，幽默風趣是調節人際關係的味精，是人與人交往中的潤滑劑。

美國幽默作家老奧利弗・溫德爾・霍姆斯（Oliver Wendell Holmes, Sr.）曾出席一個會議。他是與會者中最為矮小的人。

「霍姆斯先生，你站在我們中間，是否有鶴立雞群的感覺？」一位朋友脫口而出。

霍姆斯微笑著答道：「我覺得我像一堆便士裡的鑄幣。鑄幣面值十便士，但比便士體積小。」

霍姆斯以幽默的回答化解了自己的尷尬，也回擊了對方。

在生活中，我們總避免不了遇到一些尷尬的局面，面對這種種無奈，我們若能採用幽默的方式來擺脫困境，便會出現「山重水複疑無路，柳暗花明又一村」的境界。

在一個金融家舉行的宴會上，愛說笑話的理查餐盤中全是些小魚。所有的大魚都放得離他很遠。他拿不到，也不好意思起身去拿。於是，他就拿起一條小魚，煞有介事地貼近牠說話，接著又裝作在聽牠答話。

用餐的都十分驚奇，大家的目光開始注視著他。他用一種詼諧的語調說了起來。

他說他有一個朋友，一年前動身去了美國。他怕朋友已葬身魚腹，所以他就問這些小魚。然而小魚都說自己年齡小，不清楚他朋友的遭遇，並建議他去問問大魚，因為大魚知道的事情肯定不會少。「所以，先生們，我能不能過去問一條大魚？」

有些事情我們感覺做起來很難為情，用幽默的話提出你的要求，就像給藥包上糖衣，對方即使吃到藥也不覺得苦了。

以睿智的思維，隨機應變的技巧，以及幽默的言辭可以緩和窘境。幽默能化衝突為喜悅，變危機為幸運。即使在充滿火藥味的場合，幽默也可以成為最佳的緩和劑，幫助你擺脫困境。

幽默就是這樣。它可以使你開心，使你超脫塵世的種種煩惱，使你增加活力，使你的生活多一點情趣。它可以使你更加樂觀、豁達。

善待自我箴言

具有幽默感的人，生活充滿情趣。許多別人看來令人痛苦煩惱的事情，他們卻能應付得輕鬆自如，從而使生活重新變得有趣味。

▋有希望才能出現奇蹟

三個年輕人來到教堂，詢問上帝怎樣才能讓自己不再孤單。上帝問他們：「在你們的生活中，什麼時候，什麼事情讓你們感覺最孤單呢？」

第一個年輕人說：「我是一個孤兒，從小性格孤僻，一直和收養我的老奶奶生活在一起。可是，就在一個星期前，她因病去世了。我現在沒有錢，

也沒有一個親人，特別孤單。」

第二個年輕人說：「我出生在一個富商家庭。父母從小就給我安排了許多課程讓我學習。二十多年來，都沒有一個朋友願意和我玩。」

第三個年輕人想了想，認真地對上帝說：「我不知道是怎麼了，可是我感覺特別孤獨是從愛上一個女孩開始的。在我們沒有認識之前，我們是陌生的。我知道她就在我的身旁和我並向前進。我們相識相知，彼此都有好感。可是，前些天，我讓她失望了。她答應我只做朋友，可是我們卻開始反向行走，越走越遠，甚至比陌生時候還遙遠了。我感覺特別孤單。」

上帝笑了，為第一個年輕人打開生活的鏡子，說：「你只需要靜下心來看看身邊那些關心你的人，就會發現你不是孤獨的。」

然後，上帝對第二個年輕人說：「你把手伸過去，和這位孤兒握個手，他就會陪你玩的。」第二個年輕人照做了，結果第一個年輕人也關心到了第二個年輕人對自己的友好，他們高興地離開了教堂。

上帝思考了一會，對第三個年輕人說：「你既然知道什麼才是孤單，那麼你就是一個成功的人。誰都會讓對方失望，可是親人或者愛人對你感覺到失望，說明他們特別關心你、愛你、在乎你，你應該為你能有這些真摯的情懷而倍感欣喜。只要你努力做好自己，等你成功的時候，她們會在離你最近的地方為你感到高興的。」

希望就像一個燈塔，在人生的道路上默默地指引著你向前走去。只要心中有希望，人生的坎坷和曲折就會變得不再可怕。

自從你誕生到世上的那一刻起，不管你願不願意，你這一生都將經歷許多的挫折和磨難。你可以選擇退縮，也可以選擇一往直前。如果你是一個聰明的人，應該審視自己目前所受的挫折與失敗，使它們成為你成功的階梯，從此出發，重建自信，重新加入生活的戰鬥。

一位彈奏三絃琴的盲人，渴望能夠在有生之年看看這個世界，但是遍訪名醫，都說沒有辦法。

有一天，這位民間藝人碰見一個道士。道士對他說：「我給你一個保證

治好眼睛的藥方。不過，你得彈斷一千根弦，才可以打開這張紙條。在這之前，是不能生效的。」

於是這位琴師帶了一位也是雙目失明的小徒弟遊走四方，盡心盡意地以彈唱為生。

一年又一年過去了，在他彈斷了第一千根弦的時候，這位民間藝人急不可待地將那張永遠藏在懷裡的藥方拿了出來，請明眼的人代他看看上面寫著的是什麼藥方，好治他的眼睛。

明眼人接過紙條一看，說：「這就是一張白紙嘛，並沒有寫一個字。」

那位琴師聽了，潸然淚下，突然明白了道士那「一千根弦」背後的意義。就為著這一個「希望」，他盡情地彈了下去，而就如此活了下來。

這位盲眼藝人沒有把這故事的真相告訴他那也渴望能夠看見光明的徒兒，而是將這張白紙慎重地交給了他，說：「我這裡有一張保證治好你眼睛的藥方。不過，你得彈斷一千根弦才能打開這張紙。現在你可以去收徒弟了。去吧，去遊走四方，盡情地彈唱，直到那一千根琴弦斷光，就有了答案。」

留住希望之弦，盡情彈唱。昨天是痛苦的夢，而明天卻是充滿希望的憧憬。在困境中，如果你認為自己真的失敗了，那麼你就會躺下來，再也無法動彈；如果你對自己說「一定要堅持」，那麼你就會走過險途，獲得勝利。

希望是一劑良藥。它能慰藉孤獨的靈魂，使其勇敢地接受已經殘缺不全的人生；希望是永恆的喜悅。它就像人們擁有的土地，年年有收益。希望，如同埋在土地裡的種子，深藏在趕路者的心中。

苦難並不可怕，可怕的是面對苦難失去希望，失去應有的鬥志，站在苦難面前萎靡不振，趴下去後再也不想爬起來。但是，如果你對這些困難無所畏懼，積極地朝著希望前行，逆境反而可以成為動力，帶你駛向理想的目標。

希望是人們對美好生活的嚮往。一個人只有在有了嚮往和追求以後，心中的信念永才會生根、發芽、開花、結果，才會在任何艱難困苦中前進。希

望給人以動力，給人以光明。只要每個人的心中都有希望，明天才會更加
輝煌。

　　希望就像一個燈塔，在人生的道路上默默地指引著你向前走去。只要心中
　　有希望，人生的坎坷和曲折就會變得不再可怕。

擁有自己的風采

　　每個人都是一個獨特的個體。當你堅信這一點時，你會比其他人少掉很
多煩惱。否則，你將會永遠不快樂。

　　安納貝爾是一個電車車長的女兒，一直想成為一位歌唱家。但是她的臉
長得並不好看，她的嘴很大、暴牙。每一次在夜總會演唱的時候，她都想把
上嘴唇拉下來蓋住她的牙齒。她想要表演得很美，結果卻使自己洋相百出。

　　在夜總會裡聽安納貝爾唱歌的一個人，認為她很有天分，就直率地對她
說：「我一直在看你的表演。我知道你想掩藏的是什麼，你覺得你的牙齒長
得很難看。」

　　安納貝爾頓時覺得無地自容，那個男的繼續說道：「難道說長了暴牙就
罪大惡極嗎？不要去遮掩，張開你的嘴。觀眾看到你不在乎，就會喜歡你
的。再說，那些你想遮起來的牙齒，說不定還會帶給你好運呢。」

　　安納貝爾接受了他的忠告，不再去注意牙齒。從那時候起，她只想到她
的觀眾，張大了嘴巴，熱情而高興地唱著，最終成為了一流紅歌星。其他的
喜劇演員如今都還希望能學她的樣子呢。

　　既然不可能每一個人都合乎「美」的世界標準，那麼與其勉為其難地用
不自然的方法改造自己，就不如好好地保存自己的特色。

　　一個人生來的特點可能就是她的美點，我們不必希望自己像某一個有名
的美人，應該希望自己只像自己。

有位太太在一家照相館照了一張照片，拿回來一看，照相師把她下巴上一塊凹下去的痕跡給修掉了。

也許因為這位太太是做藝術的，當時她很不高興，問照相師為什麼給她修掉。照相師當然解釋說因為這樣比較好看。她說：「不管好看不好看，那是我臉上有的東西，你就不該把它修掉。」

當然，做藝術的人不免有點怪癖。不過，這也說明了藝術上所說的「真」，終究是美的條件之一。如果把自己弄得不像自己，失去了應有的真，那就無從談到「美」了。

假如你愛你自己，而且也希望別人所愛的是你的本色，那麼，就不必去模仿別人，而要發揮你的本色，使它顯出色彩來。

在我們身邊往往存在這樣一類人，他們在學習工作生活中，處處模仿別人。他們不僅模仿別人的穿戴，而且也模仿別人的思想和行為，特別在心靈上不能保持自我，一貫的去迎合別人，失去了自己的格調，也失去了自己的本色。

卓別林剛開始當演員時，導演要他模仿當時的著名影星，結果他毫無作為，直到他開始發揮自己的優勢，才一步步成功的。

卓別林成名以後，有個地方舉行了一次別開生面的比賽，看誰模仿卓別林模仿得像。卓別林化名參加了，結果只得了第三名。看來刻意模仿任何人都會失去自我的。

其實，大可不必去模仿追隨別人。我們生活在這個世界裡，為自己而活，就要保持自己的本色。我們自己本身有著內在的未加開發的潛能，有著各式各樣的資源。你在這世上是唯一的存在，以前沒有和你一模一樣的人，以後也不會有。刻意的模仿他人，只會把自己弄得越來越糟糕。

在這個世界上，你是一個全新的個體，你應該為此而高興。如果你想開發自己所有的美妙的天賦，就盡可能的展現、張揚你本來的個性吧。如果你努力了，總會有好的結果的。

愛迪生說：「一個人總有一天會深刻的感覺到，嫉妒是無用的，而一味

的模仿他人無異於死路一條。」是的，無論何時何地，能夠幫助你的人只有你自己。只有耕種自己的田地，才能收穫自己的果實。上天賜予你的能力是獨一無二的。只有當你自己努力嘗試和運用時，你才會知道這份潛能對於你來說到底意味著什麼。

其實，人生就是一場戲。只要認真、用心、用情、無愧，就不必計較角色的分量與表現了。你認真做了應該做的，能用心對待他人，無愧天地良心，這就足夠了。不要勉強自己，不要給自己壓力，按照良心的劇本，演一場人生舞臺的戲。

善待自我箴言

假如你愛你自己，而且也希望別人所愛的是你的本色，那麼，就不必去模仿別人，而要發揮你的本色，使它顯出色彩來。

■ 問一下自己快樂嗎

有一個老人，在臨死前對兒子說：「孩子，我快死了。我希望你過上好日子。」

兒子說：「爸爸，你告訴我，怎麼才能使生活幸福？」老人答道：「你到社會上去吧，人們會告訴你找到幸福的辦法。」

老人死了，兒子就出發到外面的世界去找幸福。

他走到河邊，看見一匹馬在岸上走。這匹又瘦又老的馬問：「年輕人，你到哪裡去啊？」

「我去找幸福，你能告訴我怎麼找嗎？」

馬說：「我年輕時，只知道飲水、吃草籽，甚至把頭放到食槽裡，就會有人把吃的東西塞進我嘴裡。除了吃以外，別的事我什麼也不管。當時，我認為在這個世界上我是最幸福的了。可是，現在我老了，別人把我丟棄了。所以，我告訴你，青年時要珍惜自己的青春，千萬不要像我過去那樣，享受別

人給你準備好的現成東西，一切都要自己做，要學會為別人的幸福而高興，不要怕麻煩，這樣，你就會永遠感到幸福。」

年輕人繼續走下去。他走了很多路，在路上碰到一條蛇。

蛇問：「年輕人，你到哪裡去？」

「我到世界上去尋找幸福。你說，我到哪裡去找呢？」

蛇說：「我一輩子以自己有毒液而感到自豪。我以為比誰都強，因為大家都怕我。後來，我知道我這種想法是不對的。其實，大家都恨我，都要殺死我。所以，我也怕大家，要避開大家。你的嘴裡也有毒液 —— 你的惡語，所以你要當心，不要用語言去傷害別人，這樣你就一輩子沒有恐懼，不必躲躲閃閃，這就是你的幸福。」

年輕人又繼續朝前走了。走啊，走啊，看見了一棵樹，樹上有一隻加里鳥，牠的淺藍色羽毛非常鮮豔、光亮。

「年輕人，你到哪裡去？」加里鳥問。

「我到世界上去尋找幸福。你知道什麼地方能找到幸福嗎？」

加里鳥回答說：「年輕人，看來，你在路上走了很多日子了。你的臉上滿是灰塵，衣服也破了。你已變樣了，過路人要避開你了。看來，幸福和你是沒有緣分了。你記住我的話：要讓你身上的一切都顯得美，這時你周圍的一切也會變得美了，你的幸福就來了。」

年輕人回家去了。他現在明白：不必到別的地方去找幸福，幸福就在自己身邊。

人生在世，誰都希望生活得快快樂樂。快樂的人生是一次成功的旅行。擁有快樂的心情會感到活著是美好的，但只有理解了快樂的真諦，才可能擁有真正快樂的人生。

快樂是一種發自內心的情感，是一種清澈美妙的內心感受。真正的快樂是生命本性的自然流露，來源於自己精神的內部，並不為外物所左右。

人有生理上的需要，所以離不開物質生活。儘管金錢能買到物質的東

西，可以充實人的物質生活，但是人的精神生活，卻不是有了錢便能滿足的。

人生在世，重要的不是過得如何舒服，活得多麼安逸，而是要活得心安理得，快樂充實，充分地把生命的價值發揮出來。

真正幸福美滿的人生，是來自不能用金錢去衡量的智慧和修養。金錢無法購得知識和學問，不能增進人的道德水準和涵養，這一點是絕對無法否認的；不然的話，富人豈不是個個都成快活神仙了。

假如我們想的都是快樂的事情，我們就能快樂；假如我們想的都是悲哀的事情，我們就會悲哀；假如我們想到一些可怕的情況，我們就會害怕；假如我們想的是不好的念頭，恐怕就很難保持內心的寧靜平和了；假如我們想的全是失敗，我們就會屢遭敗績；假如我們老認為自己是個可憐蟲，大家就會對我們敬而遠之。

一個人因發生的事情所受到的傷害，比不上因他對發生事情所擁有的偏見來得深。如果你感到不快樂，那麼唯一能找到快樂的方法，就是振奮精神，使行動和言詞好像已經感覺到快樂的樣子。

任何的痛苦都自己找的，任何的快樂也是自己找的。笑一笑，你的人生會更美好。所以，在以後的生活中，何妨多問問自己：快樂嗎？

善待自我箴言

擁有快樂的心情會感到活著是美好的，但只有理解了快樂的真諦，才可能擁有真正快樂的人生。

享受簡簡單單的生活

美國人珍妮特‧呂爾斯 (Janet Luls) 首創「簡單生活」，並為「簡單生活」作了詮釋：「它是人們深思熟慮後選擇的生活，是一種表現真實自我的生活，是一種豐富、健康、平凡、和諧、悠閒的生活，是一種讓自然沐浴身心、

在靜與動之間尋求平衡的生活，是一種無私、無畏、超凡脫俗的崇高生活。」

珍妮特・呂爾斯因倡導「簡單生活」而被媒體譽為「二十一世紀新生活的導師」。作為「二十一世紀新生活」的徽識，簡單生活顯然是對以往某些生活理念的反向，是對以往某些生活方式的悖行。

簡單生活並不意味著清苦和貧困，其最主要的特徵是：簡約、淡雅。簡單生活的方式，以自給自足和自娛自樂來滿足自己的基本生活需求，寶貴的精力和時間換取一份安謐和悠閒。從一定意義上說，「簡單生活」者是一位真正的「自由人」。他自由地支配自己的時間和精力，自由地安排自己的生活秩序，自由地度過自己的每一天。

作為自然人，我們當然不能一無所有，更不能充當「苦行僧」。我們需要一定程度的物質享受和精神享受，但應適可而止，切不可過度。一味貪圖享受，食衣住行，時尚為上，尤其是超過自身的許可條件，隨之陷入了債務的困境。

太多的追求使人們失去了前進的目標，太多的比較使人們失去了生活的熱情，太多的壓力使人們失去心靈的自由，太多的浮躁使人們失去了精神的家園。總之，財力和精力的雙重透支，使人們遠離「幸福」兩字。

誠如蘇格蘭著名學者大衛・休謨（David Hume）所說：「幸福意味著自在、滿足、安寧和快樂，卻不意味著戒備、焦慮和疲勞。」簡單生活便能使人達到「自在、滿足、安寧和快樂」的境地。

當然，提倡「簡單生活」還須提防認知上的兩個盲點。一是認為簡單生活會空虛無聊。其實，簡單生活並不是無所作為。它不把精力和時間耗費在無謂的應酬和無益的勞作中，但它仍有自己喜歡的事可做，簡單是為了製造一個輕鬆自由的空間。這個空間使自己的心靈得到充實，心境得到提升。二是認為簡單生活會單一乏味。其實簡單和單調是兩碼事，如果說單調是一種枯燥的重複，那麼，簡單則是一種複雜之後的簡約。豐富是一種美，簡約是另一種美，猶如一幅淡雅的山水畫，誰會不驚嘆它的魅力？

美國心理學家戴維・蓋伊・邁爾斯（David Guy Myers）和埃德・迪納（Ed

Diener) 已經證明，財富是一種很差的衡量幸福的標準。人們並沒有隨著社會財富的增加而變得更加幸福。在大多數國家，收入和幸福的相關性是可以忽略不計的。只有在最貧窮的國家裡，收入才是適宜的標準。從總體上講，富國的人看起來幸福，但是兩者之間的差異是微乎其微的，而且造成這種差異的原因是財富之外的其他因素。

那麼，幸福是什麼呢？麗莎·茵·普蘭特（Lisa Plan）指出，幸福來源於「簡單生活」。文明只是外在的依託，成功、財富只是外在的榮光，真正的幸福來自於發現真實獨特的自我，保持心靈的寧靜。

無論是中產階級，還是收入微薄的退休工人，都可以生活得盡量悠閒、舒適。在過「簡單生活」這一點上，人人平等。這個時代，不是人人都必須像亨利·大衛·梭羅（Henry David Thoreau）一樣帶上一把斧頭走進森林，才能獲得恬靜安逸的感覺。關鍵是我們對待生活的方式，是我們是否願意抵制媒體、商業向我們大力促銷「財富中心論」，是我們如何在日常生活中挖掘、發展生命的熱情、真實和意義。

漫漫人生旅途上，會經歷許多的苦與樂，而我們應該懂得，一個簡單的處事態度便是需要吃苦時吃苦，應該享受時就享受。

聰明理智的人懂得享受與吃苦的關係，迷惘的人才會在生活裡混亂了平時裡的吃苦與享受。可想而知，生活品質不會太高，精神上也不會有過多的幸福感受。

生活中充滿著樂趣，而我們要學會發現它，發掘它，享受它。心態決定一切，若懂得以一顆悲憫感恩的心去感知這個世界，世界將還你以莫大的快樂。

我們只求生活不要奢侈，簡單最好。要想享受生活的樂趣，就要對生活抱以不敷衍，不應付的態度，懂得細緻地咀嚼品味生活。

善待自我箴言

幸福來源於「簡單生活」。文明只是外在的依託，成功、財富只是外在的榮光，真正的幸福來自於發現真實獨特的自我，保持心靈的寧靜。

▍在工作中放鬆自己

謝里爾的伯伯維拉過去一直在鐵路站工作。維拉工作的地點並不是一個大車站，只是一個鎮上的小車站。一天只有兩次列車在這裡停車，維拉既是站長，又是搬運主任和訊號主任，身兼三職。事實上，碰到什麼事情，維拉就做什麼事情。整個小鎮都沒有比他更快活的人了，整個車站是他心中的驕傲。

那個車站管理得很好，維拉對規章制度的要求非常嚴格。他知道一個乘客准許做什麼和不准做什麼，哪裡可以吸菸和不可以吸菸。要是有任何乘客敢做一點違反規章的事情，那他在這個小鎮就是自找麻煩了。

維拉在那裡待了五十年，最後不得不退休了。毫無疑問，維拉的工作是做得很好的：在整整五十年期間，他一直在那裡，始終保持全勤。鐵道管理委員會認為他們應該對此有所表示，給予肯定，就安排了一個小小的「歡送儀式」，並派總公司經理前往小鎮參加這個儀式。

維拉接受了感謝，並得到一份禮品——一張小額支票。當然，他很高興，可是卻對經理說：「我不需要這筆錢。我能改要一樣能使我回憶起在小站度過的那些幸福日子的東西嗎？」經理頗感驚訝，但還是請他說出他想要的東西。

維拉很高興地說：「但願公司能夠讓我得到一節舊車廂的一部分，一個分隔間，多舊多破都沒關係。既然已經退休了，我就有充分的時間把它修理好，弄乾淨。我想把它放在自己的後院裡，每天我都可以去坐在裡面，使我想起在小鎮火車站工作的日子。」

經理很無奈地說：「好吧，假若那就是你所要的東西，你一定可以得到它。」

一週之後，一節舊車廂，或者更確切地說，一個分隔間，運到維拉的後院。維拉開始像先前在小鎮火車站工作的時候那樣，為它忙了起來。過了一週，這節車廂就煥然一新了。

在一個很糟糕的日子，謝里爾和父親來看望維拉。一下火車，天就開始下雨了。等他們到達維拉家的時候，雨下得更大了。他們沿著小路走到前門。父親打開門，兩個人進了屋。

屋裡找不到維拉，父親對謝里爾說：「他一定在自己的那節舊車廂裡。我們出去到後院去找他。」

果然，他在那裡，但並不是坐在車廂裡。他在外面，坐在腳踏板上，吸著菸斗，頭上蒙著一條麻袋，雨水順背向下淌著。

「喂！維拉，」父親喊道，「你怎麼不進車廂避避雨呢？」

「你看不見嗎？」維拉說著，用手指著車廂上那塊寫著「不准吸菸」的告示牌，「虧他們想得出，給我送來的是一節裡面不准吸菸的車廂。」

許多人的敬業精神是值得稱頌的。但是，如果對工作過於狂熱，以至於不能擺脫的話，這在某種程度上來說，就是有些「迂」了。

對付工作狂熱的「病症」，有效的方法不在外在因素，而是來自自身的想法轉變。別忘記享受人生，享受生命帶給我們的快樂。只有嚴格區分工作場合和休閒生活，才能充分享受快樂的人生。

那些終年勞碌卻不懂得合理利用時間去休假的人，冒著炎熱的酷暑仍然在店鋪裡工作，面容是多麼憔悴。那些絞盡腦汁的作家，連續幾個月不停地用腦工作，到最後，筆都寫禿了，肉體與精神機器運轉不靈了，思想也變遲鈍了。那些業務繁忙的律師和醫生也顯得疲憊不堪，儘管他們仍然在勉強地支持，但他們的心中在呼喊著要有相當的休息。各行各業的勞碌者，在每一個城市都有，都需要到田野森林中去豐富他們的生活。

你不妨把那些因為做無謂事情而浪費的時間累積起來，去換取一個休假。休假後再回來，你就會擁有清醒的頭腦、強健的體魄、飽滿的精神，感覺自己簡直就是一個新人，充滿了愉悅。

人生在世，誰都想輕輕鬆鬆過上一生，誰也不想活得太累，尤其是心累更讓受不了。所以，人們都應該學會放鬆。

不管工作多麼累，人際關係多麼複雜，心裡有多少疙瘩，我們都應該以

坦然的心情去對待。不管什麼事情都去斤斤計較，無論什麼總是非要認真不可，豈能活得不累？學會放鬆，就可以使我們的思想、思維從自我禁錮中掙脫出來，就能夠心胸開闊，樂觀豁達。學會放鬆可以使我們衝破一切樊籬與桎梏，我們的心靈也就會像鳥兒一樣在藍天白雲間自由翱翔。學會放鬆還可以使我們處變不驚，遇險不慌，臨危不亂，對任何事情、任何情況都能一分為二地加以分析和處理。

學會放鬆也不是一件容易的事情。它需要一種性格的修練，一種意志的磨礪，一種耐心的培養，同時也需要知識的啟迪，經驗的參照，性情的陶冶。放鬆是人們心靈深處一道美麗的風景，是人們思想天空中一道絢麗的彩虹。

善待自我箴言

對付工作狂熱的「病症」，有效的方法不在外在因素，而是來自自身的想法轉變。別忘記享受人生，享受生命帶給我們的快樂。只有嚴格區分工作場合和休閒生活，才能充分享受快樂的人生。

第八章
舒展疲憊的雙臂

生活本已具有太多的磨難，我們也承受了太多的壓力。因此，我們應該懂得給自己解壓，舒展疲憊的雙臂，給心靈營造一個寧靜安詳的空間。

▌活就要活得美麗

　　一位十五六歲的少年住在一幢十層大樓的頂層。他每天都爬樓梯回家。

　　每上一層樓梯，他都改用不同的步法，或是三步並作兩步向上跑，或是悠悠地像影片的慢鏡頭，或是側著身體只用一條腿，一級一級往上跳，或者乾脆背轉身體向後探步……

　　他硬是把單調的生活變得這般多彩起來。

　　他是一個很會生活的人，很會善待自己的人。他活得很美麗。

　　平凡人的生活不僅單調，而且常常會很不盡人意，還會有很多很多的煩惱。比如：工作不如意，朋友關係沒有做好等等，都會有很多很多的煩惱。但不要大聲朗誦你的苦痛，宣泄你的不平，找一塊安靜的地方，默默地和大自然一起去閱讀，你就會釋然。

　　生命中的苦痛、歡樂、平淡、豐富，都是人生優美的樂章。沒有痛苦，哪有快樂；沒有平淡，哪裡有燦爛。其實，痛苦中也孕藏著快樂。這些都值得我們獨自細細地品味。

　　被現代快節奏的生活所驅趕，人們已無暇顧及那些個人渺小的不幸。珍惜生命最好的辦法就是發展生命。

　　死是不可避免的，但很多人都在很努力地生。儘管知道，很少人能在死後被人用銅鑄成塑像，永久地坐在公園的椅子上，或者跨在廣場的一匹馬上；大多數人死後，都將像秋後一片片落葉，無聲無息地回歸自然。

　　生命對於人來說是偉大的，但也不要懼怕死亡。人從塵土而來，最後也理應歸於塵土。活著的人，要明白，生命是美麗的，而美麗總是短暫的。

　　人生苦短。上蒼不會永遠賜予我們陽光、鮮花、美酒，但我們也沒有理由不好好的度過每一天。只有珍惜生命中的每一天，美麗、快樂地活著，我們的人生才不算虛度。

　　人活著並不一定要擁有一切，但人死了絕對是永遠地失去了一切。既然如此，還是好好珍惜、享用你的每一秒吧！

　　每個人都是世上獨一無二的個體。你的思考、你的內在，別人都無法模仿。你一定要信心十足地唱出與眾不同的聲音來給世界聽。你的最可靠的指針是接受你自己的意見，盡你所能辦到的去好好地活著，美麗地活著。

　　人要活得瀟灑、漂亮，就要有廣闊的胸懷、深遠的眼光，能透過人生中的種種迷霧看清人生的真諦。修心養性，讓自己的心靈清亮、寧靜，外界精彩或無奈都難以擾亂自己的愉快的心情。

　　人的心靈需要時時進行清洗。清除精神、思想、想法、看法等汙染，掃除世俗觀念，拋開別人的眼光和言語，不能生活在別人的世界裡。雖然人人都喜歡聽讚美之辭，怕聽批評之語，但是要真正成為一個自知之明的人，對別人的評價就不十分在乎了。

　　你是為自己而活著，而不是為面子、別人而活著，這一點十分重要。雖然你生活在社會中，和社會上各種人打交道，但是你有你的為人處世的原則和方法。

　　人活在這是珍貴而美好的人間，是一種幸福、快樂的事情，沒有什麼比這更重要了。懂得珍惜這生的快樂，比什麼別的都要好。與其惆悵、痛苦，還不如活得快樂、瀟灑。雖然生活中有許多不如意、不順心的事情發生，有許多讓人痛苦不堪的情景，但是只要活得瀟灑、漂亮，比什麼都強，何必去為那些往事痛苦不堪。

　　往事如煙，隨風飄散，如霧隨初陽蒸發，未來的事情難以預測，所以我們要拋開往事，也不痴想未來，應該人活在當下，活在一種心境和態度之中，這樣就可以活得有滋有味，活得精彩絕倫。

　　無論如何，人還是要活得瀟灑、漂亮為好，畢竟人生有限，生命無常，在短暫的時間裡品味無限的風情，享受人生的快樂，感受人生的幸福，這比什麼都要強。真的不能被生活的瑣碎、人生的憂愁遮住了人生美麗的天空，讓太陽和月亮的光輝溜之大吉。

　　人生的快樂在追求人生的目標和實現人生的理想中得到展現，人生的價值在為社會、人類做出自己的貢獻中得到實現。在這個過程讓人生揮灑得瀟

灑、漂亮些，不留一點遺憾的痕跡，這樣的人生才是令人羨慕的人生。

善待自我箴言

> 上蒼不會永遠賜予我們陽光、鮮花、美酒，但我們也沒有理由不好好的度過每一天。只有珍惜生命中的每一天，美麗、快樂地活著，我們的人生才不算虛度。

愛惜自己的身體

任何人要想取得成績，必然要付出代價，而天才的脫穎而出，常常是付出了常人數倍的精力，這種付出而又常常以犧牲自己的身體為代價來換取的。分析早逝的天才，我們可以看到他們大多從事極端個人化的領域，如音樂、詩歌、繪畫等。這些極端個人化的專業，常常讓他們不知疲倦地精心創作，與此同時，他們憑藉的身體這部機器也在一點點地消蝕，直到最後完全報廢。

印度天才數學家斯里尼瓦瑟‧拉馬努金（Srinivasa Ramanujan）之所以三十三歲就離開了他心愛的數學，一方面固然是因為兒時貧困，身體基礎沒有顧好；另一方面也是他是一個絕對奉行素食主義的婆羅門（Brahmin）教徒所致。

拉瑪努金在獲得大數學家哈代的幫助前往英國劍橋大學研究期間，總是自己弄飯吃，並常常因為做飯麻煩和沉迷於研究忘記吃飯，致使他的身體越來越虛弱，罹患當時無法醫治的肺病。

在拉瑪努金生命的最後一年裡，他堅決拒絕就醫，而仍然分秒必爭地進行數學研究，最終三十三歲結束年輕的生命。

與之相反的是，另一些享壽的天才則與自然生活取得了較好的協調。

德國古典哲學創始人康德（Immanuel Kant），幼年時身體非常虛弱，右肩高，個子也矮，看起來像個發育不良的人。但是，他清楚地意識到如果

身體不好將會一事無成，因此為了鍛鍊身體，他在哥尼斯堡大學教學期間，每晚十點入眠，清晨五點起床，每日講課，與師生談話，吃飯散步的時間都有嚴格的規定，連續三十年準確無誤。海因里希·海涅（Christian Johann Heinrich Heine）曾戲謔地說：「我已經不相信城裡大教堂的自鳴鐘能勝過它的市民康德了。」

人的身體猶如一臺機器，是否善於保養對它的性能和壽命都有至關重要的影響。天才因為身體原因而早逝並不是必然的，只是沒有養成良好的生活習慣，久而久之便力不從心殞失而去。

人生的第一要事，就是要發展自己的力量，保持自己的精力，維持自己的健康，為將來可能出現的一切事情做好充分的準備。

現實中，一些青年終日為著平凡的工作而勞碌。以他們的才能，的確能做成大事，但是實際上為何做著這種平凡瑣碎的工作呢？一個重要原因就是，他們缺乏旺盛的生命力和充沛的精力，難以克服前進道路上的艱難險阻，無法在成功的階梯上繼續邁進。

在各行各業中，處處可以看到一些僱員過著一種醉生夢死、花天酒地的生活，可以說他們生活在錯誤裡，有人還流露出卑鄙的思想，沾染了種種惡習。實際上，他們的身體裡已經充滿了有害的細胞，難怪終其一生表現不出偉大的力量來。

有些人平時白白地浪費了很多體力和精力，等到有利的機會來臨時，往往又缺少勇氣和自信力，只是表現出顫慄、懷疑和膽怯，這是導致失敗的直接原因。還有一些人由於終日忙碌，操勞過度，竟然連休息和娛樂的機會也沒有，這對於身體無疑是有害的。只有少數人懂得身體健康的重要性，像保護一部無價的機器一樣保護自己的身體。

一個有才能的人如果不能使其才能發揮出來，這才能就會失去意義。有了才能又要使之充分發揮，一定得有充足的精力、強健的體魄。無法想像一個身體羸弱、精神疲憊的人能發揮出應有的才能。

體魄與精力為任何事業成功的基石。欲成就大事者，必先珍惜自己的體

魄和精力。一切工作都應有勞有逸，這不僅有助於保養身體，還會提高工作的效率。工作的效能是獲得成功的一大要素，而體魄和精力都是增進工作效能的資本，所以你要懂得愛惜自己的身體。

善待自我箴言

只有少數人懂得身體健康的重要性，像保護一部無價的機器一樣保護自己的身體。

心中充滿快樂

在天堂議事大廳裡，上帝和天使們正在召開一個會議。

上帝說：「我要人類在付出一番努力之後才能找到快樂，但我們把人生快樂的祕密藏在什麼地方比較好呢？」

有一位天使說：「把它藏在高山上，這樣人類肯定很難發現，非得付出很多努力不可。」

上帝聽了搖搖頭。

另一位天使說：「把它藏在大海深處，人類一定發現不了。」

上帝聽了還是搖搖頭。

又有一位天使說：「我看哪，還是把快樂的祕密藏在人類的心中比較好，因為人類總是向外去尋找自己的快樂，而從來沒有想到在自己身上去挖掘這快樂的祕密。」

上帝對這個答案非常滿意。

從此，上帝就將快樂的祕密藏在了每個人的心中。

每個人都具備使自己快樂的資源，像謙虛、合作精神、積極的態度，還有愛心等等。這些特質幾乎都可以在每個人的身上找到，只是許多人沒有把這些「快樂的資源」運用好而已。

對於快樂和幸福，古往今來沒有確切的定義。這些看似極其簡單的問題卻一直困擾著一代又一代人。如果現在就拿這個問題來問你，你可能一下子也回答不出來。

對於一個飢腸轆轆的人來說，最大的快樂和幸福就是大吃一頓；對於一個在寒風中瑟瑟發抖的流浪者來說，有一個不需要多大地方的生著火爐的家，就是他最大的快樂和幸福。

你可能說，我要是有很多很多錢，就很快樂、很幸福。這是因為你沒有很多的錢，真有了很多的錢，你肯定就不會這麼說了。你可能又會說，我要是擁有很大的權力，就會快樂、幸福。這也是因為你手中沒有很大的權力，如果你位高權重，讓你煩惱的事情可能比現在更多。

快樂和幸福說到底是一種心態。相同的生活境遇和生活條件，以不同的心態去衡量，你覺得不幸，他覺得幸福；你覺得烏雲密布，他覺得雲淡風輕。

俗話說得好，「熟悉的地方沒風景，僕人的眼裡沒偉人。」太多的美好與幸福，往往也會令人沉浸在其中而不得而知。

曾經有一幅題為「幸福在哪裡」的漫畫。畫上畫著一個大大的「福」字，一個人站在「福」字的「口」中向外張望，嘴裡問：「福在哪裡？」福在哪裡呢？他真是身在福中不知福啊。

一匹老馬失去了老伴，身邊只有唯一的兒子相伴。老馬十分疼愛兒子，把他帶到一片草地上去撫養，那裡有流水，有花卉，還有誘人的綠蔭。總之，那裡具有幸福生活所需的一切。

但是，小馬駒根本不把這種幸福的生活放在眼裡，每天濫啃三葉草，在鮮花遍地的原野上浪費時光，毫無目的地東奔西跑，沒有必要地沐浴洗澡，沒感到疲勞就睡大覺。

這匹又懶又胖的小馬駒對這樣的生活逐漸厭煩了，對這片美麗的草地也產生了反感。牠找到老馬，對牠說：「近來我的身體不舒服。這片草地不衛生，傷害了我；這些三葉草沒有香味；這裡的水中帶有泥沙；這裡的空氣刺激了我的肺。一句話，除非我們離開這裡，不然我就要死了。」

「我親愛的孩子，既然這有關你的生命，」老馬答道，「那我們就馬上離開這裡。」說完，父子倆立刻出發去尋找一個新的家。

小馬駒聽說出去旅行，高興得嘶叫起來，而老馬卻不那麼快樂，只是安詳地走著，在前面帶路。老馬讓小馬駒爬上陡峭而荒蕪的高山。那山上沒有牧草，就連可以充飢的東西也沒有一點。天快黑了，仍然沒有牧草，父子倆只好空著肚子躺下睡覺。

第二天，牠們幾乎餓得筋疲力盡了，只吃到了一些長不高而且帶刺的灌木叢，但牠們心裡已十分滿意。小馬駒不再奔跑了。又過了兩天，小馬駒幾乎邁了前腿就拖不動後腿了。老馬心想，現在給牠的教訓已經足夠了，就趁黑把兒子偷偷帶回原來的草地。馬駒一發現嫩草，就急忙去吃。

「啊！這是多麼絕妙的美味啊！多麼好的綠草呀！」小馬駒高興地跳了起來，「哪裡來的這麼甜、這麼嫩的東西？我們不要再往前去找了，也別回老家去了。讓我們永遠留在這個可愛的地方吧，我們就在這裡住下來吧，哪個地方能跟這裡相比呀！」

老馬答應了小馬駒的請求。天亮了，小馬駒突然認出了這個地方原來就是幾天前離開的那片草地。牠垂下了眼睛，非常羞愧。

其實，快樂很簡單。每個人都可以透過改變思想去改變自己的情緒和行為，從而改變人生，得到快樂。

快樂的祕密就藏在我們的心中，只要相信自己有足夠的能力打敗糟糕的情緒，就能找到開啟快樂之門的金鑰匙。

快樂是一種心態。累不累、苦不苦、快樂不快樂，都取決於自己的心態。只有放下才會快樂。人生在世，有些事情是不必在乎的，有些東西是必須清空的。只有該放下時放下，你才能夠騰出手來，抓住真正屬於你的快樂和幸福。

善待自我箴言

> 快樂和幸福說到底是一種心態。相同的生活境遇和生活條件，以不同的心態去衡量，你覺得不幸，他覺得幸福；你覺得烏雲密布，他覺得雲淡風輕。

失敗是成功之母

美國生理學家查爾斯·斯科特·謝靈頓（Charles Scott Sherrington）年輕時曾是不良少年。人們稱他為「壞種」。

開始，他並不以為恥，毫無悔過之心。可是有一次，他向一位深深愛慕的女孩求婚，那女孩說：「我寧願投河淹死，也絕不嫁給你！」

謝靈頓因此無地自容、羞愧萬分，決定重新做人。他發誓：將要以輝煌的成就出現在人們面前。

於是，謝靈頓懷抱發憤的志向，悄悄離開了那位女孩，也徹底埋葬了舊我。由於刻苦鑽研，謝靈頓在中樞神經系統生理學方面碩果纍纍，先後在英國多所知名大學任教授，並於一九三二年獲諾貝爾生理學或醫學獎。

謝靈頓的確打翻過牛奶，犯過錯誤。他肯定也自責、懊惱，但他沒有將自己的一生都用於自責和懊惱上，而是用行動證明了自己。人生的坎坷是必然的，但只要你以一種積極的心態去面對，你就必定會有一個輝煌、燦爛的人生，而挫折只是這一切的開始。

任何一條通向成功的道路，都不會是完全筆直的。每個人都要走些彎路，為成功付出代價。這代價就是失敗。

成功者也會失敗，但他們之所以能夠成為成功者，就在於他們失敗之後，不是為失敗哭泣流淚，而是從失敗中總結出教訓，並從失敗中站起來，發憤上進。失敗者則不然。他們失敗之後，不是積極地從失敗中總結教訓，而是一蹶不振，始終生活在失敗的陰影裡。他們可能也會「總結」，但他們的總結只限於曾經失敗的事情：「我當初要是不那麼做就好了」、「開始我要是

如何做就不會失敗了」……

　　人不怕失敗，因為人人都可能失敗。失敗了，總結教訓，從頭再來，你總會有成功的一天。如果你只是一味地自責、懊惱，活在失敗的陰影裡，實際上於事無補。

　　西方有句諺語說：「不要為打翻了的牛奶而哭泣。」生活中的事情，的確是這樣的，牛奶已經打翻了，再悲傷的哭泣也無濟於事。雖然今天已經無可挽回地打翻了這杯牛奶，只要我們以後不再打翻牛奶，不再犯類似的錯誤，打翻這一杯牛奶也是值得的。

　　明智的人總是從失敗和錯誤中領略出一些有價值的東西。失敗的人卻從未從經歷和遇到的困難中學到任何東西。

　　大多數失敗只不過是讓你在完成生命中目標的過程中稍稍停下來。失敗很少是致命的。大多數情況下，一個人對失敗表現出來的不正確態度，才是致命的。一個從失敗和教訓中重新振奮的人，就能更好地為未來做充分的準備。

　　不要計較成敗。一個從來沒有失敗過的人，必然是一個從來沒有嘗試過什麼的人。

　　向全世界挑戰，要靠持之以恆的努力。只要心中那團火燒得恰到好處，它遲早會冒出火花，那時，你此前的失敗都沒有白費。你要加倍努力，證明你所要的不是空中樓閣。

　　只要決心成功，失敗就永遠不會把你擊垮。

善待自我箴言

　　成功者也會失敗，但他們之所以能夠成為成功者，就在於他們失敗之後，不是為失敗哭泣流淚，而是從失敗中總結出教訓，並從失敗中站起來，發憤上進。

▌抬起你高貴的頭顱

不是每個人都可以成為偉人，但每個人都可以成為內心強大的人。內心的強大，能夠稀釋一切痛苦和哀愁；內心的強大，能夠彌補你外在的不足；內心的強大，能夠讓你無所畏懼地走在大路上，感到自己的思想，高過所有的建築和山峰。

一爐火燒枯了，便剩下煤灰和煤渣。這本已成為廢物的東西，卻還能有派上用場的時候。

用煤灰、煤渣鋪成的跑道，緩衝作用好，不易扭傷腳。而且，煤渣跑道既經濟，又環保。

據說，國外有些學校，在用了多年的塑膠跑道後，又改修了煤渣跑道。因為塑膠畢竟是化工產品，釋放的有害物質不利於人體健康。

煤渣，一種原本只能作為廢物扔掉的東西，卻被人們點石成金，派上了大大小小的用場。即使你已然是一坨煤渣，也用不著自暴自棄。相信自己，找對自己的位置，你同樣可以擁有一個有價值的人生。

不要哀嘆，不要自卑，不管有多晚，行動起來，也許下一個奇蹟的創造者就是你。

每個人身上都有這樣或那樣的缺點，然而，有些人太看重了自己的缺點，便給自卑感的滋生提供了溫床。這些人經常會拿自身的缺點去和別人的優點相比較，總是忽略了自身的優點，從而產生深深的悲傷。有的人從小就形成了一種根深蒂固的自卑感，在與別人相處時，總覺得自己矮了半截而侷促不安。

工作的失落，也許會令你明亮的雙眸蒙上幾多煙塵；愛情的失落，也許會使你明朗的心空飄來幾縷殘雲；人際關係的不盡順心，也許會使你輕快的步履帶上幾分沉重。

然而，我要對你說：抬起你的頭吧！外面的世界五彩繽紛，等著你去尋找、開墾。成功的道路千萬條，只是多崎嶇。只要你努力去奮鬥，相信，柳

暗花明又一村；只要你用真誠的心錘擊另一顆心，相信，天涯處處有芳草；只要你矢志不渝，相信，條條大道通羅馬。

生活猶如一張潔白的畫紙，關鍵看你如何去立意、構畫、點綴。羅曼·羅蘭（Romain Rolland）說：「人生是一種尋找的過程，需要你去尋找熱情，尋找希望，把平庸變成高尚，剪去生命的繁枝茂葉，使生命之樹向更高處生長。」

陰天雨天，可能都會有。如果你想讓自己的天空充滿蔚藍與美麗，想讓自己的花園充滿花草與芳香，就要在百折不撓中努力尋找，堅信即使是黃昏也會有晚霞的美麗。

只要確定尋找的目標，你就有了前進動力，希望的歸宿就不再是霧裡若隱若現的一幅剪影，自由的心意就不再是天際侯鳥滑過的身影。

孕育的生命自然會有陣痛的蹙眉，美麗的春天也須經過嚴冬霜雪的封凍。朋友，只要你努力尋找目標，正視生活，人生自會豐富多彩。同樣，只要你在匆匆流走的歲月加上一顆時常感悟的心，你的人生就會富有旋律之美。

把自己的能力看得過低，這在生活中並不罕見。其實，大凡自卑的人總是認為自己不行，而別人卻無所不能。實際上，別人也許和你一樣。你有你的短處，他也有他的弱項。只不過他將這一切掩蓋了起來，而擺出一張自信的臉。

你應該蛻掉自卑的外殼，變得成熟起來，像身邊的人一樣去享受生活的陽光，用微笑向周圍的人證明自己的可愛和優秀，用行動告訴人們你有能力、有創造力，而且也可以取得跟他們一樣的成功。

抬起你高貴的頭顱，社會就會多一份美麗和希望。抬起你高貴的頭顱，去迎接生命中的每一天！

即使你已然是一坨煤渣，也用不著自暴自棄。相信自己，找對自己的位置，你同樣可以擁有一個有價值的人生。

對自己說「不要緊」

一位德高望重的教育學教授在瑪麗的班上說：「我有句三字箴言要奉送各位，它對你們的教學和生活都會大有幫助，而且可使人心境平和。這三個字就是：『不要緊』。」

瑪麗領會到了那句三字箴言蘊含的智慧，在筆記簿上端端正正地寫下了「不要緊」三個大字。她決定不讓挫折感和失望破壞自己平和的心情。

後來，瑪麗的心態遭到了考驗。瑪麗愛上了英俊瀟灑的赫達。瑪麗確信他就是自己的白馬王子。

可是，有一天晚上，赫達委婉地對瑪麗說，他只把她當作普通朋友。瑪麗以他為中心構想的世界當時就土崩瓦解了。那天夜裡，瑪麗在臥室裡哭泣時，覺得記事簿上的「不要緊」那幾個字看來很荒唐。「要緊得很！」瑪麗喃喃地說，「我愛他，沒有他我就不能活。」

第二天早上，瑪麗醒來再看到那三個字後，就開始分析自己的情況：到底有多要緊？赫達很重要，自己很要緊，我們的快樂也很要緊，但是，自己會希望和一個不愛自己的人結婚嗎？

日子一天天地過去了，瑪麗發現，沒有赫達，自己也可以生活。瑪麗開始覺得自己仍然能快樂，將來肯定會有另一個人進入自己的生活。

人生在世，有許多事情是要緊的。可是，也有許多使我們平和的心情和快樂受到威脅的事情，實際上是不要緊的，或者不像我們所想像的那樣要緊。那麼，就讓我們永遠記住「不要緊」這三個字。

面對人生的狂風暴雨和一切不如意，我們可以再重複一次：「不要緊的，

雨過了，天自然會晴，陽光照樣會普照大地，彩虹依然會掛在天空！」

生活有了困難，對自己說一聲「不要緊」；事業遇到了麻煩，對自己說一聲「不要緊」；人生遇到了困難，對自己說一聲「不要緊」。

生活不是一種罪過。當厄運降落時，嘗試著凝視天空，或許堆積在心中的愁緒會慢慢地消失。即使今天的你還殘留著昨天的傷痕，你也一樣可以靜靜地等待，等到冰雪融化的那一天。

當我們遭到命運的撞擊時，都會本能地將它放大。很多時候，我們就是被這種放大的困難嚇倒，失去了前進的勇氣。「不要緊」的態度會給我們帶來戰勝厄運的勇氣與魄力，號召我們與命運前行，給我們一份淡然、豁達和笑對人生的樂觀。

在困難面前，我們需要保持清醒的頭腦。只有透過理智的思考，才能理清自己雜亂的思緒，看清困難的實質，找到問題的根源，解決實際困難。

一個人活在世上，不可能一帆風順，萬事如意。人生就是一場奮鬥。人的一生總是要經歷風風雨雨，總是要遭受坎坎坷坷。面對這紛擾的不如意，我們該怎麼辦？對自己說「沒關係，不要緊，雨過了，總會有天晴」，時刻擁有樂觀的心態和快樂的心境。

不同的人有不同的選擇，不同的人有不同的看法。當你受到打擊時，請說聲「不要緊」，振奮起精神，勇敢地面對命運的挑戰；當你受到挫折時，請說聲「不要緊」，你就有勇氣去面對人生，再攀高峰；當你無端受到別人猜疑、誤解時，請說聲「不要緊」，身正不怕影子斜，半夜敲門心不驚；當與人發生衝突吃了虧時，請說聲「不要緊」，燃起的烽火即刻就會煙消雲散，雙方又會握手言和；當面對疾病纏身時，請說聲「不要緊」，疾病只能折磨你的身體，鬥爭的意志不能消沉。

人活在世上不可能事事盡如人意。上天對每個人都是公平的。它在關上一扇門的同時，必定會打開一扇窗。

用坦蕩的胸懷去面對人生，用不屈的鬥志去面對困難，用真誠和友誼去對待朋友，用熱情和希望去對待生活。

善待自我箴言

> 生活有了困難，對自己說一聲「不要緊」；事業遇到了麻煩，對自己說一聲「不要緊」；人生遇到了困難，對自己說一聲「不要緊」。

殘缺中蘊含著完美

一位挑水的人，有兩個水桶，分別吊在扁擔的兩頭，其中一個桶子有裂縫，另一個則完好無缺。

三年來，在每趟長途挑運之後，完好無缺的水桶，總是能將滿滿一桶水從溪邊送到主人家中，但是有裂縫的水桶到達主人家時，卻只剩下了半桶水。

在挑水夫飽嘗了三年失敗的苦楚後，破桶終於忍不住對他說：「我很慚愧，必須向你道歉。因為我的缺陷，即使你做了全部的工作，每次卻只獲得一半的成果。」

挑水夫卻溫和地說：「你有沒有注意到我們回家的小路兩旁，只有你的那一邊有花，另一邊卻沒有。那是因為我在你那邊的路旁撒了花種。每回我從溪邊挑水回來，善用你的缺陷替我一路澆了花。」

能意識到自己有種種缺憾，勇於放棄不切實際的夢想而坦然的人，可以說是完整的。

完美其實也是一種殘缺。如果人一生下來，就什麼都有了，那麼就少了奮鬥的快樂，就體會不到追求夢想的快樂。也許，在追求的過程中，我們有辛酸的淚水和泥濘的腳步。但是，哭過累過之後，我們換來的是幸福的笑。

有個圓被切去了很大一塊三角。它想讓自己恢復完整，沒有任何殘缺，於是四處尋覓失落的部分。因為它殘缺不全，只能慢慢滾動，所以能在路上欣賞野花，能和毛毛蟲聊天，享受陽光。它找到各種不同的碎片，但都不合適，所以只能把它們留在路邊，繼續往前尋找。

　　有一天，這殘缺的圓找到了一塊非常合適的碎片，開心得很，把它胡亂地拼上，開始滾動。它成為完整的圓了，能滾得很快，但它卻發現因為滾動太快，看到的世界好像完全不同。於是，它停止了滾動，把補上的碎片丟在路旁，又慢慢地滾走了。

　　每個人的人生都會有這樣或那樣的不足，如能像殘缺之圓那樣繼續在人生之途滾動並細嘗沿途滋味，就能達到完整。這就是生命所能賦予我們的：不求事事如願，但求問心無愧。

　　人往往在有所失去的時候，特別盼望能夠回到完整。其實，心中滿懷希望和期待並沒有什麼不好的，它會讓你懂得珍惜和感恩，使你受益終生。

　　如果你非得背對著陽光，或躲在陰暗處看人生，再溫暖的陽光也無法關照到你，天氣再怎麼溫暖，你仍然會冷得發抖。

　　一位太太請油漆匠到家裡粉刷牆壁。一走進門，油漆匠便看到太太那位雙目失明的丈夫，眼神中頓時流露出憐憫之意。

　　經過相處之後，油漆匠發現，這個男主人非常開朗、樂觀。他在那裡工作的時候，兩人談得很投機，他也從未提起男主人的缺陷。

　　工作結束時，油漆匠拿出了帳單，但是，太太卻發現帳單上的價格，比當初談妥的價錢少了很多。

　　她問油漆匠：「你有沒有算錯？怎麼少算了這麼多？」

　　油漆匠回答：「沒有錯，因為我跟你先生在一起時，覺得很快樂，特別是他的人生態度，讓我覺得自己的境況還算不錯。我減去的那部分，是我對他的表示的一點謝意。他讓我知道，生活有很多角度可以看，像我這份工作其實一點也不辛苦。」

　　油漆匠對丈夫的推崇，使太太流下了眼淚，因為這位慷慨的油漆匠，其實只有一隻手。

　　真正的殘缺不是身體的殘缺，而是心理的殘缺。當失明的丈夫像太陽一樣的光明照耀時，少了一隻手臂的油漆匠，看見了他的明亮人生。

　　人生有許多面，有積極也有消極，也有活力也有頹廢。你怎麼搭配組

合，你的生活面貌便會怎麼呈現。

任何人都有缺點和弱點，任何人也都有無知無能的方面，只不過表現在不同的事情上而已。因而，人人在自我表現和與人交際中都會有「出醜」的表現。有些人由於不能實事求是地對待自己的缺點，拿出勇氣去革新和突破自己，於是情願不做事、不講話、不交際。在燈光燦爛、樂曲悠揚的宴會廳裡，他們很想站起來跳舞，可是怕別人笑話自己舞技拙劣，寧願做一晚上的看客。

有些人，搞不清楚為什麼要放棄完美。他們認為不追求完美將達不到理想的目標。事實上，大多數時候，我們只有放棄完美，才能樹立起自信自愛的意識，才能真正認知和確立自己的價值、選擇和追求。

善待自我箴言

每個人的人生都會有這樣或那樣的不足，如能同殘缺之圓那樣繼續在人生之途滾動並細嘗沿途滋味，就能達到完整。這就是生命所能賦予我們的：不求事事如願，但求問心無愧。

在苦難中尋求幸福

從一名普通的離職女工到身價千萬的養殖大王，不惑之年的小東仍然勤勞淳樸。在事業幾經起落後，她悟到了，橫下一條心，沒有過不去的難關。

雖然她把全部的心血、最好的青春年華都給了工廠，甚至沒有時間照顧年幼的孩子，小東還是從一家工作了近二十年的工廠離職了。

離職後，她接到的第一個電話是婦聯打來的。她說：「就是這個電話，在最艱難的時候教會我用笑容去迎接困難。」

小東在工廠的時候就經常與周圍的農夫接觸，知道養殖水產有賺頭。看準這一點，她拿出了僅有的一萬元「私房錢」，又東奔西走借了些錢，承包了幾畝低窪田。資金不夠，就賺一分投入一分，滾動式周轉。幾年下來，天天

「泡」魚塘、研究技術。幾畝低窪田變成了水產養殖地。小東說：「那時魚塘就是我全部的生活了。我每天早上都要花一個小時繞池塘走一圈。」

小東沒想到，生活中的第二次打擊來得這麼快。一場大洪水淹沒了她剛剛興旺的魚塘。站在堤壩上，看著不斷上漲的洪水一點點吞沒了魚塘，小東絕望地回了家。「哪裡跌倒就從哪裡爬起來，」這是小東丈夫當時說的唯一的話。倔強的小東沒有流淚。洪水過去後，她開始帶著工人挖塘、養苗，引進新技術、新魚種，被洪水淹沒的魚塘一點點「回來」了。

小東成了遠近聞名養殖專家。

生活，有悲有喜，起伏不定，但是太陽卻依然光亮，月亮仍然美麗，星星依舊閃爍……一切的一切仍舊是那麼和諧。生命依然會有著更美麗的色彩，需要我們去開發。明天，總是美好的。只要我們有心，只要我們在艱難中咬緊牙關，我們就能夠在痛苦中盼來新一輪的朝陽。

現在，有很多人活得很累，過得很不快樂。其實，人只要生活在這個世界上，就會有很多煩惱。痛苦或是快樂，取決於你的內心。人不是戰勝痛苦的強者，便是向痛苦屈服的弱者。再重的擔子，笑著也是挑，哭著也是挑。再不順的生活，微笑著撐過去了，就是勝利。

有很多煩惱和痛苦是很容易解決的，有些事只要你肯換種角度、換個心態，你就會有另外一番光景。當我們遇到苦難挫折時，不妨把暫時的困難當作黎明前的黑暗。只要以積極的心態去觀察、去思考，就會發現，事實遠沒有想像中的那樣糟糕。換個角度去觀察，世界會更美。

沒有苦難，我們會驕傲；沒有挫折，成功不再有喜悅；沒有滄桑，我們不會有同情心。不要幻想生活總是那麼圓滿，生活的四季不可能只有春天。每個人的一生都注定要經歷坎坎坷坷，品嚐苦澀與無奈，經歷挫折與失意。

從現在開始，微笑著面對生活，不要抱怨生活給了你太多的磨難，不要抱怨生活中有太多的曲折，不要抱怨生活中存在的不公。當你走過世間的繁華與喧囂，閱盡世事，你會幡然明白：人生不會太圓滿，再苦也要笑一笑。

善待自我箴言

明天，總是美好的。只要我們有心，只要我們在艱難中咬緊牙關，我們就能夠在痛苦中盼來新一輪的朝陽。

第九章
懂得知足常樂

想要快樂和幸福，就要學會知足。知足並不是安於現狀，不思進取，或者
故步自封，而是對現有收穫的充分珍惜，對目前成果的充分享受。

▍什麼都沒有最自由

當慾望產生時，再大的胃口都無法填滿，貪多的結果只會帶來無窮無盡的煩惱和麻煩。學會放下，減少貪慾，使我們從欲念的無底深淵中得到釋放與自由，是快樂的起點。

傳說，上帝在創造蜈蚣時，並沒有為牠造腳，但是牠仍可以爬得像蛇一樣快速。

有一天，蜈蚣看到羚羊、梅花鹿和其他有腳的動物都跑得比自己還快，心裡很不高興，便嫉妒地說：「哼！腳越多，當然跑得越快。」

於是，蜈蚣向上帝禱告說：「上帝啊！我希望擁有比其他動物更多的腳。」

上帝答應了蜈蚣的請求，並且把許多腳放在蜈蚣面前，任憑牠自由取用。

蜈蚣迫不及待地拿起這些腳，一隻一隻地往身體上貼，從頭一直貼到尾，直到再也沒有地方可貼了，才依依不捨地停止。

蜈蚣心滿意足地看著滿身是腳的軀體，心中暗暗竊喜：「現在我可以像箭一樣地飛出去了！」但是，等牠開始要跑步時，才發覺自己完全無法控制這些腳。牠們劈里啪啦地各走各的。蜈蚣非得全神貫注，才能使一大堆腳不致互相絆跌，艱難地向前爬行。

我們年輕的時候，無憂無慮地生活。雖然沒有錢，沒有地位，沒有愛情，但是真的什麼都不用想，做的都是自己喜歡做的事情。當我們開始追求人人嚮往的、能帶給我們幸福快樂的各種東西的時候，我們卻漸漸地發現自己已經不能做想做的事情了。而我們得到的卻並沒有給我們帶來快樂，帶來的只是負擔，壓得我們無法追求別的東西，壓得我們無法輕鬆地面對自己的夢想。

有的時候，哪怕只是無事一身閒地去喝半天茶，或是找個沒人認識的地方閒逛，似乎都是不可原諒的浪費。別的追求還在環繞著我們，那種未必是

我們真心追求的理想在吞噬著我們的快樂。

禪師澤木興道曾淡漠地說：「終我一生，我都在努力避免獲致成功。」這對想揚名立業、功成名就的人而言，毋寧是當頭棒喝。

人生並不以持有金錢為幸福。其實，身為富人，只不過是管錢的人罷了，他們未必能自由使用金錢。獲得勛章未必代表偉大，名譽和金錢並不是人生的最終價值。最幸福的人生，就在於為他人奉獻。為他人奉獻一生的人，最尊貴。

我們經常在贏得一些名聲之後，就以為那些虛名是屬於自己的而得意洋洋，這非但不能提升我們的人品，反而會降低我們的人品。

曾經拒絕接受諾貝爾文學獎的蘇聯作家鮑里斯・巴斯特納克（Boris Leonidovich Pasternak）說：「創造的目的在於獻身，而不在於贏得好評或成功。相信他人的讚美，是最恥辱的事。」此話頗值得我們深思。

在生命的過程中，一切物質及肉體都是不可靠的奴僕。想讓自己的生命得以昇華，就必須放下這些本性之外的東西。追求自我真正的離不開的本性，才能得以解脫。

善待自我箴言

年輕的時候，我們能夠無憂無慮地生活。雖然沒有錢，沒有地位，沒有愛情，但是真的什麼都不用想，做的都是自己喜歡做的事情。

█ 慾望不可能完全得到滿足

生活中，常看到一些小朋友，兩手已經抓滿了糖果，還不斷地想搶別人手上的餅乾；家中已經堆滿了各式的玩具，還吵著要同學新買的智慧型手機、Switch 主機、PS5 主機；餐盤內放著一大塊的牛排吃不完了，卻還吵著要吃冰淇淋。

有些人到速食店，本想買個漢堡，外加一小杯飲料就夠了。當看到價目

表上，全餐的價格雖然比自己想叫的漢堡和飲料貴一些，但是多了一包薯條，飲料還是中杯的，反正不賺白不賺，乾脆就叫了份全餐。結果，吃完漢堡，勉強再把薯條吃下，喝不完的飲料只好倒掉。

貪得無厭是一種病，它的背後是匱乏。人一旦起了貪婪之心，便會有「非分之想」。有了財富，還貪求更多的財富；有了房子，還要有土地；有了名利，還要有權勢。

一位禁慾苦行的修道者，準備到無人居住的山中去隱居修行。他只帶了一塊布當作衣服，就一個人到山中居住了。

後來，修道者想到洗衣服的時候需要另外一塊布來替換，就下山到村莊中，向村民們乞討一塊布當作衣服。村民們都知道他是虔誠的修道者，毫不猶豫地給了他一塊布，當作換洗用的衣服。

修道者重回山中之後，發現在居住的茅屋裡有一隻老鼠，經常在他專心打坐的時候咬那件準備換洗的衣服。他早就發誓一生遵守不殺生的戒律，就不願意傷害那隻老鼠，但是他又沒有辦法趕走那隻老鼠。於是，他又回到村莊中，向村民要一隻貓來飼養。

得到了一隻貓之後，修道者又想到：「貓要吃什麼呢？我並不想讓貓去吃老鼠，但總不能讓牠只吃一些水果與野菜吧！」於是，他又向村民要了一頭乳牛，這樣子那隻貓就可以靠牛奶維持生活了。

在山中居住一段時間後，修道者覺得每天要花太多的時間照顧那頭乳牛，無法正常修行。於是，他又回到村莊中，找到了一個可憐的流浪漢，帶著他到山中居住，幫自己照顧乳牛。

那個流浪漢在山中居住了一段時間之後，向修道者抱怨說：「我跟你不一樣。我需要一個太太，需要正常的家庭生活。」

修道者想一想這也是人之常情，不能強迫別人跟自己一樣，過著禁慾苦行的生活。於是，他再次下山⋯⋯

這個故事就這樣繼續演變下去，也許半年以後，整個村莊都搬到山上去了。慾望就像是一條鎖鏈，一個牽著一個，永遠都不能滿足。

從前，有一隻獼猴，手裡抓了一把豆子，高高興興地在路上一蹦一跳地走著。一不留神，手中的一顆豆子滾落在地上，為了這顆掉落的豆子，獼猴馬上將手中其餘的豆子全部放置在路旁，趴在地上，轉來轉去，東尋西找，卻始終不見那顆豆子的蹤影。

最後，獼猴只好用手拍拍身上的灰土，回頭準備拿取原先放置在一旁的那把豆子，卻沒料到一旁的那把豆子都被路旁的雞鴨吃掉了。

年輕時，對於某些事物的追求，如果缺乏智慧判斷，而只是一味地投入，像故事中的獼猴只是顧及掉落的一顆豆子，等到後來終將發現，所損失的竟是所有的豆子。

有些人必須一次又一次地證明某件事物，只是因為他們未曾真正相信過；有些人必須不停地購買東西，只因他們內心深處未曾真正擁有過。

慾望就像發癢一樣，你越去搔它，就越覺得癢。對一個內心匱乏、貪得無厭的人而言，胃口只會越來越大，縱使不斷餵食，也無法填補心靈的無底洞。

追求豐美知足的人生，並不在於外在擁有什麼，而在於內心到底缺少什麼。如果心靈空虛，即使擁有再多的金錢、名位與成就，也都毫無意義。

善待自我箴言

人一旦起了貪婪之心，便會有「非分之想」。有了財富，還貪求更多的財富；有了房子，還要有土地；有了名利，還要有權勢。

▍清掃心靈上的塵埃

心靈原本是一片淨土，卻被越來越多的世俗雜音所汙染，失去了原有的寧靜。由於人性弱點的存在，人們很難聽到來自心靈的呼喚。你不要被世俗的混雜聲所擾亂，以致迷失自我，無法自拔。

聰明人不去詢問別人他們被允許做什麼，而是做自己想做的事。當愚者

為沒有遵循成功者的準則而嘆息時，聰明人坦蕩地依照自己的原則生活，這個原則就是「我首先是我自己，然後才向別人學習」。想要成為一個聰明的人，就要不被生活中的假象所迷惑，遇事問問自己的內心，聆聽心靈的聲音，避免做出錯誤的決定。

一家馬戲團有兩個侏儒，其中一個是瞎子，比另一個更矮。出於表演需要，馬戲團的老闆決定只留下一個侏儒，將另一個侏儒辭退掉。

在馬戲團裡，侏儒當然是越矮越好了。當兩個侏儒聽到老闆的消息後，私下決定比比誰的個子更矮。

可是，在約定比個子的前一天，瞎子侏儒，也就是那個較矮的侏儒，卻離奇地在自己家裡自殺了。人們趕到現場，發現了木頭做的家具和滿地的木屑。

較矮的瞎子侏儒為什麼會自殺呢？

原來，那個較高的侏儒偷偷地趕到較矮的侏儒的家裡，把所有家具的腳都鋸斷了一截。較矮的侏儒根本看不見，一摸家具都突然矮了許多，就以為自己長高了，覺得失去了競爭優勢，從此生計無著落。想到這一切，他感到好絕望，於是就自殺了。

實際上，真正擊垮較矮侏儒的「凶手」，不是別人，而是他自己，是他心靈中的塵埃，是擾亂他心神的噪音。如果沒有這些塵埃和噪音，他就不會被假象矇蔽，也不會因一念之差而選擇絕望自殺。

使人產生挫敗感、走向挫敗的根本原因，在於人自身的思想和心靈力量；使人擺脫逆境、戰勝挫折的最大因素，也在於人自身的思想和心靈力量。只要正視了自己的弱點，撇開一切干擾自己的雜念，利用積極的心態去克服它，人生就不會有遺憾，反而會取得巨大的成功。

你一定要定時清掃、淘汰不必要的東西，日後才不會變成沉重的負擔。

你一定有過年前大掃除的經驗吧。當一箱又一箱地打包時，你是不是驚訝自己在過去短短一年內，竟然累積了那麼多的東西？你是不是懊悔自己為何事前不花些時間整理，淘汰一些不再需要的東西，否則，今天就不會累得

連脊背都直不起來？

　　大掃除的懊惱經驗，讓很多人懂得了一個道理：人一定要隨時清掃、淘汰不必要的東西，日後才不會變成沉重的負擔。

　　人生又何嘗不是如此！在人生路上，每個人都是在不斷地累積東西。這些東西包括你的名譽、地位、財富、親情、人際、健康、知識等等，當然也包括了煩惱、煩悶、挫折、沮喪、壓力等等。這些東西，有的早該丟棄而未丟棄，有的則是早該儲存而未儲存。

　　對那些會拖累自己的東西，必須立刻放棄。心靈掃除的意義，就好像是生意人的「盤點庫存」。某些貨物如果不能限期銷售出去，最後很可能會因積壓過多拖垮你的生意。

　　很多人都喜歡房子清掃過後煥然一新的感覺。在拭掉門窗上的塵埃與地面上的汙垢，讓一切整理就緒之後，你整個人好像突然得到一種釋放。

　　心靈清掃原本就是一種掙扎與奮鬥的過程。不過，你可以告訴自己：每一次的清掃，並不表示就是最後一次。而且，沒有人規定你必須一次全部掃乾淨。你可以每次掃一點，但至少立刻丟棄那些會拖累你的東西。

　　定時清掃，掃掉你心靈上的塵埃與汙垢，卸下你心靈上的沉重包袱，以新的形象，積極的心態，新的精神面貌去迎接和享受新的生活。

善待自我箴言

　　心靈掃除的意義，就好像是生意人的「盤點庫存」。某些貨物如果不能限期銷售出去，最後很可能會因積壓過多拖垮你的生意。

不以物喜，不以己悲

　　平和心態，會心曠神怡、賞心悅目；平和心態，會山高水長、海闊天空；平和心態，會心寬體胖、珍愛生活；平和心態，會摒棄煩惱、少許憂愁。

　　人生無坦途，在漫長的道路上，誰都難免要遇上厄運和不幸。人類科學

史上的巨人愛因斯坦，在報考瑞士聯邦工藝學校時，竟因三科不及格落榜，被人恥笑為「遲緩兒」。小澤征爾這位被譽為「東方卡拉揚」的日本著名指揮家，在初出茅廬的一次指揮演出中，曾被中途「轟」下場來，緊接著又被解聘。為什麼厄運沒有摧垮他們？因為在他們眼裡始終把榮辱看做是人生的軌跡，是人生的一種磨練。假如他們沒有當時的厄運和無奈，也許就沒有日後絢麗多彩的人生。

十九世紀中葉，美國有個叫賽勒斯・菲爾德（Cyrus Field）的實業家，率領工程人員，要用海底電纜把「歐美兩個大陸連接起來」。為此，他成為美國當時最受尊敬的人，被譽為「兩個世界的統一者」。

在舉行盛大的接通典禮上，剛被接通的電纜傳送訊號突然中斷。人們的歡呼聲變為憤怒的狂濤，都罵他是「騙子」、「白痴」。可是，菲爾德對於這些毀譽只是淡淡地一笑，不做解釋，只管埋頭苦幹。

經過六年的努力，菲爾德最終透過海底電纜架起了歐美大陸之橋。在慶典會上，他沒上貴賓臺，只遠遠地站在人群中觀看。

菲爾德不僅是「兩個世界的統一者」，而且是一個理性的戰勝者。當他遇到難以忍受的厄運時，透過自我心理調節，然後做出正確的選擇，從而在實際行動上顯示出強烈的意志力和自持力。

世上有許多事情的確是難以預料的。成功隱含著失敗，失敗伴隨著成功。人的一生，有如簇簇繁花，既有興隆耀眼之時，也有黯淡蕭條之日。面對成功或榮譽，要像菲爾德那樣，不要狂喜，也不要盛氣凌人，把功名利祿看輕些，看淡些；面對挫折或失敗，要像愛因斯坦、小澤征爾那樣，不要憂悲，也不要自暴自棄，把厄運羞辱看遠些，看開些。

人要有經過成功、戰勝失敗的精神防線。成功了，要明白，世上的任何一樣成功或榮譽，都依賴周圍的其他因素，絕非你一個人的功勞。失敗了，不要一蹶不振，只要奮鬥了，就可以無愧地對自己說：「天空不留下我的痕跡，但我已飛過。」這樣，你就會贏得一個廣闊的心靈空間，得而不喜，失而不憂，掌握自我，超越自我。

我們不必去和別人做任何比較，事物總是無止境的，追求也是無止境的；我們該滿足現實，經常去和自己的過去比一比，看是否在不斷的進步。我們每個人，只要在不斷前進，在為自己可望而又可及的理想願望奮鬥了，便可無怨無悔。

善待自我箴言

世上有許多事情的確是難以預料的。成功隱含著失敗，失敗伴隨著成功。

不貪求不屬於自己的事物

《淮南子》中有這樣一個發人深醒的故事。

有戶人家住在離邊塞不遠的地方。主人是一個愛好騎馬而技術不算高明的人。

一次，他的馬跑到塞外去了。鄰居都替他惋惜。他的父親卻說：「怎知道這不會成為一件好事呢？」

過了幾個月，那匹馬又跑了回來，而且還帶了一匹匈奴駿馬。鄰居過來表示慶賀。他的父親說：「怎知道這不會變成一件壞事呢？」

家裡有良馬，主人又喜歡騎，結果禍就來了：墮馬摔傷了腿。鄰居都來慰問。他父親又說：「怎知道這不會又成為一件好事呢！」

過了一年，匈奴兵大舉入侵，附近青壯年大都戰死荒郊，主人卻因跛腳未能出征，得以保住了性命。

這個故事的確道出了事物的相互轉化之理。這種觀點，不僅能使人忍受一些折磨而不煩惱，而且也破除了對人生好運壞運、禍與福的執迷。

處於禍中不驚恐，處於福中不自得，這種因自然轉化而得出的處世之道，即使在現代社會也是值得借鑑的。

不陷入物慾追求而保持清靜的心態，世事的無常及虛幻就會少得多，也

不致輕易就會搖心志。即使是在平常的生活中，不對事情期望過高，不對未來做悲觀猜想，便可求得心理和諧。在得到快樂時不自得，在失運時不悲觀絕望，才能稱為得到了駕馭生活的智慧。

慾望是人遭受磨難的根源。誠然，慾望可以使人得到歡樂和幸福，但這歡樂幸福的背後卻是苦難，樂極是要生悲的。一切慾望實現之後，卻也免不了災難。

西晉石崇是個大富豪，身邊美女無數。但美女三千人，三千寵愛集綠珠一身。為了把綠珠珍藏起來，石崇專門為她置了一個住處，叫金谷園。他從此天天住在那裡。

趙王有個親信叫孫秀，不知從哪裡打聽到這個消息，就派人去向石崇討要綠珠。

石崇勃然大怒：「你們想要綠珠，除非先要了我的命！」來人如實稟告給孫秀。孫秀想，既然你只要女人不要命，那我就成全你吧。於是，孫秀向趙王誣告石崇想要謀反作亂。趙王大怒，把石崇抓了起來，滅了九族。

錢和權決定了某些歷史悲劇的必然性。正如有位智者所說的：「錢對人像水一樣。滴水皆無是絕對不行的，只能活幾天。太多了就更糟糕，浸泡其中，掩了口鼻，頃刻間就溺死了。」

人如果有錢和權就會去追求享受。不過，無論是物質的享受還是精神的享受，人人都希望得到它。然而，只有在身心健康的狀態下，人才有得到享受的感覺。

世間的萬事萬物，本來是用來培養孕育生命的，但是，偏偏有些人因為貪求，過多地享受萬物，而使之成為了損耗他們生命的禍根。

保持自我真性，不陷於貪慾和相爭，這或許不合時宜，但是，應該說是明智之舉。因為，見利而忘真性，往往就是禍患的開始。

莊周到雕陵的栗園遊玩，被一隻翅膀七尺寬的鵲鳥碰到額頭，就拿起彈弓驅逐。

在園中，莊周看見正得意鳴叫的蟬被螳螂所縛，而螳螂因有所得忘了自

己，又被鵲鳥乘機攫取，鵲鳥只顧貪利也不再注意身後。

莊周就警惕而嘆，扔下彈弓回去了。管理園子的跟在身後責罵他偷了栗子。

莊子連續幾天悶悶不樂。弟子問他：「先生為什麼不愉快呢？」

莊子回答說：「我為了守形體忘了禍患，觀照濁水反而被清淵迷惑，忘了真性，所以管園子的人辱罵我，我這才悶悶不樂的。」

欲是禍患的根源。在求得利益自以為有福降臨時，往往也會埋下禍患的根由。一味追求利益，不論開始如何得意，最終必自取其辱。

善待自我箴言

不對事情期望過高，不對未來做悲觀猜想，便可求得心理和諧。在得到快樂時不自得，在失運時不悲觀絕望，才能稱為得到了駕馭生活的智慧。

豁達地面對生活

炎熱的夏季，禪院的草地枯黃了一大片。

「快撒點草種子吧！好難看哪！」小和尚說。

「等天涼了，」師父揮揮手，「隨時！」

中秋，師父買了一包草籽，叫小和尚去播種。秋風起，草籽邊撒、邊飄。

「不好了，好多種子都被吹飛了，」小和尚喊道。

「沒關係，吹走的多半是空的，撒下去也發不了芽，」師父說，「隨性！」

剛撒完種子，就飛來幾隻小鳥啄食。

「要命了，種子都被鳥吃了，」小和尚急得直跺腳。

「沒關係！種子多，吃不完，」師父說，「隨遇！」

半夜一陣驟雨。小和尚早晨衝進禪房：「師父，這下真完了！好多草籽

被雨沖走了！」

「沖到哪裡，就在哪裡發，」師父說，「隨緣！」

一個星期過去了，原本光禿的地面，居然長出許多青翠的草苗。一些原來沒播種的角落，也泛出了綠意。

小和尚高興得真拍手。

師父點頭道：「隨喜！」

不要幻想生活總是那麼圓圓滿滿，也不要幻想在生活的四季中享受所有的春天。每個人的一生都注定要跋涉溝溝坎坎，品嚐苦澀與無奈，經歷挫折與失意。

在漫漫旅途中，失意並不可怕，受挫也無須憂傷。只要心中的信念沒有萎縮，只要自己的季節沒有嚴冬，就不怕風淒霜冷，大雪紛飛。艱難險阻是人生對你另一種形式的饋贈，坑坑窪窪也是對你意志的磨礪和考驗。落英在晚春凋零，來年又燦爛一片；黃葉在秋風中飄落，春天又煥發出生機勃勃。

豁達人生，不是玩世不恭，更不是自暴自棄。有豁達才不會終日鬱鬱寡歡，有豁達才不覺得生活得太累。

一個人的性格，往往在大膽中蘊涵了魯莽，在謹慎中伴隨著猶豫，在聰明中展現了狡猾，在固執中折映出堅強，但無論如何，對於任何人，豁達都會賦予他們一種完美的色彩。

豁達的人，每每是樂觀的人。豁達的人在遇到困境時，除了會本能地承認事實，擺脫自我糾纏之外，還有一種趨樂避害的思維習慣。這種趨樂避害，不是為了功利，而是為了保持情緒與心境的明亮與穩定。這也恰似一位哲人所言：「所謂幸福的人，是只記得自己一生中滿足之處的人；而所謂不幸的人，是只記得與此相反的內容的人。」每個人的滿足與不滿足並沒有太多的區別差異，幸福與不幸福相差的程度卻會相當巨大。

觀察分析一個心胸豁達的人，你往往會發現，他的思維習慣中有一種自嘲的傾向。這種傾向，有時會顯於外表，表現為以幽默的方式擺脫困境。自嘲是一種重要的思維方式。每個人都有許多無法避免的缺陷，這是一種必

然。不夠豁達的人，往往拒絕承認這種必然。為了滿足這種心理，他們總是緊張地抵禦著任何會使這些缺陷暴露出來的外來衝擊。

一個擁有自嘲能力的人，卻可以免於此患。他能主動察覺自己的弱點，沒有必要去盡力掩飾。從根本上來說，一個尷尬的局面之所以形成，只是因為它使你感到尷尬。要擺脫尷尬，走出困境，正面地迴避需要極大的努力，但自嘲卻為豁達者提供了一條逃逃出去的輕而易舉的途徑。那些包圍我的，本來就不是我的敵人。於是，尷尬或困境就在概念上被取消了。

豁達也有程度的區別。有些人對容忍範圍之內的事，會很豁達，而一旦超出某種極限，就會突然改變，表現出完全相異的兩種反應方式。最豁達的人，則具有一種遊戲精神，將容忍限度擴大。

一個身經百戰、出生入死、從未有畏懼之心的老將軍，解甲歸田後，以收藏古董為樂。

一天，老將軍在把玩最心愛的一件古瓶時，不小心差點脫手，嚇出一身冷汗。他突然悵然若失：「為什麼當年我出生入死，從無畏懼，現在卻會嚇出一身冷汗？」

片刻後，他悟通了，因為我迷戀它，才會有憂患得失之心，破了這種迷戀，就沒有東西能傷害我了。於是，老將軍就將古瓶擲到地上摔碎了。

豁達者的遊戲精神，即是如此。儘管他同樣會滿懷熱情，盡心盡力地去投入，但他真正欣賞的只是做這件事的過程，而不是目的，那麼，他也就解脫了得失之心的困擾。

豁達是一種生活的態度，更是一種待人處事的思維方式。豁達一部分來源於性格，但更多的緣於修養。豁達是一種大度，一種胸襟。豁達的人都有著寬廣的胸懷，有著海納百川的氣勢。豁達的人不會為小事而斤斤計較，更不會為個人的得失而鬱鬱寡歡。

善待自我箴言

豁達人生，不是玩世不恭，更不是自暴自棄。有豁達才不會終日鬱鬱寡歡，有豁達才不覺得生活得太累。

將貪婪的包袱扔掉

有個江州人善於游泳。一天，河水暴漲，水勢很急。同村的五六個同伴一起要到河對岸去做事，因為都識得水性，所以還是乘了小船橫渡過去。哪知天有不測風雲，小船到了河中間的時候，突然破了，水漏進了船裡。眼看船就要沉了，大家乾脆就全跳下船去，準備游到對岸去。但其中的這個江州人，雖然拚命地向前游，卻游得很慢。

江州人的同伴問他：「你游泳比我們都強，今天是怎麼啦，竟然落後在了我們後面？」

這個人十分吃力地說：「我腰上纏著一千大錢，很沉，游不動。」

「趕快把它解下來，丟掉算了，」同伴們都勸他。

可是，這個人搖著頭，捨不得扔掉這一千大錢。漸漸地，這個人越游越慢，幾乎要精疲力盡了。

這時，同伴中的一些人已經游到了對岸，看見這個人馬上就要沉下去了，就對他大喊：「快把錢扔了！你為什麼這樣愚蠢，連性命都保不住了，還要這些錢有什麼用。」

這個人終究還是捨不得這些錢。不一會兒，他就沉下去淹死了，也滿足了他和錢在一起的願望。

我們每個人真正的價值，可以根據他輕賤和重視的對象來衡量。生命是我們最大的財富，已經與我們同在了。許多人為了追求財富和地位，碰得頭破血流，然而他們卻看不到，愛情、平常心和幸福都是人間的瑰寶，沒有任何地位或錢財能與這些無價之寶相比。

我問過很多朋友，你有貪婪的心嗎？回答總是那麼緩慢、彆扭和不情願。貪婪是一種慾望、是一種動力、是一種體驗、一種追求、是一個火爐、是一把利劍。貪讓人功成名就，也讓人身敗名裂。貪婪本身沒有錯，錯在人自己不善於運用貪婪，使自己夢斷貪婪。

貪婪是人的本性。其實，在這個世界上人人皆有慾望，人人皆貪。男貪

美女，女貪帥哥；小孩貪長大獨立，老人貪年輕瀟灑；農夫貪財，生意人貪錢，為官者貪權，讀書人貪懶；冒險者貪名，無能者貪虛榮；窮人貪暴富，病人貪健康……

　　當然，這本來不能算貶義的貪，只能算是正常的慾望。往往是超過了事情本來的度，才成了貶義的貪，正常的貪人人皆有，不必害怕和隱瞞。有些人直到死還念念不忘貪。

　　過度貪婪，是一切罪惡之源。越是富有的人，貪婪的慾望也就越大。過度貪婪，能讓人忘記一切，甚至是自己的人格。不論男女，總是年紀越大越想用飾品來裝飾自己，迫切地想透過地位、聲望、財富和權力來得到世人的認同。

　　慾望是無止境的。我們有著太多的需求，面對著太多的誘惑。然而，在我們滿足慾望的同時，也會相對地迷失自我，並產生一種錯覺，認為財富和地位就代表了自己的一切。可是，當所有的一切都失去時，我們就會張皇失措，無所依靠。

　　物質財富和精神財富的比例，是一個永恆的話題。兩種財富都沒有的人，無疑是十分悲慘的。而有大量的物質財富而沒有精神財富，也會十分痛苦。最好的情況是有足夠的物質財富，同時也有能覆蓋天下的精神財富，然而，魚和熊掌很難兼得，在現實生活中，這種現象實在是太少了。

　　外面的世界很精彩，外面的世界也很無奈。這個世界有太多的誘惑，並隨之有太多的慾望滿足不了的痛苦。只要放對心態，從容的步履走過人生的歲月，就不需要自己表現的太貪婪。

　　我們終身勞苦而獲得的財富和我們所能享受到的世俗的歡樂都只是過眼雲煙。我們是不可能帶著它們離開這個世界的。我們可以允許財富進入我們的屋內，但永遠不要讓它主宰我們的心靈。

　　我們現在和出生時已截然不同了。出生時，我們一無所有，但年復一年，我們已被生活的包袱壓得喘不過氣來。同時，我們也被各種慾望折磨著。如果我們的欲求總是不著邊際，我們便永遠得不到它，便會無止境地追

求它，直到精疲力盡的那一天。從這種意義上來說，這種生活已不是一種樂趣，而是一種折磨了。

將貪婪的包袱扔掉，用嶄新的眼光重新省視自己，讓自己的心靈掙脫無止境的欲求，才能夠安然入夢。

善待自我箴言

許多人為了追求財富和地位，撞得頭破血流，然而他們卻看不到，愛情、平常心和幸福都是人間的瑰寶，沒有任何地位或錢財能與這些無價之寶相比。

珍惜已經擁有的

在偏遠地區，有一位農夫，常年住的是黑漆漆的窯洞，每頓吃的都是玉米、馬鈴薯，家裡最值錢的東西就是一個櫃子。可是，他整天無憂無慮，早上唱著歌去工作，晚上又唱著歌回家。

有人問他：「你為什麼會整天那麼快活？」

他說：「我渴了有水喝，餓了有飯吃，日子過得好極了。」

這位農夫能珍惜他所擁有的一切，從不為自己欠缺的東西而苦惱，這就是他能感受到幸福的真正原因。

絕大多數人所擁有的，遠遠地超過了這位農夫，可惜卻常常被我們所忽略。我們總是抱怨自己收入太低，卻忽略了我們擁有一個和睦的家庭，家中人人健康，無病無災；我們總是抱怨自己的伴侶有諸多缺點，卻忽略了他們是能與我們相親相愛，相伴到老的人；我們總是抱怨孩子沒有出息，都沒有看到他們懂得敬愛父母，總是在自我奮鬥……

人世間最大的悲哀，就是對已經擁有的東西不去掌握，但對失去的東西卻念念不忘。

青春和生命是大自然給予我們的最富有愛心的禮物。看看二十年前的照

片，也許你並不像自己以為的那樣胖得不可救藥或者是醜得一塌糊塗。為什麼我們總是看不到自己已經擁有的，而偏要去抱怨自己沒有的呢？

　　一個小女孩坐在公園的長椅上煩惱。她被一場車禍奪去了一條腿。她一定不知道，在她旁邊的草叢裡，一隻小老鼠正悄悄地看著她。牠已經好幾天沒吃東西了，此刻正羨慕地看著小女孩陷入遐想：「如果我是一個小女孩該多好，就算是只有一條腿的小女孩也行。」

　　人們習慣於去羨慕別人，看著別人，對自己已擁有的東西卻很難想到。父母抱怨著孩子不夠聽話，孩子抱怨父母不理解他們；男朋友抱怨女朋友不夠溫柔，女朋友抱怨男朋友不夠體貼。他們從未去想過，擁有健全的父母、健康的小孩和親密的男女朋友是一件多麼不易的事情。

　　許多人也許認為，擁有豐富的財富和無限的權力才會幸福。為此，他們拼命奮鬥，永無止境，來不及享受所擁有的一切，也看不見已經擁有的一切。然而，事實上，我們能夠珍惜所擁有的才是最大的幸福。

　　世間有很多事情，常常是我們沒有珍視身邊所擁有的，而當失去之時，我們才又悔恨莫及。畢卡索認為：「人生應有兩個目標：第一是得到所想要的東西，盡力去爭取；第二是享受它，享受擁有它的每一分鐘。而常人總是朝著第一個目標邁進，卻從來不去爭取第二個目標，因為他們根本不懂得享受。」

　　能夠享受人生的人，不在於擁有財富的多少和地位的高低，也不在於成功或失敗，而在於會數數。「不要計算已經失去的東西，多數數現在還剩下的東西。」這個十分簡單方法，就是享受人生的一種智慧。

　　有一個年輕人，才搬了新家，遇到朋友就說他隔壁鄰居的房子裝修得如何如何比自己的豪華。下次再遇見朋友，他就抱怨自己房子所處樓層的不滿意，而且他還一直為沒有選擇景觀較好的房子而快快不樂。

　　很多人常常有這種思維習慣，總是想這想那，只要沒有達到願望，就會一直想著他們沒得到的東西。他們如果達到了這個目的，又會冒出一些新要求，新想法。於是，心理矛盾又會出現。因此，儘管這些人得到了他們所想

要的，但仍舊快樂不起來，他們總認為自己還未得到的半杯咖啡比自己已經擁有的半杯更好。

如果你陷入了這種境況，你就需要改變你想法中的重點，多去想一想你已經擁有的，而不要太貪心地去追求你還沒有的。當你能夠不再妄想更多時，你就能珍惜你所擁有的一切，心裡的不滿與空虛就會隨之消失。只要你不抱怨自己還有很多東西沒有得到，你的生活一定會其樂無窮的。

善待自我箴言

> 許多人也許認為，擁有豐富的財富和無限的權力才會幸福。為此，他們拚命奮鬥，永無止境，來不及享受所擁有的一切，也看不見已經擁有的一切。然而，事實上，我們能夠珍惜所擁有的才是最大的幸福。

知足的人往往是快樂的

從前，有一位大財主，擁有十多間店鋪，幾百畝出租的田地，可以說得上是腰纏萬貫。在他隔壁有一間小木屋，住著一位叫阿歡的理髮師。財主整天穿的是綾羅綢緞，吃的是山珍海味，住的是大屋闊院，但是整天為收入不理想、賺錢太少而煩惱，一點也不快樂。而隔壁住的阿歡，三十出頭仍沒有妻兒，每天只有賺到幾塊錢，卻天天開心地做他的理髮工作。

財主十分不解，就把自己的管家叫過來，問：「隔壁的阿歡，家境貧困，又沒有妻兒，為什麼能夠這樣開心呢？」

管家微笑著說：「因為他知足，所以他常樂。不過，如果你肯借他十兩銀子，他馬上就會不快樂了。」

財主一聽覺得奇怪：「有這麼神奇嗎？那你明天就借十兩銀子給他，看看結果如何。」

第二天中午，管家藉口到阿歡的理髮店刮鬍子，跟阿歡聊了起來。

管家對阿歡說：「你剃了二十多年的頭，仍然賺不了大錢。現在三十出

頭，連老婆都沒有，應該改行去做一些小生意。如果你想做生意，我可以幫你向我東家借十兩銀子給你做本錢，利息比別人的稍低一點。」

阿歡喜出望外，心想：借到了這十兩銀子後，可以去做生意，以後賺很多的錢，有了錢可以蓋房子，可以娶一個妻子，以後有人做家事了，還可以讓她生兒育女，傳宗接代……也就是從這個晚上開始，阿歡的小木屋再也沒有了歡快的歌聲。

幾天後，管家又到阿歡的小木屋裡找阿歡聊天。

管家說：「阿歡，這段時間怎麼沒聽到你唱歌呢？」

阿歡苦惱地低聲回答：「唉！自從你借那十兩銀子給我之後，我真的不知道用來做什麼生意才好？錢又不多，又不懂生意行情，到期後又要歸還本息，以後真是不知怎麼辦呢？現在真煩死我了！哪還有心情唱歌呢？」

知足常樂並不是安於現狀，不思進取，頹喪和無奈的表現，而是一種樂觀的生活態度。只有懷著一顆平靜的心、熱愛生活的人，才能真正做到。珍惜當下的生活，平淡之中體會幸福，這樣就能做到知足常樂。

貧窮和富有是相對的。你有兩房一廳，就比有一房一廳的富有，但比有別墅的就貧窮了；你有本田汽車，就比沒車的富有，但比有 BMW 的就貧窮了。於是，你向別墅和 BMW 奮鬥，這就對了，水往低處流，人往高處走。經過奮鬥，別墅和 BMW 你都會有的。有了別墅和 BMW，你會滿足嗎？不會，你還會想要擁有莊園，擁有法拉利（Ferrari）、保時捷（Porsche）、勞斯萊斯（Rolls-Royce）。

人們為什麼總在說知足者常樂？那是指生活而言，指所得而言，是指人們對生活、對所得應抱什麼心態而言。每個人都在為社會作奉獻，也都在獲得社會的財富，但奉獻和財富的獲得對每個人來講都不是對等的。人們要比奉獻，不要比索取，不要比所得，否則，人比人會氣死人的。

一個人要懂得知足，就要懂得凡事循序漸進，量力而行；凡事掌握有度，適可而止。所謂知足，是種平和的境界。所謂常樂，是一種豁達的人生態度。

　　知足者常樂，不是說這個人安於現狀，沒有追求，沒有目標，而是說這個人懂得取捨，懂得放棄，懂得適可而止。

　　活在這個世界上，人與人之間每天都存在著很多誘惑，如何放對自己的位置最重要。在那個時段，做那個時段該做的事，就是最佳狀態。

　　滿足於現狀，對於個人來說，並不一定就是不思進取。「君子有所為，有所不為。」對於事業，我們應該孜孜以求，而對於那些名利之事，我們大可不必計較，還是隨遇而安的好。

　　人應該知道自己有多大的條件和能力來滿足自己，並利用這些條件和能力，透過自己的不斷努力去實現自己的願望，這樣的人是快樂的。

善待自我箴言

　　知足常樂並不是安於現狀，不思進取，頹喪和無奈的表現，而是一種樂觀的生活態度。珍惜當下的生活，平淡之中體會幸福，這樣就能做到知足常樂。

第十章
不要抱怨，勇於擔當

不要抱怨太多，不要徒然去羨慕別人，「與其臨淵羨魚，不如退而結網」，做足儲蓄，耕耘好自己的一方田地。

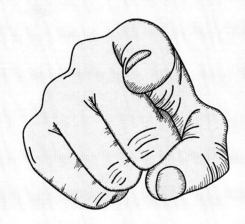

▌失誤也可以成就輝煌

雞尾酒的配製成功源於一個美麗的失誤。

喬治是一家酒吧的夥計。他每天負責把供酒商送來的酒分類倒入酒缸裡，然後等著賣給客人。

有一天，又睏又累的喬治迷迷糊糊中竟把酒倒錯了缸子，把一種高檔酒跟另一種酒混在了一起，等他察覺的時候已經無法挽救。此時，恰巧有一個顧客來買酒，而不知情的售酒員就把弄混了的酒賣給了顧客。沒想到顧客喝了這種酒後竟然讚不絕口。

「為什麼不能把不同的酒混在一起，調成另一種別有風味的酒呢？」還為失誤而內心惶恐的喬治此刻靈光一閃。他開始了不斷的試驗和調製，最後創造出一種口感獨特、顏色瑰麗的酒 —— 雞尾酒。雞尾酒一經問世，就成為顧客們的新寵。喬治也成了富翁。

無獨有偶，全球飲料巨頭可口可樂的研究成功也是源於一個美麗的失誤。

美國亞特蘭大有一個業餘藥劑師，叫約翰·史蒂斯·彭伯頓 (John Stith Pemberton)。他有一天突發奇想，想研發一種令人興奮的藥。他用桉樹葉作為材料，做了很多努力，藥效卻不好。

有一天，一位患頭痛的病人前來就醫。潘伯頓讓店員取他配製的藥。可是，店員在給他藥時，不是沖入了清水，而是誤將蘇打水沖進了藥瓶。病人飲後，才發覺配方錯了，所有人都大驚失色。但奇怪的是，病人的頭痛症減輕了，而且沒有發生不良反應。潘伯頓如釋重負。

過了些天，潘伯頓突然受到了啟發，把藥和蘇打水進行試驗，發現這些液體芳香可口，益氣提神。結果，在他的改良下，可口可樂從藥材變成了飲料，風靡全世界。

因為一次失誤，而給自己帶來意外的財富，正是因為他們勇於正視自己的錯誤，沒有想要掩蓋自己的失誤。

人的一生難免會有失誤。失誤並不可怕，可怕的是我們錯失一次成功的機遇。我們要用自己敏銳的眼睛、善於思考的大腦，及時準確地從失誤中捕捉資訊，尋求挽回失誤、可以柳暗花明的因素，也許就能創造出意想不到的成功。

一位德國工人在做書寫紙時，由於粗心弄錯了配方，生產出了一大批不能書寫的廢紙。他被扣薪資、罰獎金，最後還被公司解僱了。

正在他灰心喪氣的時候，他的一個朋友提醒他：「這些紙難道真的沒有用處嗎？」

他仔細研究這些紙，發現這些紙雖然不能書寫，但是吸水性卻極好，可以用來吸乾器具上的水。於是，他將這批紙切成小塊，取名為「吸水紙」，到了市場販賣，結果十分搶手。

後來，他申請了專利，成了德國著名的大富翁。

生活中，出現問題、失誤並不可怕，重要的是你如何面對它。你犯了小錯，卻認為這是致命的，那這個小錯就足以擊敗你。但是，如果認為這是成功的一種預示，那你就已經按響了成功的門鈴，再推一把，就跨進了成功的門檻。

在一次作畫時，國畫大師齊白石先生不小心將一滴墨落到剛完成的畫上。圍觀者惋惜不已。可是，齊老先生略加思索，用筆在那墨點上輕描幾下，一隻憨態可掬的小蝌蚪躍然紙上。一幅《戲蝦圖》又平添了幾分神韻，成了不朽的名作。

失誤中也不缺少機遇和美，只是有時缺少發現它們的眼睛。人生並不完美。失誤是難以避免的。只要我們用積極的態度去正視它，也許在小小失誤的背後就隱藏著成功與美麗。

善待自我箴言

我們要用自己敏銳的眼睛、善於思考的大腦，及時準確地從失誤中捕捉資訊，尋求挽回失誤、可以柳暗花明的因素，也許就能創造出意想不到的成功。

▌昂首挺胸迎接生命的春天

否極泰來、苦盡甘來、時來運轉等成語無不反映了人們的一種美好願望。逆境達到極點，就會向順境轉化；壞運到了盡頭，好運就會來到。我們堅信，冬天終將過去，春天必將來臨。這是對生活的信心，也是對生活的希望。有了信心與希望，無論事情多糟糕，我們都會有面對現實的勇氣和決心。

布里奇特是一個汽車推銷商的兒子，一個典型的美國孩子。他活潑、健康，熱衷於籃球、網球、壘球等運動，是中學裡一位眾所周知的優秀學生。後來，布里奇特應徵入伍。在一次軍事行動中，他所在部隊被派遣駐守一個山頭。激戰中，一顆炸彈突然飛入他們的陣地。眼看即將爆炸，布里奇特果斷地撲向炸彈，試圖將它扔開。可是，炸彈卻爆炸了，他被重重地炸傷在地上。清醒後，他發現自己的右腿右手全被炸掉了，左腿也變得血肉模糊，必須截肢了。一瞬間，他想哭，卻哭不出來，因為彈片穿過了他的喉嚨。人們都以為布里奇特再也不能生還了，但他卻奇蹟般地活了下來。

在生命垂危的時候，布里奇特反複誦讀賢人先哲的這句格言：「如果你懂得苦難磨練出堅韌，堅韌孕育出骨氣，骨氣萌發不懈的希望，那麼苦難會最終給你帶來幸福。」布里奇特一次又一次默唸著這段話，心中始終保持著不滅的希望。然而，對於一個三截肢（雙腿、右臂）的年輕人來說，這個打擊實在太大了。在深深的絕望中，他又想到了一句先哲的格言：「當你被命運擊倒在最底層之後，再能高高躍起就是成功。」

回國後，布里奇特從事了政治活動。他先在州議會中工作了兩屆。然後，他競選副州長失敗。這是一次沉重的打擊。但他用這樣一句格言鼓勵自己：「經歷不等於經驗。經驗是一個人經過經歷所獲得的感受。」這指導他更自覺地去嘗試。緊接著，他學會駕駛一輛特製的汽車並跑遍全國，發動了一場支持退伍軍人的運動。在三十四歲那年，總統任命他擔任全國復員軍人委員會負責人。他是在這個機構中擔任此職務最年輕的一個人。卸任後，布里奇特回到自己的家鄉。後來，布里奇特兩次當選州議會部長。

布里奇特成為了一個傳奇人物。人們經常可以在籃球場上看到他搖著輪椅打籃球。他經常邀請年輕人與他做投籃比賽，曾經用左手一連投進了十八個空心籃。布里奇特常說：「你必須知道，人們是以你自己看待自己的方式來看你的。你對自己自憐，人們則會報以憐憫；你充滿自信，人們會報以敬畏；你自暴自棄，人們就會嗤之以鼻。」

天無絕人之路。生活有難題，同時也會給我們解決問題的能力與方法。布里奇特之所以能夠生存下來並創造事業的輝煌，是因為他堅信冬天之後春天必會來臨。他在困難面前沒有低頭，而是昂首挺進，直至迎來了生命的春天。

生活並非總是豔陽高照，狂風暴雨隨時都有可能來臨。因此，每個人都需要重整旗鼓，以一種勇敢的人生姿態去迎接命運的挑戰。請記住，冬天總會過去，春天總會來臨，我們一定會生活得更好。

春天給我們輝煌的遠景，也給我們無限的勇氣；春天給我們前行的方向，也給我們無窮的動力。讓內心世界春風輕拂，春雨飄灑。只有自己的內心是一個生機盎然的春天，才能帶給世界一個明媚的春天。

善待自我箴言

堅信冬天終將過去，春天必將來臨。這是對生活的信心，也是對生活的希望。有了信心與希望，無論事情多糟糕，我們都會有面對現實的勇氣和決心。

▌不因厄運一蹶不振

儘管在生活中，每個人都會遇到各種各樣的挫折和不幸，而且不僅僅要承受一種磨難，甚至於受打擊的時間可能長達幾年、十幾年，但是讓人極度討厭的厄運也有它的「致命弱點」，那就是它不會持久存在。

人們在遭受了生活的打擊之後，總是習慣抱怨自己的命運不好，身邊沒

有能夠幫忙的朋友，但是抱怨並不能解決問題。當問題發生的時候，我們一定要相信厄運不久就會離開，轉運的一天定會到來。

一個父親靠帶著兒子在外做工過活。每天，他們都得走很遠的路到集鎮去。路上有一條河，不算寬，但沒有橋。這給父子的往返帶來了不少的麻煩。可為了生計，他們必須早出晚歸，風雨無阻。

水淺的時候，父子倆挽起褲腿趟過去，心情好時會在水中嬉戲一陣。水涼的時候，父親在河中鋪上一些石塊。如果架起一座「石橋」，父子倆一路小跑地奔過去。這畢竟都屬風平浪靜。一旦天公不作美，父子倆麻煩就大了。

一天夜裡，下了一場大雨。清晨，父子倆趕到河邊，煩惱起來。河水漲了許多，根本沒辦法過去。兒子說：「今天乾脆不去啦。」父親說：「那怎麼行？一次誤工，這份差事就屬於別人了。」兒子問：「那又有什麼辦法呢？」父親想了想回答：「游過去。」兒子很吃驚，游過去，衣服不都溼了嗎？父親說：「把衣服脫下來放在袋裡。」於是，父子倆就這樣游了過去。

這還不是最難的時候。有一次，連下了幾天大雨，河水不但漲得高，而且水流得非常猛。兒子望著湍急的河水哀嘆：「這回我們真的過不去了！」父親笑著說：「不見得。」兒子有些好奇，就問：「游過去？」父親說：「這麼急的水一定會把我們倆沖走的。」兒子問：「有船來接我們？」父親答：「我們哪有錢租船，再說這麼急的水，船也不能划呀。」

兒子想了半天也沒想出什麼辦法，著急地問：「是不是架橋？」父親神祕地說：「猜得沾點邊。不過哪有錢修橋，再說一兩天也修不好橋呀。」兒子急不可耐了：「哎呀，你就說吧，有什麼辦法。」父親說：「架天橋。」兒子吃驚不已：「架天橋？」父親把兒子帶到一處窄河段，指著上面說：「看到了嗎？兩岸拉了一根粗繩。我早就知道雨季一到會有大麻煩，提前在兩岸打了木樁拉了繩索。我們吊著過去或者爬過去，關鍵是得膽子大。你放心，繩子很牢固。」

現實生活中，沒有人不追求和嚮往美好，但命運好像就是要與人作對，總是在人生的道路上不滿坎坷，總是不讓人一帆風順，各種各樣的挫折總是

在人不經意間橫亙道上。意志薄弱者遇到困難時，便心灰意冷，顧影自憐，整天精神萎靡，怨天尤人。而意志堅強者堅信人生沒有過不去的坎，往往是越挫越奮，義無反顧，勇往直前，從哪裡跌到就從哪裡爬起來。

人的承受能力，其實遠遠超過人們的思想。不到關鍵時刻，我們很少能認識到自己的潛力有多大。

任何困難都會過去的。咬咬牙，就會看到新的曙光迎接你，不要在陰影中後悔和痛苦。人生沒有過不去的事，只有過不去的人。

生活中我們不必去乞求，也不可能總是陽光明媚的豔陽天，狂風暴雨隨時都可能莅臨。只要我們有迎接厄運的勇氣和胸懷，在低谷和挫折面前不低頭，跌到了再重新爬起來，以勇敢的姿態去迎接命運的挑戰，就能迎來人生的輝煌。

美國有一種叫「瓊斯乳豬香腸」的美食，可謂是家喻戶曉。在它的發明背後還有一段催人淚下的與命運作鬥爭的故事。

瓊斯是該食品的發明人。他原來在威斯康辛州農場工作。當時，他的家人生活比較困難，但他身體強壯，工作認真勤勉，也從來沒有妄想發財。

天有不測風雲，人有旦夕禍福。瓊斯在一次意外事故中癱瘓了，躺在床上動彈不得。很多人都認為他這一輩子算完了，然而事實卻出人意料。

瓊斯身殘志堅，始終都與命運作著鬥爭。雖然他的身體癱瘓了，但他的意志卻沒有受到絲毫影響，依然可以思考。他決定讓自己活得充滿希望，樂觀、開朗些，做一個有用的人，不想成為家人的負擔。

他思考多日，最終把構想告訴家人：「我的雙手雖然不能工作了，但我要開始用大腦工作，由你們代替我的雙手。我們的農場全部改種玉米，用收穫的玉米來養豬，然後趁著乳肉質鮮嫩時灌成香腸出售，一定會很暢銷。」

正所謂：「天無絕人之路。」生活丟給我們一個難題，同時也會給我們解決問題的能力與機會。瓊斯之所以能夠獲得成功，就是因為他在困難面前沒有低頭，沒有被挫折嚇倒。

無論面對怎樣的生活景況，無論生活帶給自己的是什麼樣的痛苦和憂

愁，請記住一句話，人生沒有過不去的難關。拋棄痛苦，忘卻憂愁，從容地生活，人生才會擁有一份輕鬆，擁有一份寧靜。

善待自我箴言

> 人們在遭受了生活的打擊之後，總是習慣抱怨自己的命運不好，身邊沒有能夠幫忙的朋友，但是抱怨並不能解決問題。當問題發生的時候，我們一定要相信厄運不久就會運走，轉運的一天定會到來。

你不可能重複昨天的故事

威廉‧奧斯勒（William Osler）爵士在耶魯大學發表演講時，對學生們說：「人們傳言說我擁有『特殊的頭腦』，其實不然，我周圍的一些好朋友都知道，我的腦袋其實是最普通不過了。」

那麼，他成功的祕訣是什麼呢？他認為這無非是因為他活在「一個完全獨立的今天」裡。

在到耶魯大學演講的前一個月，他曾乘坐一艘很大的海輪橫渡大西洋。一天，他看見船長站在船艙裡，按下一個按鈕，發出一陣機械運轉的聲音，船的幾個部分就立刻彼此隔絕開來，隔成幾個完全防水的隔艙。

「你們每一個人，」奧斯勒爵士說，「都要比那條大海輪精美得多，所要走的航程也要遠得多。我要奉勸各位的是，你們也要學船長的樣子控制一切，活在一個完全獨立的今天，這才是航程中確保安全的最好方法。你有的是今天，斷開過去，把已經過去的埋葬掉。斷開那些會把傻子引上死亡之路的昨天，把明日緊緊地關在門外。未來就在今天，沒有明天這個東西。精力的浪費、精神的苦悶，都會緊緊跟著一個為未來擔憂的人。養成一個生活好習慣，那就是生活在一個完全獨立的今天裡。」

奧斯勒爵士接著說：「為明日準備的最好辦法，就是要集中你所有的智慧、所有的熱忱，把今天的工作做得盡善盡美，這就是你能應付未來的唯一

方法。」

其實，人生的一切成就都是由你「今天」的成就累積起來的，總是想著昨天和明天，你的「今天」就永遠沒有成果。只有珍惜今天，你才能有好的未來。

泰戈爾在《飛鳥集》（Stray Birds）中寫道：「只管走過去，不要逗留著去採下花朵來保存，因為一路上，花朵會繼續開放的。」為採集眼前的花朵而花費太多的時間和精力是不值得的。道路還長，前面還有更多的花朵，讓我們一路走下去。

有一名蒙特瑞綜合醫院的學生，平日對生活充滿了憂慮，擔心過不了期末考試，擔心該做些什麼事情，怎樣才能畢業，怎樣才能生活。

一天，他拿起了一本書，看到了一句對他前途有莫大影響的話：「最重要的就是不要去看遠方模糊的事，而要做手邊清楚的事。」

在這句話的指引下，這位年輕的醫科學生成為了近代最有名的病理學家，創建了全世界知名的約翰·霍普金斯學院，成為牛津大學醫學院的教授──這是學醫的人所能得到的最高榮譽。他還被冊封為爵士。他的名字叫做威廉·奧斯勒（William Osler）爵士。

戲劇學大師莎士比亞說：「明智的人永遠不會坐在那裡為他們的損失而悲傷，卻會很高興地去找出辦法來彌補他們的創傷。」成功學大師拿破崙·希爾說：「當我讀歷史和傳記並觀察一般人如何度過艱苦的處境時，我一直既覺得吃驚，又羨慕那些能夠把他們的憂慮和不幸忘掉並繼續過快樂生活的人。」

無論你昨天過得多糟糕，無論你今天多懊惱，都無法回到過去了。一百個理由，一千種藉口，也於事無補。

善待自我箴言

人生的一切成就都是由你「今天」的成就累積起來的，總是想著昨天和明天，你的「今天」就永遠沒有成果。只有珍惜今天，你才能有好的未來。

煩惱其實是自找的

生活中，人一旦被煩惱籠罩住，那他的生活將苦不堪言。煩惱到底躲在哪裡？我們又將如何擺脫煩惱呢？

一個年輕人四處尋找解脫煩惱的祕訣。

這一天，他來到一個山腳下。只見一片綠草叢中，一位牧童騎在牛背上，吹著悠揚的橫笛，逍遙自在。

年輕人走上前去詢問：「你看起來很快活，能教給我解脫煩惱的方法嗎？」

牧童說：「騎在牛背上，笛子一吹，什麼煩惱也沒有了。」年輕人試了試，不靈。於是他又繼續尋找。

年輕人來到一條河邊，看見一位老翁坐在柳蔭下，手持一根釣竿，正在垂釣。老翁神情怡然，自得其樂，年輕人走上前去鞠了一個躬：「請問老翁，您能賜我解脫煩惱的辦法嗎？」

老翁看了他一眼，慢聲慢氣地說：「來吧，孩子，跟我一起釣魚，保證你沒有煩惱。」年輕人試了試，還是不靈。於是，他又繼續尋找。

不久，年輕人來到一個山洞裡，看見洞內有一個老人獨坐在洞中，面帶滿足的微笑。

年輕人深深鞠了一個躬，向老人說明來意。

老人微笑著摸摸長髯，問道：「這麼說你是來尋求解脫的？」

年輕人說：「對對對！懇請前輩不吝賜教。」

老人笑著問：「有誰捆住你了嗎？」

「……沒有。」

「既然沒有捆住你，又談何解脫呢？」

生活中，有很多煩惱都是我們自找的，是自己捆住了自己。好多人都這樣假設：假如變成這樣要怎麼辦？假如變成那樣又會如何？這樣做會不會變

得更差呢？

有一天，城郊的寺廟裡來了一位很富態的中年婦人。據她說，她最近老是失眠，無論面對多麼鮮美的飯菜都沒有胃口，渾身乏力，懶得動，做什麼事都沒有熱情，很想了卻塵緣，遁入佛門。

方丈是個懂得醫術之人，聽完那位婦人的描述後，便說：「不忙，待老衲先給施主把把脈如何？」婦人點頭應允。

切完脈，觀完舌苔，方丈微微一笑：「體有虛火，並無大礙。」

頓了一下，方丈又接著說：「只是施主心中藏著太多煩惱而已。」

中年婦女一被點醒，心裡暗嘆神奇，便把心中所有事情逐一向方丈說明。

方丈很隨意地跟她聊著：「你家相公與施主感情如何？」

婦人臉上有了笑容，說：「感情很好，耳鬢廝磨十幾年從未紅過臉。」

方丈又問：「施主膝下有無子女？」

婦人眼裡閃出光彩，說：「有個女兒，很聰明，很懂事。」

方丈又問：「家裡的生活不好嗎？」

婦人趕緊搖頭說：「很好，家裡的生活算得上是鎮上的富人家了。」

方丈鋪開紙墨，邊問邊寫，左邊寫著她的苦惱之事，右邊寫著她的快樂之事，然後把寫滿字的這張紙放到婦人面前，對婦人說：「這張紙就是治病的藥方。你把苦惱之事看得太重了，所以忽視了身邊的快樂。」

說著，方丈讓徒弟取來一盆水和一隻苦膽，把膽汁滴入水盆中，濃綠色的膽汁在水中淡開，很快就不見了蹤影。方丈說：「膽汁入水，味則變淡。人生何嘗不是如此？施主，不是您承受了太多的苦痛，而是您不善於用快樂之水沖淡苦味啊。」

當我們在為種種苦惱之事感到失落甚至掉淚時，其實快樂就在身邊朝我們微笑。做一個快樂的人其實並不難，擁有一個幸福的人生也很簡單，只要記住三條：不要拿自己的錯誤懲罰自己，不要拿自己的錯誤懲罰別人，不要

拿別人的錯誤懲罰自己。

因為煩惱，一些本可以成為天才的人正在做著極其平庸的工作；因為煩惱，很多人把大量的時間和精力耗費在了無謂的事上。世界上沒有一個人因煩惱而獲得過好處，也沒有一個人因煩惱而改善過自己的境遇，但煩惱卻在隨時隨地損害著我們的健康，消耗著我們的精力，擾亂著我們的思想，減少著我們的工作效能，降低著我們的生活品質。

人生在世，其實是在為自己而活。活著，本身就是一種幸福。每個人來到這個世界上都是不容易的，也是幸運的。珍惜和善待我們的人生，快樂和充實地度過每一天，才是遠離煩惱的正確選擇。

善待自我箴言

做一個快樂的人其實並不難，擁有一個幸福的人生也很簡單，只要記住三條：不要拿自己的錯誤懲罰自己，不要拿自己的錯誤懲罰別人，不要拿別人的錯誤懲罰自己。

勇於嘗試所有可能的事

人的一生是一段漫長的路程，不要因為一時的失敗就否定自己，要有從頭再來的勇氣。要用平常心去看待人生中的起落，不能因為一次的得失就斷定一生的成敗。人生的路上不可能永遠一帆風順，總有潮起潮落之時，有時失敗也未必是壞事。沒有昨天的失敗，也許未必有今天的成功。人生最大的敵人是自己。只有勇於承認失敗的人，勇於從頭再來的人，才能最終戰勝自己，戰勝命運。面對失敗，我們沒什麼可抱怨的，從哪裡跌倒，就從哪裡爬起來。

帕里斯出生在法國南部。他一直從事玻璃製造業，直到有一天看到一隻精美絕倫的義大利彩陶茶杯。這一次，改變了他一生的命運。

「我也要造出這樣美麗的彩陶，」這是他當時唯一的想法。

他建起烤爐，買來陶罐，打成碎片，開始摸索著進行燒製。

幾年下來，碎陶片堆得像小山一樣，可是他心目中的彩陶卻仍不見蹤影。他甚至無米下鍋了，只得回去重操舊業，賺錢來生活。

他賺了一筆錢後，又燒了三年，碎陶片又在磚爐旁堆成了山，可仍然沒有結果。

以後連續幾年，他賺錢買燃料和其他材料，不斷地試驗，都沒有成功。

長期的失敗使人們對他產生了看法，都說他愚蠢，是個大傻瓜，連家裡人也開始埋怨他。他也只是默默地承受。

試驗又開始了，他十多天都沒有脫衣服，日夜守在爐旁。燃料不夠了，他拆了院子裡的木柵欄，怎麼也不能讓火停下來。又不夠了，他搬出了家具，劈開扔進爐子裡。還是不夠，他又開始拆屋子裡的地板。

劈劈啪啪的爆裂聲和妻子兒女們的哭聲，讓人聽了鼻子都是酸酸的。馬上就可以出爐了，多年的心血就要有回報了，就在這時，只聽爐肉「嘭」的一聲，不知是什麼爆裂了。所有的產品都沾染上了黑點，全成了次品。

眼看到手的成功，又失敗了。帕里斯也感受到了巨大的打擊，獨自一人在田野裡漫無目的地走著。不知走了多長時間，優美的大自然終於使他恢復了心裡的平靜，他又開始了下一次試驗。

經過十六年的艱辛歷程，他終於成功了，而這一刻，他卻非常平靜。他的作品成了稀世珍寶，價值連城，藝術家們爭相收藏。他燒製的彩陶瓦，至今仍在法國的羅浮宮（Louvre）閃耀著光芒。

帕里斯的成功之路是艱辛而漫長的。他的成功來得何等不易。在一次又一次的失敗中一次又一次的重新站起，這正是帕里斯成功的祕訣所在。

美國前總統羅斯福說：「最好的事情是勇於嘗試所有可能的事，經歷了一次次的失敗後贏得榮譽和勝利。這遠比與那些可憐的人們為伍好得多。那些人既沒有享受過多少成功的喜悅，也沒有體驗過失敗的痛苦，因為他們的生活黯淡無光，不知道什麼是勝利，什麼是失敗。」

在這個世界上，有陽光，就必定有烏雲；有晴天，就必定有風雨。從烏

雲中解脫出來的陽光比以前更加燦爛，經歷過風雨洗禮的天空才能更加湛藍。人們都希望自己的生活如絲順滑、如水準靜，可是命運卻給予人們那麼多波折坎坷。

不要害怕失敗，在失敗面前，只有永不言棄者才能傲然面對一切，才能最終取得成功。其實，失敗不過是從頭再來。

這個世界上，大多數人都失敗過。一些人越戰越勇，排除萬難迎來了成功，而另外一些人卻從此一蹶不振，陷入人生的泥沼。其實，所有的不幸都不可怕，可怕的是我們喪失了鬥志，失去了面對的勇氣。只要我們的生命還在，跌倒了就爬起來，所有的傷痛都可以療越。

在堅強的生命面前，失敗並不是一種摧殘，也並不意味著你浪費了時間和生命，而恰恰是給了你一個重新開始的理由和機會。

面對挫折，讓我們想想臥薪嘗膽的越王勾踐，想想在奧運賽場上倒下又爬起來的運動員，想想從黑暗無聲的世界中掙脫的海倫，我們不難發現挫折是完全可以戰勝的。面對挫折，心情低落是沒有用的。如果你覺得從來沒有這麼糟糕過，那你就對自己說：「反正不會有比這更糟的時候了。」這時，你就會覺得心中豁然開朗很多，就有了重新開始的勇氣。

善待自我箴言

只有勇於承認失敗的人，勇於從頭再來的人，才能最終戰勝自己，戰勝命運。面對失敗，我們沒什麼可抱怨的，從哪裡跌倒，就從哪裡爬起來。

▌放不下才有煩惱

人在心情不好的時候會不自覺地把壞心情抱得更緊：關門不跟人說話。嘟著嘴生悶氣，鎖著眉頭胡思亂想，結果心情更壞、更難過。我們想擁有好心情，就得從壞心情中開脫，放下心情的包袱，從煩惱的死路中走出來。對於那些給自己製造困擾的想法，要狠下心來，把它拋開，才能應付自如，擁

有好心情。因此，人人都應該學會放下，放下才能快樂。

有一個人在經過一道險峻的懸崖時，不小心掉下深谷。眼看生命在旦夕，他本能地舞動雙手在空中亂抓，剛好抓住崖壁上枯樹的老枝，總算暫時保住了性命。

但是人懸蕩在半空中，上下不得，正不知如何是好的時候，他看到慈悲的佛陀站立在懸崖上，慈祥地看著自己。他趕緊求佛陀：「大慈大悲的佛陀！求您救救我，一定要救我啊！」

「我就是來救你的，但是你要聽我的話，我才有辦法救你上來，」佛陀慈祥地說。

「佛陀，到了這種地步，我怎敢不聽您的話呢？隨您說什麼，您怎麼說，我就怎麼做，我全都聽您的。」

「好吧，那麼請你把攀住樹枝的手放下。」

這個人一聽，心想：「把手一放，勢必掉到萬丈深淵，跌得粉身碎骨，哪裡還保得住生命？」於是，他就掌握樹枝不放。

佛陀看到這個人執迷不悟，只好搖搖頭，嘆嘆氣走了。

放手，未必會死，或許還有生的可能。當手中抓住一件東西不放時，你只能擁有這件東西，如果你肯放手，你就有機會選擇別的。如果人死守著自己的觀念，不肯放下，那麼他的人生道路只會越走越窄。其實，人只要肯換個想法，調整一下態度，放下心中的包袱，就能讓自己有新的心境。

一個老和尚帶一個剛出家的小和尚去山下化緣。小和尚一路上都恭敬地看著師父。他們走到一條河邊的時候，看到一個很漂亮的小女孩站在河邊煩惱。她的衣服很漂亮，要過河就必定要弄髒她的衣服，但是她又不想弄髒自己的衣服。

這個時候，老和尚走上前去問小女孩：「你是不是想過河啊？那我背你過吧！」

於是，老和尚就背著這個小女孩過了河，然後把她放下，又帶著小和尚繼續走。

但是，小和尚再也不能安心走了。他一直在想師父不是老和我說出家人不能近女色的嗎？為什麼他就能背著小女孩過河呢？他們都離開河邊三十多里路了，小和尚還是一直被這個問題困惑著，一路挺納悶的。

小和尚終於忍不住了，問老和尚：「師父，您不是說出家人不能近女色嗎？為什麼您就能背那個漂亮女孩過河呢？」

師父跟他說：「其實，我過了河就把小女孩放下了，而你卻背著她走了三十多里路。」

在一生中，我們將逐漸失去青春、失去健康，失去少年的輕狂，失去可以掌握一切的氣勢，失去做夢的勇氣，其實，也在失去做夢的資本。隨著年齡的增大，我們還要面臨失去工作，失去身邊的朋友、熟人。到最後，我們要失去整個熟悉的世界，步入天堂。因此，我們一定要學會接受「失去」。

天真爛漫的瑪麗亞高中畢業後，因家境貧寒無錢去巴黎上大學，只好到一個鄉紳家裡去當家庭教師。

後來，她與鄉紳的大兒子卡西密爾相愛。在他倆計畫結婚時，卻遭到卡西密爾父母的反對。這兩位老人深知瑪麗亞生性聰明、品德端正，但是，貧窮的女教師怎麼能與自己家庭的錢財和身分相匹配？父親大發雷霆，母親幾乎暈了過去，卡西密爾屈從了父母的意志。

失戀的痛苦折磨著瑪麗亞，她曾有過「向塵世告別」的念頭。瑪麗亞畢竟不是平凡的女子，除了個人的愛戀，還愛科學。於是，她放下情緣，刻苦自學，並幫助當地貧民農夫的孩子學習。

幾年後，她又與卡西密爾進行了最後一次談話。卡西密爾還是那樣優柔寡斷，她終於砍斷了這根愛戀的繩索，去巴黎求學。這一次「幸運的失戀」就是一次失去。如果沒有這次失去，她的歷史將會是另一種寫法，世界上就會少了一位偉大的女科學家。

學會習慣於「失去」，往往能從「失去」中「獲得」。得其精髓者，人生則少有挫折，多有收穫；人會從幼稚走向成熟，從貪婪走向博大。

我們在經受「失去」中逐漸成長，在「失去」中經過人生的每一個階段。

我們必須尋求一種更為寬廣的視野，透過通往永恆的窗口來審度我們的人生。一旦如此，我們即可醒悟：儘管生命有限，而我們在世界上的「作為」卻為之織就了永恆的圖景。

善待自我箴言

> 當手中抓住一件東西不放時，你只能擁有這件東西，如果你肯放手，你就有機會選擇別的。如果人死守著自己的觀念，不肯放下，那麼他的人生道路只會越走越窄。

第十一章
感恩人生，幸福常伴

學會感恩，是為了擦亮蒙塵的心靈而不致麻木；學會感恩，是為了將無以
為報的點滴付出永銘於心。感恩，是一種對恩惠心存感激的表示，是每一
位不忘他人恩情的人縈繞心中的情感。

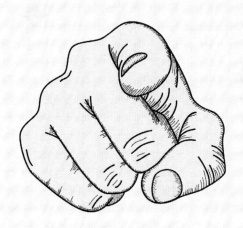

▍真誠地欣賞別人

在一個春天暖洋洋的中午，女兒和爸爸在郊區公園散步。在那裡，女兒看見一個很滑稽的老太太。天氣那麼暖和，她卻緊裹著一件厚厚的羊絨大衣，脖子上圍著一條毛皮圍巾，彷彿天上正下著大雪。女兒輕輕地拽了一下爸爸的手臂說：「爸爸，您看那位老太太的樣子多可笑呀。」

爸爸的表情顯得特別的嚴肅，沉默了一會兒說：「孩子，我突然發現你缺少一種本領，你不會欣賞別人。這證明你在與別人的交往中少了一份真誠和友善。」

女兒覺得爸爸有些小題大作了，就很不服氣地問：「您難道不覺得那位老太太的樣子很可笑嗎？」

爸爸說：「和你相反，我很欣賞那位老太太。」女兒聽了以後驚訝極了。

爸爸接著說：「那位老太太穿著大衣，圍著圍巾，也許是生病初癒，身體還不太舒服。但你看她的表情，她注視著樹枝上一朵清香、漂亮的丁香花，表情是那麼地生動。你不認為很可愛嗎？她渴望春天，喜歡美好的大自然。我覺得這老太太令人感動。」

這時，女兒仔細地看了一下，那位老太太確實像爸爸說的那樣，眼睛中閃動著某種渴望，蕩漾在她臉上的笑容掩飾不住她內心的喜悅。

爸爸帶著女兒走到那位老太太面前，微笑著說：「夫人，您欣賞春天時的神情真的令人感動，您使這春天變得更美好了！」

那位老太太似乎很激動：「謝謝，謝謝您！先生。」她說著，便從提包裡取出一小袋甜餅遞給了女兒，並說：「你真漂亮……」

事後，爸爸對女兒說：「一定要學會真誠地欣賞別人，因為每個人都有值得我們欣賞的優點。當你這樣做了，你就會獲得很多的朋友。」

其實，欣賞絕不只是表面上的簡單地讚美別人，更是一種能夠折射出一個人美好心靈的積極的思維方式。只有擁有春天般美麗心靈的人，才會真正領悟到春天的美麗。心中有陽光，眼前才會亮。純潔的思想，可使微小的行

動變得高貴。

學會欣賞別人，就會養成一種積極的思維方式，它可以使你受用一生。

人生需要用一顆善感的心靈去欣賞，而不要只用一雙忙碌的眼睛去觀看。因為人生中如果缺乏欣賞，就缺少了應有的樂趣。

欣賞別人的豁達真誠，從而陶冶自己的情操；欣賞別人的博學多才，從而營養自己的智慧；欣賞別人精湛的作品，從而提升自己的藝術水準……

一個失去欣賞之情的人是可悲的，因為他的心靈已經十分衰老。培根（Francis Bacon）說：「欣賞者心中有朝霞、露珠和常年盛開的花朵，漠視者冰結心城、四海枯竭、叢山荒蕪。」

欣賞能使人產生一種輕鬆、愉快和滿足感，人的心靈也會在不知不覺中得到淨化與調適。欣賞還能開闊人的視野，充實生活並增添生活情趣。從現代醫學的角度來看，人的精神狀態與肌體健康有著十分密切的連繫。作為一種審美活動，欣賞往往能夠促使人進入一種積極樂觀的精神狀態。這對於身心健康，自然是大有益處的。

學會欣賞別人，是一種人格修養，一種氣質提升，有助於自己逐漸走向完美。欣賞他人並不難做到，這要求我們去發掘生活和工作周圍的人，想想他們的好處和優點，並毫不吝嗇地稱讚他們，從而在人與人之間形成良性互動，使我們的社會和工作環境更溫馨可愛。

每人都各有所長，隨時發現別人的進步，隨時為別人的成績而喝彩，這對於一個人的生存能力、合作能力、發展能力的提高，都具有重要意義。

善待自我箴言

人生需要用一顆善感的心靈去欣賞，而不要只用一雙忙碌的眼睛去觀看。
因為人生中如果缺乏欣賞，就缺少了應有的樂趣。

▌懷有感恩的心態

李開復在著作中談到，他曾面試過一位求職者。這個求職者在技術和管理方面都相當出色。但是，面談之後，這個求職者表示，如果被錄取，可以把在原來公司工作時的一項發明帶過來。後來，他又解釋說是在下班之後做的，他的老闆並不知道。

李開復認為，不論這個求職者的能力和工作水準怎樣，都肯定不能錄用他，原因是他缺乏最基本的處世準則和最起碼的職業道德「誠實」和「講信用」。

李開復還談到，在美國，華人學生的勤奮和優秀是出名的，曾經一度是美國各名校最歡迎的留學生群體。而最近，卻有一些學校和教授聲稱，他們再也不想招收華人學生了。理由很簡單，某些華人學生拿著讀博士的獎學金到了美國，可是，一旦找到工作機會，他們就會馬上申請離開學校，將自己曾經承諾要完成的學位和研究拋在一邊。

其實，不論求職者的表現還是少數留學生的表現，表面上看似缺乏誠信，骨子裡是缺乏感恩之心。對於那個求職者來說，他能把在以前公司研究的成果帶到新應徵的公司來，這是缺乏對以前公司的感恩之心。想想看，公司為自己提供了工作機會、賺錢機會，自己最起碼的應該對得起自己的薪資。而留學生拿到獎學金，卻因為新的工作機會就離開學校，這也是缺乏對自己學校的感恩之情。

在人的一生之中，其他人的恩情很難超越父母的恩情。父母恩重如山。若是父母老了，子女就嫌棄他們，這樣的人對待父母尚且如此，對待朋友更不用說了。一旦朋友不能提供給他利益時，他也可能像對待父母一樣，棄朋友而去。一個人如果對父母都不好，那他對別人不可能真的好。

有一個商人，打算找一個合夥人。聽說有一個人特別會做生意，他就慕名前去拜訪。兩個人一拍即合，很快把條件都談妥了。合夥人很高興，就請這個商人到自己家裡吃飯。席間，兩個人推杯換盞，吃得高興，談得開心。

聊著聊著，商人就問道：「你的父母可都健在呀？你沒跟他們一起住嗎？」

合夥人說道：「父母年老，體弱多病，所以沒有讓他們跟你一起吃飯。」

商人就讓合夥人請出他的父母來。兩位老人哆嗦地來到餐廳後，合夥人對父母一點也不恭敬，還訓斥著父母。

商人一見，放下酒杯，站起來說道：「我想我得取消我們之間的合作了。像你這種人，對等父母尚且如此，我是無法和你合作的。」說完，商人頭也不回地走掉了。

任何人都期望與一個懂得感恩的人交往。這樣，在交往中沒有風險，而且這樣的人也值得託付責任。一個講孝心、懂感恩的人，雖然未必有能力獲得成功，但是一個成功的人，一定具備這種素養。一個沒有感恩之心的人，是很難在社會上立住腳的，也是得不到社會認可的。

所有快樂的人都心懷感恩，不知感恩的人不會快樂。你期望越多，感恩心就越少。在期望獲得滿足的一剎那，我們必須想到那絕不是必然的事。既然如此，感恩之心會增加我們的愉悅。

人們常說：「滴水之恩，予當湧泉相報。」感恩是我們民族的優良傳統，也是一個正直的人的起碼品德。作為炎黃子孫，我們也應該繼承和發揚。常懷一顆感恩之心，世界就會更加美好。

一個經常懷著感恩之心的人，心地是坦蕩的，胸懷是寬闊的，會自覺自願地幫助別人，以助人為樂。那些不會感恩的人，血是涼的，心是冷的，帶給社會的只能是冷漠和殘酷。這樣的人如果多了，社會就會變成冷酷而毫無希望的沙漠。

感恩之心是一顆美好的種子。人生不光要懂得收藏，還要懂得適時的播種，因為它們能給人們帶來愛和希望。

> 所有快樂的人都心懷感恩，不知感恩的人不會快樂。你期望越多，感恩心就越少。在期望獲得滿足的一剎那，我們必須想到那絕不是必然的事。既然如此，感恩之心會增加我們的愉悅。

給自己一個真誠的微笑

人與人之間需要微笑。給愛人一個微笑，勝過於千言萬語，可以撫平你們情感的裂痕，讓遺失的愛再次回歸。給孩子一個微笑，能使那顆因考試不好、害怕挨打而忐忑不安的心放下來，成為激勵他學習的號角。給心存芥蒂的人一個微笑，「相視一笑泯恩仇」，可以化解你們之間的恩怨，使你們握手言和，化干戈為玉帛。給陌生人一個微笑，使他那顆孤獨的心不再寂寞，讓他感到家的溫暖……

有哥弟兩個人，相依為命。弟弟是一個痴呆症患者，每次見到哥哥，總會給他一個微笑。儘管哥哥不知道這微笑的含義，但這微笑每次都使他莫名地感動。作為回報，哥哥總是送弟弟一個微笑。

我們自己也需要微笑。當我們愁容滿面時，不妨給自己一個微笑，讓我們的心情變得晴朗，精神變得愉快。在我們痛苦不堪時，也給自己一個微笑，讓悲傷在微笑中宣泄、消失。「笑一笑十年少，愁一愁白了頭。」人生苦短，何必為難自己？不妨對自己笑一笑，給糟糕的心情一個釋放的理由，給愁苦的心靈一個開懷的機會。

人生需要微笑。無論是痛苦喜悅、高興憂傷，我們都要始終面帶微笑。失意時笑一笑，得意時笑一笑，成功時笑一笑，失敗時也笑一笑。笑看雲舒雲卷，笑看花開花落。無論何時，我們都要微笑著面對人生，笑出自信、笑出曠達、笑出灑脫……

微笑是一劑醫治心靈傷痛的良藥；微笑是一縷撫慰心靈隔閡的煦風；微笑是一場孕育希望的春雨……

　　請不要吝惜自己的微笑，給別人，也給自己。給別人一個微笑，讓他在你的微笑中受到感染和啟發，得到鼓舞和希望。給自己一個微笑，讓自己在微笑中更加自信、更加堅強。

　　微笑是特效護膚露，把它抹在臉上，我們將越加美麗；微笑是心底的一脈靈泉，使我們的內心豐盈而深情。微笑，於朋友，是心靈的默契；於陌生人，是距離的縮短。

　　微笑著的人並非沒有痛苦，只不過善於把痛苦錘煉成詩行；微笑著的人並非沒有眼淚，只不過善於把眼淚作為心靈的燈盞，照耀著前行的路。微笑是一種風度，是具有熱情和友善、具有接納和體貼、具有寬容和豁達、具有樂觀和輕鬆的風度。

　　微笑是強者對人生最完美的詮釋。微笑是從容容的人生態度。我們微笑著面對生活，生活也一定微笑地面對著我們。喧囂塵世，受約束的是生命，不受約束的是心情。只要心是晴朗的，人生就沒有雨天。生命，有時只需要一個真誠的微笑。

　　給生命一個真誠的微笑，用你對自我的虔誠和篤信，用你對他人的摯愛和尊重。擺脫一切來自外界的糾纏和來自內心的牽絆，揮別生活中的窒悶和鉛壓，純純地笑，忘情地笑，透溢出人格的亮色，一展生命中燦爛的光澤。

　　給生命一個真誠的微笑，無論你在成功的頂峰還是失敗的谷底，無論你為愛興奮還是為恨傷懷，無論你為過錯而痛悔，還是為忽略而失落……用生命之初那最本質的寬容和坦蕩，給心靈安個休憩的小家，一切的悲愁都加以詩情和智慧去塗抹，那麼你的眼前將風光無限，天高海闊。

　　愛微笑，也就愛了你自己；懂得了微笑，也就懂得了生活。給生命一個真誠的微笑，我們便擁有了人生中無可比擬的美麗和灑脫。

善待自我箴言

　　給別人，也給自己。給別人一個微笑，讓他在你的微笑中受到感染和啟發，得到鼓舞和希望。給自己一個微笑，讓自己在微笑中更加自信、更加堅強。

▌關愛世界上的人和物

有一個名叫魯思的男孩子，雖然年紀不大，卻憑藉愛心創造了一個又一個奇蹟。

魯思出生於北美一個普通家庭。六歲時，他已經是一年級的學生了。當時，老師講非洲的生活情況：孩子們沒有玩具，沒有足夠的食物和藥品，很多人甚至喝不上潔淨的水，成千上萬的人因為喝了受汙染的水而死去。我們的每一分錢都可以幫助他們：一分錢可以買一支鉛筆，六十分錢夠一個孩子兩個月的醫藥開銷，兩塊錢能買一條毯子，七十塊錢就可以幫他們挖一口井……

六歲的小魯思深受震驚，幼小的心靈被愛心激發起了不可思議的力量，他想為非洲孩子捐獻一口井。當他把這個想法告訴媽媽時，媽媽並沒有直接給他這筆錢，但也沒有把他的想法當成小孩子一時的衝動，只是讓他在所承擔的正常家務事之外自己賺錢。

從此以後，小魯思就開始在家裡賺錢了。哥哥和弟弟出去玩，他吸了兩小時地毯賺了兩塊錢；全家去看電影，他留在家裡擦玻璃賺到第二個兩塊錢；幫爺爺撿松果；幫鄰居撿暴風雪後的樹枝……

小魯思堅持了兩個月，終於存夠了七十塊錢，交給了相關的國際組織。然而，人們告訴他：七十塊錢只夠買一個水泵，挖一口井要兩千元。聽到這個消息後，小魯思雖然有些失望，但是並沒有放棄，繼續賺錢，為了湊足兩千元。一年以後，透過家人和朋友的幫助，他終於籌集了足夠的錢，在烏干達的安格魯小學附近捐助了一口水井。

人們以為魯思的願望終於達成，他也可以歇一口氣了，然而，魯思並沒有就此停止，因為有更多的人喝不上乾淨的水。賺錢買一臺鑽井機，以便更快地挖更多的水井，讓每一個非洲人都能喝上潔淨的水，成了魯思的夢想。他決定堅持下去。

受到魯思的影響，千百人參加魯思的活動，並成立了「魯思的井」基金

會，籌款已達七十五萬元，為非洲八個國家建造了三十口井。這個普通的男孩，也被評選為「北美洲十大少年英雄」，影響著越來越多的人去關愛和幫助他人。

　　愛，具有不可思議的力量，能使我們的生命得到昇華，提升我們的生命意義和人生價值。愛是人類能夠進步的基礎，也是我們與他人交往的橋梁，更是衡量一個人是否成熟的依據。我們必須體驗他人的感受，要有「人飢己飢」的敏感，它能使你對情誼二字產生真正的機會，也是人與人之間「四海一家」的感情連繫。

　　我們和我們周圍的人，不管是你的鄰居，你的同事，你的朋友，甚至是你的敵人，能一起生活在這個星球上，而且還處於同一個時代，的確也是一種緣分，一種幸福。

　　我們和路旁的小樹，小草，花園裡盛開的花朵，樹蔭裡快樂地鳴叫著的小鳥，樹林裡快活地跳躍的小鹿，能在一起生活在同一片藍天下，也是一種緣分，一種幸福。

　　我們的確沒有理由不愛我們的這個世界，哪怕這個世界仍然有各式各樣的讓你我不滿意的地方，有戰爭，有犯罪，有汙染，只因為她是我們的世界。

　　你熱情的相信「這的確是一個美好的世界」，那麼她就是真的會變成一個極其美好的世界。

善待自我箴言

我們的確沒有理由不愛我們的這個世界，哪怕這個世界仍然有各式各樣的讓你我不滿意的地方，有戰爭，有犯罪，有汙染，只因為她是我們的世界。

▌珍惜你的生命

你珍惜生命嗎？那麼就請珍惜時間吧，因為生命是由時間累積起來的。

一天，在一位醫生擁擠的候診室裡，一位老人突然站起來走向值班護士。

「小姐，」他彬彬有禮，一本正經地說，「我預約的時間是三點，而現在已經是四點，我不能再等下去了，請幫我重新預約時間看病吧！」

兩個婦女在旁邊議論說：「他至少有八十歲了，現在還會有什麼要緊的事？」

那老人轉向她們說：「我今年八十八歲了，這就是為什麼我不能浪費一分一秒的原因。」

的確，浪費他人的時間等於謀財害命，浪費自己的時間等於慢性自殺。珍惜時間就是珍惜生命，難道非要等到時日不多，才能意識到生命的可貴？古人云：「一寸光陰一寸金，寸金難買寸光陰。」時間一去不復返，充分利用莫遺憾。

我們每個人，每天都只有二十四小時可以用，就看你自己怎麼個用法了。能好好地利用時間是很重要的，每一天二十四小時的時間，如果不能認真計畫一下，一定會浪費很多時間。

會用時間的人懂得安排時間，按照事情的緩急來領取，不但完成了要做的，而且能夠留下多餘的時間。至於不會用的人，則東摸摸、西摸摸，時間一分一秒地過去，浪費的比利用的多，猶豫的比決斷的多，時間永遠不夠用，事情永遠做不成。

學會利用時間並非單指有效地運用個人一天二十四小時的時間，而是要將「人生時間」列入個人規劃，意即除了個人工作上的時間計畫外，更要懂得妥善規劃與利用工作之餘的時間，而一個人時間管理能力的優劣便在於此。

時間是你自己可以握在手中的最寶貴的財富，要認認真真地、合理地安

排時間，不要平白無故在無聊的事上消耗一分鐘。不珍惜時間就相當於不珍惜生命。

據說，偉大的所羅門王有一天晚上做了一個夢。

一位智者在夢裡告訴他一句話，這句話涵蓋了人類的所有智慧，讓他高興的時候不會忘乎所以，憂傷的時候能夠自拔，始終保持勤勉，兢兢業業。但是，醒來後卻怎麼也想不起那句話來。

於是，他召來了最有智慧的幾位老臣，向他們說了那個夢，要他們把那句話想出來，並拿出一顆大鑽戒說：「如果想出那句話來，就把它鐫刻在戒面上。我要把這顆戒指天天戴在手上。」

一個星期後，幾位老臣送還鑽戒。戒面上已刻上了一句簡單的話：「這也會過去。」

時間的一個顯著特點，就是不能挽回、不可逆轉，也不可能儲存。它是一種永遠不會再生的、與眾不同的資源。

何為善用生命？對待生活、對待工作、對待一切，積極樂觀、從不悲觀。生命只是一種上天諸神賦予我們的恩典，要懂得怎麼去掌握屬於自己的快樂，掌握屬於自己的一切機會。生命是短暫的，等到年華老去、光彩不再的時候，你是否還記得自己曾經的故事？

或許我們都曾注意到這樣的現象：如果一個人沒有得到應有的注意和期待，而是被埋沒在人群中，那麼他很可能就這樣一直平庸下去；而當他被周圍人寄予厚望並頻頻鼓勵時，他卻能宛若新生，彷彿突然間充了電一樣，做出一番令人不可思議的「壯舉」。

這就是神奇的「期待效應」，心理學上叫做「畢馬龍效應（Pygmalion Effect）」。

畢馬龍是古希臘神話中一個熱愛雕塑的人物。他曾經對著自己雕出的美女像神魂顛倒，痴迷不已。後來，美女雕像竟化為真人，與他相親相愛。

畢馬龍情到深處的夢想成真雖是神話，但在日常生活中，人們對他人的期待成為現實，卻並不罕見。

表面看來，是如此簡單的一個積極暗示，造就了以後順理成章的事業與功名。究其背後，卻掩藏著深刻的道理與隱喻。

許多事實證明，人的能力、性格等的形成，相當一部分取決於周圍環境和他人的期待，以及他對自己的期待。從這個意義上說，任何人都是他自己的創造者，都是自己信念的形象。當一個人相信了自己是怎樣的人，就很可能成為這樣的人。

善待自我箴言

> 珍惜時間就是珍惜生命，難道非要等到時日不多，才能意識到生命的可貴？古人云：「一寸光陰一寸金，寸金難買寸光陰。」時間一去不復返，充分利用莫遺憾。

微笑面對生活

世界上有一種不會凋謝的花朵，那就是微笑。它不分四季，不分南北，只要有人群的地方，就會開放。

有人說：「活著就是幸福，就是勝利，就是一切。」如果人在生活中，連起碼的微笑也沒有，那他會幸福嗎？如果你用微笑面對生活，生活也會用微笑面對你。

微笑像陽光，給大地帶來溫暖；微笑像雨露，滋潤著大地。微笑擁有和愛心一樣的魔力，使飢寒交迫的人感到人間的溫暖，使走入絕境的人重新看到生活的希望，使孤苦無依的人獲得心靈的慰藉，使心靈枯萎的人感到情感的滋潤。

俗話說：「笑一笑，十年少。」永遠微笑的人是快樂的，永遠微笑的臉孔是年輕的。微笑猶如陽光揮灑大地的盎然，清風撫摸樹林的溫暖，夕陽燃燒天空的熾熱，浪花沖刷礁石的熱情……

幸福的詮釋是微笑；快樂的意義是微笑；溫暖的真諦是微笑；挫折的鼓

勵是微笑;堅強的象徵仍然是微笑。陽光雨露,鳥語花香,對於每個人都公平給予;歡樂喜悅,煩惱憂傷,卻屬於每個人私有。生命總是美麗的,不是苦惱太多,只是我們不懂生活;不是幸福太少,只是我們不懂掌握。面對生活,不論是失意,還是挫折;不論是烏雲密布,還是困難重重,我們要選擇微笑。

我們生活在世上,承受著巨大的生存壓力。我們要維持自身和家庭的生活水準不至於太低,要面對著生老病死的困擾,要和形形色色的人打交道。如果我們不懂得調適自己,苦惱、憂愁、煩躁、憤怒、痛苦等不良情緒就會損害我們的身體和精神,而最好的自我調適方法,就是微笑。

真正有益身心的笑,是發自內心的。它首先是一種樂觀開朗的生活態度,是寬容大度、不計得失的坦然心胸。笑的修養,也是人品的修養。

我們都不陌生那個永遠樂呵呵的大肚子彌勒佛,祂的人生哲學是:「大肚能容,容天下難容之事;笑口常開,笑世上可笑之人。」我們應該學會這種樂觀的態度。在不順心時,學會笑一笑,你的心情也許會好許多。

每個人都應該笑對生活,不要跟生活過不去。命運掌握在我們自己的手中,我們雖不能決定生命的長度,卻可以控制生命的寬度;我們雖不能左右天氣的變化,卻可以改變自己的心情。

人生苦短,韶華易逝。何必讓那一件件愁事、瑣事、難事侵擾自己,讓這些無形的刀傷害自己的生命。能夠笑對困難,需要一份勇氣;能夠笑對失敗,需要一份銳氣;能夠笑對成功,需要一份淡泊;能夠笑對人生,則需要一份智慧。

如果人有足夠的智慧去了解生活的意義,而能活得像個「人」的話,他必能活得快快樂樂,多彩多姿。我們要做生活的強者,將挫折作為對自己的激勵,每天都保持樂觀。

在生活中,我們難免有時高興,有時悲傷。高興的時候,我們也不必壓抑自己的感情,該笑時就笑,讓自己充滿信心,樂觀向上。

我們遇到挫折時,微笑是成功的起點;遇到煩惱時,微笑是思想上的解

脫；心情舒暢時，微笑是愉悅的表現。

　　困難沒什麼大不了的，就怕自己不敢面對；挫折也無所謂，就怕自己沒了信心；坎坷又如何，只怕自己還未曾嘗試。生活中，艱難困苦，傷心憂鬱在所難免，沒有人能隨便便成功。掌握生命裡的每一次感動，用真心的笑容，去迎接雨後的彩虹。

善待自我箴言

　　微笑擁有和愛心一樣的魔力，使飢寒交迫的人感到人間的溫暖，使走入絕境的人重新看到生活的希望，使孤苦無依的人獲得心靈的慰藉，使心靈枯萎的人感到情感的滋潤。

█ 善待當下，幸福終生

　　一個西歐的年輕人，在假期去華盛頓觀光。他到達華盛頓後，在旅館登記時，卻意料發現他費用早有人預付了。這使他高興到了極點。可是，當他準備就寢時，他發現錢包不見了。錢包裡裝有護照和現金。他跑到樓下的旅館櫃臺，向經理說明了情況。

　　「我們會盡一切努力幫助你的，」經理安慰他說。

　　第二天早晨，錢包仍不知下落。他衣袋裡只有不到兩元的零錢。現在，他子然一身，飄零異邦，怎麼辦呢？打電報給芝加哥的朋友，告訴他們所發生的事嗎？到警察總局坐等消息嗎？

　　突然間，他對自己說：「不！我不願做任何無意義的事情！我要參觀華盛頓。我可能再不會到這裡來了。我在這個偉大國家的首都裡只能待上寶貴的一天。畢竟，我還有去芝加哥的機票，還有許多時間解決現款和護照問題。如果我現在不去參觀華盛頓，我就不會再有這樣的機會了。」

　　於是，他步行出發了。他看到了白宮和國會大廈，參觀了一些恢弘的博物館，爬上了華盛頓紀念碑的頂端。雖然不能到華盛頓郊區以及計畫中的其

他地方去，但凡是他到過的地方，他都看得很仔細，心裡很興奮。

在他回國的一星期後，華盛頓警察局幫他找回錢包，物歸原主。

後來，他回憶起這段美國的旅程，總是很開心。他覺得，他沒有因為錢包被偷而沮喪，失去一天的美好時光。

假如你能夠明白只有今天才是真實的，徹悟昨天、今天和明天的關係，你就不會沉浸於痛苦中不能自拔了，你就會掌握好今天，把昨天看成是今天的經驗、借鑑，明天是今天努力的收穫，這樣，你的人生就充滿著鮮花，你就會愉快地度過每一個今天。

你不應生活在昨天或明天的世界中，而應生活在今天的世界中。你應該知道今世為何世，今日為何日。人們的許多精力，常常耗費在追懷過去與幻想未來中。一個人生活在現實，應該充分利用現實，不應枉費心神追憶過去，追悔過去所犯的錯誤，不要瞻前顧後，這樣，才會使你的事業走向成功。

不要讓自己過度沉浸於預期或幻想的未來生活中，過度的幻想會使你忽視今天，會使正在今天的生活變得枯燥乏味。預期、幻想雖然可以刺激你嚮往未來，刺激你更努力做事，但是，過度的幻想會讓你失去今天的樂趣，破壞你享受現在的能力。

幸福，是一種累積，是由無數個今天堆積而成。有些人只看到明天的價值，而看不見今天的價值。當日有行善事的機會，卻視而不見，不肯做些小的慈善事業，因為他們正在夢想著，一朝騰達之後，要捐出一筆大款項。

人們普遍有這種心理，就是想脫離現有的不愉快，抱怨自己的職務低，嫌棄自己的社會地位等等，不在現實中尋找快樂，而是在渺茫的未來中，尋得快樂與幸福的憧憬。其實，這是錯誤的見解。試問誰可以擔保，一旦脫離了現有的位置，你就可以得到幸福；有誰可以擔保，今天不笑的人，明天一定會笑？

不要過度地把精力集中於明天，不要過度沉迷於將來的夢想。如果你失去了今天，也就喪失了今天所有的歡愉和幸福，也失去了今天可能有的各種

機會。你必須努力掌握好今天，只有掌握好今天，才有美好的明天。只有充分享有今天的快樂，你的身上才會爆發出熱情，才會賣力工作，享受生活。

善待自我箴言

你不應生活在昨天或明天的世界中，而應生活在今天的世界中。你應該知道今世為何世，今日為何日。

你比其他人還重要：

拋開流言、傾聽內心，還不快重新振作？讓幸福之路 dream comes true ！

作　　者：謝琇龍，布德

發 行 人：黃振庭

出 版 者：崧燁文化事業有限公司

發 行 者：崧燁文化事業有限公司

E-mail：sonbookservice@gmail.com

粉 絲 頁：https://www.facebook.com/
　　　　　sonbookss/

網　　址：https://sonbook.net/

地　　址：台北市中正區重慶南路一段六十一號八
　　　　　樓 815 室

Rm. 815, 8F., No.61, Sec. 1, Chongqing S. Rd.,
Zhongzheng Dist., Taipei City 100, Taiwan

電　　話：(02)2370-3310

傳　　真：(02)2388-1990

印　　刷：京峯彩色印刷有限公司（京峰數位）

律師顧問：廣華律師事務所 張珮琦律師

定　　價：350 元

發行日期：2022 年 11 月第一版

◎本書以 POD 印製

國家圖書館出版品預行編目資料

你比其他人還重要：拋開流言、傾
聽內心，還不快重新振作？讓幸福
之路 dream comes true！/ 謝琇
龍，布德 著 . -- 第一版 . -- 臺北市
：崧燁文化事業有限公司 , 2022.11
　面；　公分
POD 版
ISBN 978-626-332-869-3(平裝)
1.CST: 自我肯定 2.CST: 自我實現
177.2　　111017087

電子書購買

臉書